Astrid Fricke/Johann-Friedrich Wicke

Familienrecht
– Fälle und Lösungen –

2. Auflage

Nomos Verlagsgesellschaft
Baden-Baden

Die Deutsche Bibliothek – CIP-Einheitsaufnahme

Ein Titeldatensatz für diese Publikation ist bei
Der Deutschen Bibliothek erhältlich. (http://www.ddb.de)

ISBN 3-7890-7408-X

2. Auflage 2001

1. Auflage des Buches erschienen 1995 in der Schriftenreihe des Instituts für Fort-
und Weiterbildung sozialer Berufe e.V., Bd. II.

Vorwort

Mit dem vorliegenden Buch soll Interessenten – Studierenden sowie Praktikern – einen ersten Zugang zur Rechtsmaterie erleichtern. Angesprochen werden insbesondere Studierende an Fachbereichen für Sozialwesen an Fachhochschulen, daneben Rechtsreferendare und Rechtspfleger in Ausbildung und Praxis, nicht zuletzt aber auch Mitarbeiter in Betreuungsvereinen und freiberufliche Betreuer, die Rechtskenntnisse auf dem Gebiet des Familienrechts einschließlich des Betreuungsrechts erwerben oder anhand von Falldarstellungen vertiefen wollen. Dabei sollen bewährte zusammenfassende Darstellungen (Kommentare, Lehrbücher) des Familienrechts nicht ersetzt, sondern auf anregende Weise ergänzt werden. Die gewählte Form der Falldarstellung mit Lösungshinweisen hat sich in Lehre und Fortbildung bewährt. Durch möglichst praxisnahe Falldarstellungen wird das Interesse am Stoff geweckt und damit erfahrungsgemäß »Einsteigern« der Umgang mit teilweise abstrakten und spröden Rechtsnormen erleichtert. Gleichzeitig werden die Bearbeiter durch die Beschäftigung mit konkreten – wenn auch knappen – Rechtsfällen zu einer kritischen Auseinandersetzung mit zahlreichen Fragestellungen ermutigt. Die Lösungshinweise zu den Fällen nehmen sparsam und nur soweit wie unbedingt erforderlich auf Literatur und Rechtsprechung bezug. Anders als bei Gerichtsurteilen üblich werden bei den Lösungshinweisen aus didaktischen Gründen gelegentlich Hinweise auf alternative Fallgestaltungen und Falllösungen gegeben. An einigen Stellen wird deutlich gemacht, dass die Fragestellung im Rahmen dieses Buchs nicht erschöpfend behandelt werden kann bzw. dass auch eine andere Lösung des Falls zu akzeptieren wäre. Gerade im Familienrecht wird nicht »wertneutral« entschieden und es gilt, in der gegenwärtigen Umbruchphase von einigen festgefügten Entscheidungsschemata der Vergangenheit Abschied zu nehmen.

Das am 1.7.98 in Kraft getretene Gesetz zur Reform des Kindschaftsrechts (KindRG) mit seinen weitreichenden Folgen z.B. im Abstammungs-, Sorge-, Umgangs- und Namensrecht, das Beistandschaftgesetz vom 4.12.97, das Kindesunterhaltsgesetz vom 6.4.98, das Betreuungsrechtsänderungsgesetz vom 25.6.98 bis hin zum Gesetz zur Ächtung der Gewalt in der Erziehung und zur Änderung des Kindesunterhaltsrechts vom 2.11.2000 haben große Teile des Familienrechts grundlegend verändert. Hinzuweisen ist ferner auf das am 1.8.2001 in Kraft tretende Gesetz zur Beendigung der Diskriminierung gleichgeschlechtlicher Gemeinschaften: Lebenspartnerschaften vom 16.2.01 und auf das bisher nur als Gesetzentwurf der Bundesregierung vorliegende Gesetz zur Verbesserung des gerichtlichen Schutzes bei Gewalttaten und Nachstellungen sowie zur Erleichterung der Überlassung der Ehewohnung bei Trennung.

Diese Reformgesetze erforderten gegenüber der 1. Auflage (A. Fricke & J.-F. Wicke: Der Familienrechtsfall – Ein Übungsbuch für Studium und Praxis – Schriftenreihe des Instituts für Fort- und Weiterbildung sozialer Berufe e.V. Band II – Braunschweig 1995) eine weitgehende Überarbeitung und Neubearbeitung. Zitierweise: Paragraphen ohne Gesetzesangabe beziehen sich auf das Bürgerliche Gesetzbuch (BGB).

Zu den Autoren:

Professor *Astrid Fricke* ist nach anfänglicher Tätigkeit als Rechtsanwältin seit 1978 als Dozentin mit Schwerpunkt Familienrecht sowie Kinder- und Jugendhilferecht im Fachbereich Sozialwesen an der Fachhochschule Braunschweig/Wolfenbüttel tätig. Sie ist Mitautorin des in diesem Verlag erschienenen Bandes »Kinder- und Jugendhilferecht – Fälle und Lösungen« und Verfasserin mehrerer Beiträge in verschiedenen Fachzeitschriften.

Richter a.AG i.R. *Johann-Friedrich Wicke* war seit Einrichtung der Familiengerichte (1977) bis Ende 1999 als Familienrichter tätig und in dieser Zeit auch jahrelang Lehrbeauftragter für Familienrecht an der Fachhochschule Braunschweig/Wolfenbüttel.

Beide Autoren haben im Rahmen verschiedener Hochschulprojekte versucht, die Situation der Scheidungskinder, z.B.durch Einrichtung eines Kinderanhörungszimmers im Familiengericht mit Betreuung der betroffenen Kinder durch Studenten der Fachhochschule, zu verbessern.

Die Autoren der einzelnen Kapitel sind

Fricke: Kapitel 5, 8, 9, 10, 12.1, 13, 14, 15, 16, 17.
Wicke: Kapitel 3, 4, 6, 7, 11, 12.2.
Beide Autoren verfassten Kap. 1 und 2.

Für Hinweise und Verbesserungsvorschläge sind wir dankbar.

Braunschweig im August 2001   *Astrid Fricke*
                                               Johann-Friedrich Wicke

Inhalt

1. Verlöbnis

Einführung

Das Verlöbnis ist ein Vertrag, geregelt in den §§ 1297 ff. Dieser formlos gültige Vertrag darf nicht gegen die guten Sitten verstoßen (Verlöbnis mit Verheiratetem). Er begründet eine nicht einklagbare Rechtspflicht zur Heirat. Aus einem Verlöbnis (Eheversprechen) kann also nicht auf Eingehung der Ehe vor dem Familiengericht geklagt werden. Neben dem Schadensersatzanspruch bei unberechtigtem Rücktritt regelt das BGB die Rückgabe von Geschenken.

Die **Übungsfälle** behandeln folgende **Problemkreise:**
- Zeugnisverweigerungsrecht des Verlobten (Fall 1);
- Aufwendungsersatz, Schadensersatz bei Bruch des Verlöbnisses (Fall 2);
- Ehevertrag durch Verlobte (Fall 3);
- Strafantrag des Verletzten beim Diebstahl unter Verlobten (Fall 4);
- Unterhaltpflicht unter Verlobten (Fall 5);
- Verlöbnis unter Bedingung (Fall 6);

Fälle

Fall 1: Zeugnisverweigerungsrecht
Im Strafprozess beruft sich die Zeugin Veronika auf ihr Zeugnisverweigerungsrecht, da sie mit dem Angeklagten Adam zusammenlebe und verlobt sei. Die Frage des Richters, ob eine Eheschließung mit Adam beabsichtigt sei, beantwortet Veronika ausweichend, man wolle sich noch prüfen. Muss Veronika als Zeugin zur Herkunft von Diebesgut aussagen, welches in ihrer Wohnung aufgefunden worden ist?

Fall 2: Aufwendungsersatz
Der Diakon Dieter, 38, war ganz hingerissen von der Theologiestudentin Sabine, 23. Von der Kanzel verkündete er: »Wir werden heiraten.« Nach fünf Monaten ließ sie ihn sitzen. Da zog Dieter vor Gericht und forderte Geld von Sabine. Sie habe ihm die Ehe versprochen. Goldene Ringe habe er gekauft, Karten drucken lassen, eine Urlaubsreise finanziert. Da sei doch die Tante mitgefahren, konterte die Ex-Braut, »wir schliefen zu dritt im Apartment . . .«

Fall 3: Ehevertrag
Am 5. März vereinbaren die Verlobten Rita und Karl-Heinz vor dem Notar den Ausschluss des Versorgungsausgleichs. Im Juni des gleichen Jahres heiraten die beiden.

Bereits im Januar des folgenden Jahres stellt Rita den Scheidungsantrag beim Familiengericht; im Juni desselben Jahres wird die Ehe nach § 1565 II geschieden.

3.a:
Wird das Familiengericht den Versorgungsausgleich durchführen?

3.b:
Kann Rita Ausgleich des Zugewinns verlangen?

Fall 4: Diebstahl unter Verlobten
Der Student Hans, 20, öffnet heimlich die Spardose seiner Verlobten Ute, 18, und nimmt den Inhalt von 125,– DM an sich. Utes Vater erfährt hiervon und erstattet Anzeige gegen Hans bei der Polizei. Muss die Polizei ohne weiteres die Ermittlungen aufnehmen?

Fall 5: Unterhaltspflicht
Die Studentin Ina, 24, lebt mit ihrem Verlobten, dem Studienassessor Dieter, 28, zusammen. Sie verklagt ihren Vater, den Apotheker Willi, auf Unterhalt in Höhe von 950,– DM monatlich. Willi verweigert die Unterhaltszahlung mit der Begründung, Ina möge sich an den gutverdienenden Dieter halten.
Hat Inas Klage Erfolg?

Fall 6: Verlöbnis unter Bedingung
Klaus verspricht Eva, sie zu heiraten, »wenn es stimmt, dass Du von mir ein Kind erwartest.« Liegt ein gültiges Heiratsversprechen (Verlöbnis) vor, wenn Evas Kind wirklich von Klaus stammt?

Lösungshinweise

Fall 1: Zeugnisverweigerungsrecht
Veronika könnte sich gem. § 52 I Nr. 1 StPO auf ein Zeugnisverweigerungsrecht berufen, sofern sie mit Adam verlobt ist. Da jedoch ein Eheversprechen nicht vorliegt, sind die beiden nicht verlobt. Veronika müsste also aussagen, sofern sie sich nicht durch ihre Aussage selbst der Gefahr einer Strafverfolgung aussetzen würde (z.B. wegen Begünstigung oder Hehlerei) und aus diesem Grunde die Aussage gem. § 55 StPO verweigern dürfte.

Fall 2: Aufwendungsersatz
Gem. § 1298 ist Sabine zum Ersatz des Schadens verpflichtet, der dadurch entstanden ist, dass Dieter in Erwartung der Ehe »Aufwendungen« gemacht hat (Kauf der Ringe, Drucken von Karten, Finanzierung der Reise). Der Schaden ist nur insoweit zu ersetzen, als die Aufwendungen »den Umständen nach angemessen waren«, § 1298 II. Erfolgte Sabines Rücktritt vom Verlöbnis »aus wichtigem Grund«, so entfällt gem. § 1298 III ihre Ersatzpflicht. Hierfür gibt es keine Anhaltspunkte. Im

Beispielsfall sprach das Amtsgericht Hannover Dieter 1983 einen Betrag von 1483 DM zu.

Fall 3 a: Ehevertrag; Versorgungsausgleich
Voraussetzung für die Durchführung des Versorgungsausgleichs ist, dass dieser nicht durch einen »Ehevertrag« gem. § 1408 II 1 wirksam ausgeschlossen wurde (Form: vgl. § 1410). Auch Verlobte können wie Ehegatten gem. § 1408 I ihre güterrechtlichen Verhältnisse durch Ehevertrag regeln (Palandt/Diederichsen Rn. 1 zu § 1408); allerdings ist der Ausschluss des Versorgungsausgleichs gem. § 1408 II 2 unwirksam, wenn innerhalb eines Jahres nach Vertragsschluss Antrag auf Scheidung der Ehe gestellt wird. Das ist hier jedoch geschehen, folglich ist der vereinbarte Ausschluss des Versorgungsausgleichs unwirksam.
(Wegen der kurzen Ehedauer wäre auch nichts auszugleichen; vgl. Kapitel 7. 1 – nachehelicher Unterhalt – Fall 10).

Fall 3.b: Ehevertrag; Zugewinnausgleich
Nur bei einem wirksamen Ausschluss des Versorgungsausgleichs tritt gem. § 1414 S. 2 Gütertrennung ein, verbunden mit einem Ausschluss des Anspruchs auf Ausgleich des Zugewinns bei Auflösung der Zugewinngemeinschaft durch Scheidung gem. §§ 1372, 1378.
Da kein wirksamer Ausschluss des Versorgungsausgleichs vorliegt (siehe Fall 3.a), steht Rita gem. §§ 1372, 1378 ein Anspruch auf Ausgleich des Zugewinns zu.

Fall 4: Diebstahl unter Verlobten
Verlobte sind »Angehörige« im Sinne des Strafgesetzbuchs (StGB); nach § 11 StGB sind »Angehörige« u.a. Verwandte, Verschwägerte, Ehegatten (auch Geschiedene) und Verlobte. Verschiedene Straftaten – insbesondere Eigentumsdelikte wie Diebstahl und Unterschlagung – werden nur auf Antrag (des Geschädigten) verfolgt (§ 247 StGB). Die Polizei darf daher aufgrund einer Strafanzeige des Vaters die Ermittlungen nicht aufnehmen; dies könnte erst nach Utes Strafantrag geschehen. Sinn dieser Vorschrift: Die persönlichen Beziehungen zwischen Verwandten, Verheirateten oder Verlobten sollen durch den an sich bestehenden staatlichen Strafanspruch nicht beeinträchtigt werden, es sei denn, es wird ausdrücklich (durch den Strafantrag) gefordert.

Fall 5: Unterhaltspflicht
Zwischen Verlobten besteht zwar eine – nicht einklagbare – Rechtsverpflichtung zur gegenseitigen Hilfe und zur Treue, aber keine Unterhaltsverpflichtung. Diese besteht nur zwischen Eheleuten (§§ 1360,1361,1569 ff.) und Verwandten in gerader Linie (§§ 1601 ff.).
Ina kann Ihren Vater mit Erfolg auf Zahlung von Unterhalt verklagen. Dessen Unterhaltsverpflichtung endet erst mit der Eheschließung von Ina und Dieter, da Dieter dann vorrangig (§ 1608) seiner Ehefrau gegenüber unterhaltspflichtet ist.

Fall 6:   Verlöbnis unter Bedingung
Klaus stellt eine »Bedingung«: »Ich werde dich heiraten, wenn es stimmt, . . .«.
Im Familienrecht sind Bedingungen grundsätzlich nicht zulässig. So ist beispielsweise die Eingehung der Ehe unter einer Bedingung nicht statthaft, § 1311. Auch
könnte Klaus die Vaterschaft des Kindes nicht unter der Bedingung, dass das Kind
tatsächlich von ihm abstamme, anerkennen. Wenn er diese Zweifel hat, sollte er
nicht anerkennen und das Ergebnis entsprechender Ermittlungen zum Vaterschafts-
nachweis abwarten. Etwas anderes gilt beim Verlöbnis. Das Heiratsversprechen, das
Klaus unter der aufschiebenden Bedingung, er sei der Vater des Kindes, abgibt, ist
wirksam mit der Folge, dass ein gültiges Verlöbnis vorliegt, wenn die Bedingung
(das Kind stamme von ihm) eintritt. (Zur Bedingung lies § 158 I und II.)

2. Eheschließung

Einführung

Wie beim Verlöbnis vollzieht sich die Eheschließung durch einen Vertrag der zukünftigen Eheleute: Sie tauschen gegenseitig die Erklärung aus, miteinander die Ehe schließen zu wollen. Wegen der besonderen Bedeutung dieses Vertrages ist hier jedoch kein formloser Vertrag (wie beim Verlöbnis) ausreichend, vielmehr ist eine besondere Form des Vertrages erforderlich, ferner die Ehefähigkeit gem.§ 1303 (z.B. Volljährigkeit). Weiterhin dürfen keine Eheverbote vorliegen, und es gelten besondere Ordnungsvorschriften. Kommt es trotz bestehender Eheverbote zur Eheschließung, gilt folgendes: Schwerwiegende Mängel, die bereits bei Eingehung der Ehe vorlagen, können im Wege der Aufhebungsklage §§ 1313 ff) vor dem Familiengericht geltend gemacht werden und führen dann zur Aufhebung der Ehe. Die vermögensrechtlichen Folgen (z.B. Unterhaltsanspruch eines Ehegatten gegen den anderen) entsprechen weitgehend den Folgen einer Ehescheidung.
Die wichtigsten Bestimmungen des Eheschließungsrechts befinden sich im BGB. Das Verfahren vor dem Familiengericht, das in bestimmten Fällen eingeschaltet werden muss, beispielsweise um die Eheschließung zu genehmigen, ist im Gesetz über Angelegenheiten der freiwilligen Gerichtsbarkeit (FGG) geregelt. Die Tätigkeit des Standesbeamten und seine Mitwirkung bei der Eheschließung bestimmt sich nach dem Personenstandsgesetz (PStG).

Die **Fälle** behandeln folgende **Problemkreise**:
- Form der Eheschließung (Fall 1);
- Eheschließung einer Minderjährigen (Fall 2);
- Eheverbote (Fälle 3, 4);
- Aufhebbarkeit der Ehe (Fälle 5-8).

Fälle

Fall 1: Formvorschriften
Edgar erscheint zum bestellten Trautermin mit zwei Trauzeugen vor dem Standesbeamten und legt eine schriftliche Erklärung seiner Braut Eva vor, in der diese ihr Einverständnis mit der Eheschließung mit Edgar erklärt. Kann die Ehe geschlossen werden?

Fall 2: Minderjährige Verlobte
Hans, 19, will mit seiner Braut Karin, 17, das Aufgebot bestellen, da Karin von ihm im sechsten Monat schwanger ist. Was steht einer Eheschließung noch entgegen?

Fall 3: Doppelehe
Der türkische Staatsangehörige Ali will seine deutsche Vermieterin Beate heiraten. Er hat in Ostanatolien eine türkische Ehefrau, was Beate weiß, aber nicht stört. Kann Ali entsprechend seinen islamischen Glaubensregeln hier eine weitere Frau heiraten?

Fall 4: Ehe zwischen in gerader Linie Verschwägerten
Der geschiedene Ehemann Otto will die volljährige Tochter Ulla seiner von ihm geschiedenen Ehefrau Susi heiraten.

Fall 5: Mangel der Urteilsfähigkeit
Bei der Trauung mit Wilfried im Jahre 1999 vermochte Elvira nicht zu erkennen, was um sie herum vorging, da sie sich in einem (unerkannten) ihr Bewusstsein trübenden Rauschzustand befand. Als sie später von ihrem Jawort erfuhr, war sie ganz zufrieden und lebte fortan auch mit Wilfried zusammen. War die Eheschließung gültig? Welche Bedeutung hat Elviras Verhalten nach der Eheschließung?

Fall 6: Irrtum über persönliche Eigenschaften
Marianne heiratet Herbert, der sich vor der Eheschließung ihr gegenüber als gutsituierter Diplomvolkswirt mit einer Durchschnittsabiturnote von 1,0 ausgab. Später erfährt Marianne, dass ihr Ehemann in Wahrheit Restaurantfachmann ist, Schulden von 100.000 DM aufweist und seine Durchschnittsabiturnote lediglich 2,8 betrug. Marianne will die Ehe sofort beenden. Geht das?

Fall 7: Arglistige Täuschung
Bert heiratet Eva, ohne sie darüber aufzuklären, dass er, wie ihm bekannt ist, seit drei Jahren HIV-positiv ist, ohne dass die Infektion bereits ausgebrochen ist. Als Eva dennoch von der Erkrankung erfährt, will sie eine sofortige Beendigung der Ehe. Sie befürchtet jedoch, später für Berts Unterhalt aufkommen zu müssen. Stimmt das?

Fall 8: Täuschung über Schwangerschaft
Margot hat Ralf im Jahre 1988 geheiratet. Bei der Eheschließung war sie von Joachim schwanger, ein halbes Jahr später gebar sie Markus. Ralf ging bei der Eheschließung davon aus, dass Margot von ihm schwanger sei. Als er später die Wahrheit erfährt, will er sofort die Ehe mit Margot beenden und die Ehelichkeit des Kindes anfechten. Mit Recht?

Lösungshinweise

Fall 1: Form der Eheschließung
Die Ehe wird dadurch geschlossen, dass die Verlobten vor dem Standesbeamten persönlich bei gleichzeitiger Anwesenheit erklären, miteinander die Ehe eingehen

zu wollen (§ 1311). Eine schriftliche Erklärung oder Vollmacht der Eva genügt nicht; sie muss persönlich vor dem Standesbeamten mit Edgar ihre Erklärung abgeben.

Fall 2: Eheschließung einer Minderjährigen
Der Eheschließungsvertrag verlangt die Ehefähigkeit der Brautleute. Dies setzt zweierlei voraus: Die zukünftigen Ehepartner müssen geschäftsfähig und darüber hinaus ehemündig sein. Ehemündig ist nach § 1303 grundsätzlich, wer volljährig, also mindestens 18 Jahre alt ist. Hans ist volljährig, also auch ehemündig. Karin ist minderjährig. Nach § 1303 II kann das Familiengericht auf Antrag eines mindestens 16-jährigen Verlobten Befreiung von dem Erfordernis der Ehemündigkeit erteilen, wenn – wie im Fall – der zukünftige Ehepartner volljährig ist. Das Familiengericht wird dies tun, wenn es zu der Überzeugung gelangt, dass die beabsichtigte Eheschließung zum Besten des minderjährigen Antragstellers ist. Hier erwartet Karin ein Kind von Hans; der familiengerichtlichen Befreiung wird nichts im Wege stehen.
Aber: Karin ist minderjährig und steht noch unter der elterlichen Sorge ihrer gesetzlichen Vertreter (in der Regel die Eltern). Müssen diese dem Antrag Karins auf Befreiung nicht zustimmen? Die Antwort gibt § 1303 IV. Widersprechen die gesetzlichen Vertreter Karins ihrem Antrag auf Befreiung vom Erfordernis der Ehemündigkeit nicht und erteilt das Familiengericht die Befreiung, wird Karin hinsichtlich der beabsichtigten Eheschließung einer Volljährigen gleichgestellt, bedarf also keiner Einwilligung der Eltern mehr.
Widersprechen ihre Eltern jedoch dem Antrag Karins auf Befreiung vom Erfordernis der Ehemündigkeit, hat das Familiengericht vor einer Befreiung auch zu prüfen, ob dieser Widerspruch der Eltern nicht auf triftigen Gründen beruht (§ 1303 III). Als »triftiger Grund« gilt der Nachweis besonderer Umstände, die mit einiger Wahrscheinlichkeit auf ein Scheitern der Ehe hindeuten. Lässt sich das Verweigern der Eltern objektiv rechtfertigen, hat das Familiengericht die Befreiung abzulehnen.

Fall 3: Doppelehe
Ali darf Beate nicht heiraten. Es besteht das Eheverbot der Doppelehe nach § 1306. Kommt es trotzdem zur Eheschließung (aus Unkenntnis des Standesbeamten z.B.), ist die Ehe aufhebbar (§§ 1313 f). Das bedeutet aber nicht, dass diese zweite Ehe rechtlich nicht existiert. Sie besteht vielmehr fort, bis sie auf entsprechenden Antrag hin durch gerichtliches Urteil beendet wird. Die Ehe wird damit ausschließlich für die Zukunft aufgelöst, was für Nachwirkungen, wie Unterhalt und Versorgungsausgleich bedeutsam sein kann, da die vermögensrechtlichen Folgen der Aufhebung der Ehe durch Urteil gewöhnlich dieselben sind wie die Folgen einer Ehescheidung (§ 1318; vgl. auch Kapitel Scheidungsfolgen).

Fall 4: Ehe zwischen in gerader Linie Verschwägerten
Nach § 1307 darf eine Ehe nicht geschlossen werden zwischen Verwandten in gerader Linie sowie zwischen vollbürtigen und halbbürtigen Geschwistern (zur Verwandtschaft vgl. § 1589, Schwägerschaft ist definiert in § 1590).

Otto ist mit der Tochter Ulla seiner geschiedenen Frau Susi verschwägert, jedoch nicht verwandt. Der Ehegatte ist mit den Verwandten des anderen Ehegatten in dem Grade verschwägert, wie dieser mit ihnen verwandt ist (§ 1590). Otto ist daher mit Ulla in gerader Linie verschwägert. Bis zur Reform des Eheschließungsrechts gab es das Eheverbot der Schwägerschaft in gerader Linie (§ 4,I EheG). Dieses Eheverbot gibt es nun (seit 1.7.98) nicht mehr. Otto kann Ulla also heiraten.

Fall 5: Mangel der Urteilsfähigkeit
Gemäß § 1314 II Nr.1 ist eine Ehe aufhebbar, wenn einer der Ehegatten zur Zeit der Eheschließung sich im Zustand der Bewusstlosigkeit oder vorübergehenden Störung der Geistestätigkeit befand. Elvira war infolge ihres Rausches bei der Eheschließung in einem Zustand »vorübergehender Störung der Geistestätigkeit« (Mangel der Urteilsfähigkeit). Nach § 1313 kann eine Ehe nur durch gerichtliches Urteil auf Antrag (Antragsberechtigte siehe §1316) aufgehoben werden. Die Ehe wird aufgelöst mit der Rechtskraft des Aufhebungsurteils und wirkt für die Zukunft; die Ehe ist bis zu diesem Zeitpunkt voll gültig.
Hier steht aber § 1315 I Nr. 3 dem Aufhebungsantrag entgegen, dass Elvira später nach Wegfall ihres Rausches zu erkennen gegeben hat, dass sie die Ehe fortsetzen will (»Bestätigung«). Der bei der Eheschließung vorhandene Mangel ist somit nachträglich »geheilt« worden und die Ehe damit als von Anfang an gültig anzusehen.

Fall 6: Irrtum über persönliche Eigenschaften
Soweit Marianne einem Irrtum über die persönlichen Eigenschaften Herberts (Beruf, Abiturnote) erlegen ist, liegen Aufhebungsgründe nicht mehr vor. Der bis zur Reform des Eheschließungsrechts geltende Aufhebungsgrund bei Irrtum über die persönlichen Eigenschaften des andren Ehegatten (§ 32 EheG) wurde gestrichen. Insoweit bleibt nun »nur« die Möglichkeit einer »normalen« Scheidung unter den Vorraussetzungen der §§ 1565 ff (siehe Kap.I,6). Die Täuschung Mariannes über die Vermögensverhältnisse des Herbert (Schulden) ist kein Aufhebungsgrund (§ 1314 II Nr. 3, 2.Halbs.)

Fall 7: Arglistige Täuschung
Eva kann binnen eines Jahres (§ 1317) Aufhebung der Ehe gemäß § 1314 II,3 begehren, wenn Bert sie arglistig über solche Umstände getäuscht und damit zur Eheschließung veranlasst hat, die sie »bei Kenntnis der Sachlage und bei richtiger Würdigung des Wesens der Ehe« von der Eingehung der Ehe abgehalten hätten. Bloßes Verschweigen genügt nicht, es muss im Einzelfall eine Offenbarungspflicht bestehen. Diese wurde von der Rechtsprechung z.B. bei Beiwohnungsunfähigkeit, erheblichen Krankheiten sowie unheilbaren und ansteckenden Leiden angenommen. Das Verschweigen einer HIV-Infektion, die immerhin einen straflosen ungeschützten Geschlechtsverkehr und damit die gefahrlose Zeugung von Kindern nicht erlaubt, gehört ebenfalls hierher. Lediglich dann, wenn der Ehegatte nach Entdeckung der Täuschung zu erkennen gibt, dass er die Ehe fortsetzen will, ist die Aufhebung ausgeschlossen. Ohne dass eine Trennungszeit vor Klageerhebung wie bei

einer Scheidung eingehalten werden müsste, kann die Ehe auf Evas Antrag hin durch Urteil aufgehoben werden.

Die Folgen der Aufhebung einer Ehe richten sich gem.§ 1318 I nur, soweit es in den Absätzen 2 – 4 dieser Vorschrift ausdrücklich vorgesehen ist, nach den Vorschriften über die Scheidung.Nach § 1318 II finden die Vorschriften über den nachehelichen Unterhalt (§§ 1569-1586 b) in den Fällen des § 1314 II Nr.3 (arglistige Täuschung) nur zugunsten des getäuschten Ehegatten Anwendung. Der unlauter handelnde Ehegatte, also Bert, kann von seiner gutgläubigen, von ihm getäuschten Frau Eva nach Aufhebung der Ehe keinen Unterhalt verlangen. Nur ausnahmsweise könnte Bert einen Unterhaltsanspruch haben, wenn er ein gemeinschaftliches Kind pflegen und erziehen würde, sofern eine Unterhaltsversagung im Hinblick auf die Belange des Kindes grob unbillig wäre (§ 1318 II,2).

Fall 8: Irrtum bei Schwangerschaft
Auch hier könnte ein Fall der arglistigen Täuschung (1314 II Nr.3) vorliegen.

Die arglistige Täuschung kann bestehen in der Vorspiegelung falscher oder in der Entstellung oder Unterdrückung wahrer Tatsachen (s. § 123 I). Bloßes Verschweigen bestimmter Umstände genügt im allgemeinen nicht für das Vorliegen einer Täuschung. Anders liegt der Fall, wenn eine Offenbarungspflicht besteht. Diese kann sich ergeben z.B. aus einer ausdrücklichen Nachfrage des Ehegatten oder aus Umständen, die für das eheliche Zusammenleben von ausschlaggebender Bedeutung sind. Dazu gehören die Beiwohnungsfähigkeit, unheilbare und ansteckende Krankheiten (Aids – s. Fall 7), frühere Ehen sowie das Vorhandensein von Kindern, aber auch die Aufklärung über die Vaterschaft eines Kindes.

Margot hat Ralf über die Vaterschaft des Kindes getäuscht. Wenn die Ehe zwischen beiden (auch) wegen des zu erwartenden Kindes geschlossen wurde, besteht ein ursächlicher Zusammenhang zwischen dem durch Margots Täuschung hervorgerufenen Irrtum des Ralf. Die übrigen Voraussetzungen für einen erfolgreichen Aufhebungsantrag (Erheblichkeit der Umstände, auf die sich die Täuschung bezieht und mindestens bedingter Vorsatz bezüglich der Täuschungshandlung) liegen vor.

Unabhängig hiervon kann Ralf als sogenannter Scheinvater gegen das Kind Markus, vertreten durch einen Prozesspfleger (z.B. Jugendamt), die Vaterschaftsanfechtungsklage erheben (§§ 1599, 1600). Nach erfolgreichem Anfechtungsverfahren würde dann festgestellt, dass Markus nicht sein Kind ist (wegen der Einzelheiten s. Kapitel 9, Abstammung).

3. Ehewirkungen

Einführung

Die §§ 1353 bis 1362 regeln die allgemeinen privatrechtlichen Folgen der Ehe sowohl in persönlicher wie in vermögensrechtlicher Hinsicht. Die Aufzählung ist nicht erschöpfend, so finden sich weitere Regelungen z.B. im Erbrecht (§§ 1931 ff., §§ 2265 ff.) und im Ehegüterrecht (§§ 1363 ff.). Die Auswirkungen der Eheschließung auf die Staatsangehörigkeit wird im RuStAG behandelt. Auf den Ehe- und Familiennamen (§ 1355) wird in Kapitel 11 – Namensrecht – näher eingegangen. Hinzuweisen ist auf das Gesetz zur Beendigung der Diskriminierung gleichgeschlechtlicher Gemeinschaften: Lebenspartnerschaften vom 16.2.01 (BGBl.I S.266). Durch dieses am 1.8.01 in Kraft tretende Gesetz wird die eingetragene gleichgeschlechtliche Lebenspartnerschaft in wesentlichen Teilen einer Ehe nahezu gleichgestellt, so z.B. im Namens- Unterhalts- und Erbrecht.

Die **Fälle** behandeln folgende **Problemkreise**:
* Eheliche Lebensgemeinschaft, Schutz des räumlich-gegenständlichen Bereichs der Ehe (Fall 1);
* Haushaltsführung und Erwerbstätigkeit (Fall 2);
* »Schlüsselgewalt« – Geschäfte zur angemessenen Deckung des Lebensbedarfs – (Fall 3);
* Familienunterhalt, Prozesskostenvorschußpflicht (Fall 4);
* Auswirkungen der Eheschließung auf die Staatsangehörigkeit (Fall 5).

Fälle

Fall 1: Eheliche Lebensgemeinschaft; Ehewohnung
Karl ist verheiratet mit Berta; beide leben mit ihren beiden minderjährigen Kindern im gemeinsamen Einfamilienhaus. Eines Tages erklärt Karl seiner Frau, er habe eine andere Frau, Lisa, kennengelernt, die er liebe. Er habe Lisa gebeten, zu ihm in die eheliche Wohnung zu ziehen, was diese auch vorhabe. Der Umzug werde am kommenden Wochenende erfolgen. Berta möge das eheliche Schlafzimmer räumen und bei den Kindern schlafen. Lisa werde nun dort übernachten. Muss Berta sich dies gefallen lassen?

Fall 2: Haushaltsführung und Erwerbstätigkeit
Kai und Ina sind frisch verheiratet. Kai ist Postbeamter, Ina Friseurin; beide sind vollbeschäftigt. Kai verlangt von Ina, ihren Beruf aufzugeben und nur noch für den Haushalt zu sorgen. Ihn ärgert es, dass er nach Dienstschluss kein warmes Essen

vorfindet und Ina seinen gemütlichen Fernsehabend durch geräuschvolle Putzarbeiten in der Wohnung stört. Ina will nicht nur Hausfrau sein und meint, Kai könne durchaus auch im Haushalt helfen. Wie ist dieser Streit zu lösen?

Fall 3: Geschäfte zur angemessenen Deckung des Lebensbedarfs
Gabi ist mit dem Müllwerker Heinrich verheiratet. Sie betreut die beiden gemeinsamen minderjährigen Kinder. Die Familie lebt von Heinrichs Einkommen. Da die Familie noch nie richtigen Urlaub gemacht hat, bucht Gabi ohne Rücksprache mit Heinrich eine Flugreise für 3 Wochen für die ganze Familie nach Haiti zum Preis von 10.000,– DM. Dazu nimmt sie bei der Kreissparkasse einen Kredit über 10.000,– DM auf. Als Heinrich hiervon erfährt, ist er entsetzt und weigert sich, die Raten an die Kreissparkasse zu zahlen. Mit Erfolg?

Fall 4.1: Familienunterhalt
Der Lehrer Hugo ist verheiratet mit der Hausfrau Else. Aus der Ehe stammen Jan,14, und Julia,12. Hugo ärgert sich schon lange, dass Else nie mit dem Haushaltsgeld auskomme, und er meint, sie kaufe zu teuer ein und verschwende das Geld für unnütze Dinge. Er beschließt, künftig selber einzukaufen.

Fall 4.2: Prozesskostenvorschußpflicht
Else will Hugo auf Zahlung von Haushaltsgeld verklagen. Der von ihr beauftragte Rechtsanwalt verlangt von ihr einen Vorschuss; auch das Familiengericht wird ohne Prozesskostenvorschuss nicht tätig. Wie kann Else geholfen werden?

Fall 5.1: Erwerb deutscher Staatsangehörigkeit durch Eheschließung
Edgar hat in seinem Urlaub in Nairobi die Kellnerin Susan, eine Kenianerin, kennengelernt. Er nimmt sie mit nach Deutschland und heiratet sie hier. Erwirbt Susan mit ihrer Heirat die deutsche Staatsangehörigkeit?

Fall 5.2: Erwerb ausländischer Staatsangehörigkeit durch Eheschließung
Die deutsche Lisa heiratet in Davos ihren schweizerischen Skilehrer Pirmin und lebt fortan in Davos. Verliert Lisa ihre deutsche Staatsangehörigkeit und wird Schweizerin?

Lösungshinweise

Fall 1: Eheliche Lebensgemeinschaft; Ehewohnung
Nach § 1353 I 2 sind die Ehegatten »zur ehelichen Lebensgemeinschaft verpflichtet«. Dies bedeutet: Pflicht zur ehelichen Treue, zu wechselseitigem Beistand und grundsätzlich auch zur Wohngemeinschaft. Wird eine dieser Pflichten verletzt, kann sie beim Familiengericht eingeklagt werden. Die Durchsetzung eines so erlangten Urteils scheitert jedoch an der fehlenden Vollstreckungsmöglichkeit (§ 888 Abs. II 2 ZPO). Im vorliegenden Fall geht es jedoch

19

auch um den Schutz gegen Ehestörung Dritter, durch Lisa. Hier wird nicht nur durch Karl, sondern insbesondere auch durch Lisa die eheliche Lebensgemeinschaft gestört.

Der BGH hat der Ehefrau (gleiches muss wohl auch für den Ehemann gelten) einen Anspruch auf Unterlassung von Störungen des räumlich-gegenständlichen Bereichs der Ehe zugebilligt, der wie der Anspruch des Eigentümers eingeklagt und vollstreckt werden kann. Zu diesem Bereich gehört, unabhängig von der Eigentumsfrage, die Ehewohnung. Es gibt hier also trotz § 888 II ZPO die Möglichkeit der Vollstreckung. Berta kann nun Karl auf Entfernung (oder Verhinderung des Einzugs) der Lisa und auch Lisa selbst verklagen und durch Vollstreckung zum Auszug zwingen bzw. am Einzug hindern.diese Klage ist nach BGH (BGHZ 6,360) jedoch nicht auf 1353 I,2, sondern auf §§ 1004,823 I in analoger Anwendung zu stützen und ist damit keine Familien-, sondern eine Zivilsache.

Fall 2: Haushaltsführung, Erwerbstätigkeit
Die Ehegatten müssen über die in der Ehe und Familie anfallenden Aufgaben Einvernehmen erzielen. Beide sind berechtigt, erwerbstätig zu sein (§ 1356). Kommt es, wie hier, zu keiner Einigung, müssen beide Ehegatten die Haushaltsführung leisten, aber – insbesondere in einer kinderlosen Ehe – ihre Arbeitskraft auch im Erwerbsleben verwerten. Kai kann nicht »verlangen«, dass Ina ihre Berufstätigkeit aufgibt; Ina kann Kai darauf verweisen, auch im Haushalt mitzuhelfen. Nur: Ina kann Kai zwar verklagen (Eheherstellungsklage) auch seine Pflichten im Haushalt zu erfüllen, dieses Urteil aber nicht vollstrecken § 888 II ZPO).

Fall 3: Geschäfte zur angemessenen Deckung des Lebensbedarfs
Jeder Ehegatte ist berechtigt, Geschäfte zur angemessenen Deckung des Lebensbedarfs in eigener Verantwortung abzuschließen. Solche Geschäfte sind nach § 1357 auch dem anderen Ehegatten gegenüber wirksam, er wird hierdurch grundsätzlich auch verpflichtet. Was gehört aber zum »angemessenen Lebensbedarf« einer Familie? Hierzu gehören (§ 1360a I) die Kosten des Haushalts, der persönliche Bedarf der Ehegatten und der gemeinsamen unterhaltsberechtigten Kinder. Die Grenzen bestimmt der Lebenszuschnitt der Familie. Allerdings sind nach h.M. in § 1357 I nicht die Aufnahme von Bankkrediten, die Anmietung oder Kündigung der Wohnung und der Kauf von Wertpapieren erfasst.

Gabi hat wohl schon bei der Buchung der Flugreise die Grenzen ihrer »Schlüsselgewalt« überschritten, sicher aber durch die Aufnahme des Kredits zur Finanzierung dieser Reise. Heinrich ist durch dieses Geschäft Gabis nicht verpflichtet worden und kann die Ratenzahlungen verweigern.

Kann die Befugnis aus § 1357 beschränkt werden, z.B. beim Abschluss von Geschäften im Wert bis zu 5.000,– DM? Dies kann geschehen durch einen entsprechenden Ehevertrag, der Dritten gegenüber aber nur wirkt, wenn er im Güterregister des Amtsgerichts eingetragen ist.

Fall 4.1: Familienunterhalt

Beide Ehegatten schulden einander Beiträge zum Familienunterhalt. Wer was verlangen kann, entscheidet die Aufgabenverteilung innerhalb der Familie. Führt die Ehefrau, wie im vorliegenden Fall, den Haushalt, so erfüllt sie damit ihren Beitrag zum Unterhalt der Familie (§ 1360 I 2). Um ihre Aufgabe erfüllen zu können, braucht sie Haushaltsgeld. Da nur Hugo durch seine Arbeit über Einkommen verfügt, ist er verpflichtet, den Unterhalt der Familie durch Barmittel sicherzustellen. Else kann von Hugo Haushaltsgeld zur angemessenen Unterhaltung der gesamten Familie verlangen und dieses auch einklagen. Zum »angemessenen Unterhalt« zählen nach § 1360 a I nicht nur die Haushaltskosten, sondern auch der persönliche Bedarf des Ehegatten und der gemeinsamen unterhaltsberechtigten Kinder z.B. Kleidung, kulturelle, sportliche Aktivitäten, Arztkosten, Taschengeld, Ausbildungskosten, soweit sich dieser Bedarf aus den Verhältnissen beider Ehegatten ergibt. Diese werden bestimmt durch die Einkommens- und Vermögensverhältnisse beider Ehegatten.

Fall 4.2: Prozesskostenvorschusspflicht

Zur Familienunterhaltpflicht gehört auch die Prozesskostenvorschusspflicht für Rechtsstreitigkeiten in persönlichen Angelegenheiten eines selbst einkommens- und vermögenslosen Ehegatten (§ 1360 a IV). Diese Vorschusspflicht besteht nicht nur bei Rechtsstreitigkeiten gegenüber Dritten, sondern auch gegenüber dem anderen Ehegatten. Alle familienrechtlichen Angelegenheiten sind auch »persönliche Angelegenheiten«, aber auch andere Verfahren gegen Dritte gehören hierher (z.B. Verfahren im Zusammenhang mit dem Berufsleben des Ehegatten).

Weitere Voraussetzungen für die Prozesskostenvorschusspflicht: Der Verpflichtete muss wirtschaftlich in der Lage sein, den Vorschuss zahlen zu können, und die beabsichtigte Rechtsverfolgung darf nicht mutwillig oder offensichtlich aussichtslos sein. Diese Voraussetzungen sind hier erfüllt. Else kann von Hugo einen Prozesskostenvorschuss verlangen und diesen Anspruch nach § 127a ZPO im Wege einer einstweiligen Anordung durchsetzen.

Fall 5.1: Erwerb deutscher Staatsangehörigkeit durch Eheschließung

Susan wird durch die Eheschließung nicht deutsche Staatsangehörige. Hierzu müsste sie sich einbürgern lassen, was durch die Heirat allerdings erleichtert wird. Geregelt ist dies im Reichs- und Staatsangehörigkeitsgesetz (RuStAG).

Fall 5.2: Erwerb ausländischer Staagsangehörigkeit durch Eheschließung

Lisa verliert ihre deutsche Staatsangehörigkeit durch die Heirat mit Pirmin nicht; sie verliert ihre deutsche Staatsangehörigkeit nur, wenn sie ausdrücklich hierauf verzichtet. Selbst wenn sie nach schweizerischem Recht durch die Heirat mit Pirmin die schweizerische Staatsangehörigkeit erwerben sollte, bleibt sie Deutsche. Müsste sie die schweizerische Staatsangehörigkeit jedoch ausdrücklich beantragen, würde sie die deutsche Staatsangehörigkeit verlieren, sofern sie in Deutschland weder ihren Wohnsitz noch dauernden Aufenthalt hätte (§ 25 i.V. § 17 RuStAG).

4. Rechtsfolgen des Getrenntlebens

Einführung

Die §§ 1361 bis 1361b regeln die Fragen, wie sich das Ende der Lebens- und Wohngemeinschaft der Ehegatten auf den Unterhalt des bedürftigen Ehegatten sowie auf die Nutzung von Wohnung und Hausrat auswirken. Ähnliche Rechtsfolgen ergeben sich aus dem Lebenspartnerschaftsgesetz (s. hierzu Einführung zu Kapitel 3). Der § 1671 befasst sich mit der Sorgerechtsregelung im Fall der Trennung, die §§ 1385 ff. behandeln die güterrechtlichen Folgen der Trennung.

Trennung (Begriff: § 1567) bedeutet nicht nur die objektive Aufgabe der häuslichen Gemeinschaft, sondern erfordert auch den (subjektiven) Willen (mindestens eines Ehegatten), die Gemeinschaft nicht wieder herzustellen.

Die **Fälle** behandeln folgende **Problemkreise**:
- Unterhaltsanspruch des Ehegatten (Fälle 1 – 3);
- Ehewohnung (Fall 4);
- Hausrat (Fall 5);
- Kindesunterhalt (Fall 6);
- Sorgerecht (Fall 7);
- Umgangsrecht (Fall 8);
- vorzeitiger Ausgleich des Zugewinns (Fall 9).

Fälle

Fall 1: Unterhaltsanspruch der Hausfrau
Der Apotheker Hans und seine Ehefrau Karin leben getrennt. Kinder sind nicht vorhanden. Karin hat kein Einkommen. Sie hat während der dreijährigen Ehe nicht gearbeitet, sondern den gemeinsamen Haushalt geführt. Kann Karin von Hans Unterhalt verlangen?

Fall 2: Unterhaltsanspruch; Aufgabe der Berufstätigkeit
Willi und Eva haben sich nach heftigem Streit wegen einer Affäre Willis mit einer Arbeitskollegin getrennt. Beide haben bisher im Volkswagenwerk am Band gearbeitet, da Kinder aus ihrer Ehe nicht hervorgegangen sind. Eva gibt ihre Berufstätigkeit nun auf und verlangt von Willi Ehegattenunterhalt mit der Begründung, Willi sei schuld am Scheitern der Ehe, also müsse er sie jetzt auch unterhalten.

Fall 3: Unterhaltsanspruch; Zusammenleben mit Freund

Uta verlangt von ihrem getrenntlebenden Mann Karl Unterhalt mit der Begründung, sie habe auch während des Bestehens der Ehe nur als Aushilfe gearbeitet und – wie jetzt – monatlich netto 500,– DM verdient, während Karl als Beamter gut 3000 DM netto monatlich beziehe. Karl weigert sich zu zahlen, da Uta zu ihrem Liebhaber Kai gezogen sei, dem sie nun den Haushalt führe. Bekommt Uta Ehegattenunterhalt?

Fall 4: Ehewohnung

Egon und Katja bewohnen noch mit ihren drei minderjährigen Kindern das im gemeinsamen Eigentum stehende Einfamilienhaus. Egon ist arbeitslos geworden, weil er erhebliche Probleme mit dem Alkohol hat. Dies ist auch der Grund dafür, dass es fast täglich zu Tätlichkeiten kommt, wobei die Kinder miterleben, dass Egon Katja schlägt und bedroht. Katja, die die Kinder bisher überwiegend betreut hat, möchte, dass Egon ihr und den Kindern sofort das Haus allein überlässt. Muss Egon ausziehen?

Fall 5: Hausrat

Egon zieht aus dem gemeinsamen Haus aus. Er will vom gemeinsamen Hausrat das komplette Wohnzimmer mit Fernseher, Videorecorder und Stereoanlage sowie das Schlafzimmer mitnehmen. Katja ist empört. Sie will ihm lediglich ein Bett, einen Tisch, einen Schrank und einen Sessel überlassen. Wer bekommt was?

Fall 6: Ehegattenunterhalt, Kindesunterhalt

Klaus, Oberstudienrat, hat sich gerade erst von Else getrennt. Bei Else sind die gemeinsamen Kinder Tim, 4 und Melanie, 2 geblieben. Da Else kein Einkommen hat – sie hat die Kinder betreut –, verlangt sie Kindesunterhalt und Ehegattenunterhalt von Klaus, der hierzu unter Hinweis auf die hohen Mietkosten seiner neuen Wohnung nicht bereit ist. Kann Else neben ihrem Unterhalt auch Unterhalt für die beiden Kinder geltend machen?

Fall 7: Sorgerecht

Da Tim und Melanie weiterhin von Else betreut werden, möchte sie auch das alleinige Sorgerecht für beide Kinder bekommen. Klaus ist damit einverstanden.Ist das möglich?

Fall 8: Umgangsrecht

Klaus ist mit der von Else begehrten Sorgerechtsregelung einverstanden. Vorab will er aber ein geregeltes Umgangsrecht mit beiden Kindern, das Else mit dem Hinweis, beide Kinder seien noch zu klein, um allein mit Klaus ganze Tage zu verbringen, ablehnt.
Was kann Klaus nun unternehmen?

Fall 9: Vorzeitiger Ausgleich des Zugewinns

Else erfährt, dass Klaus seine Lebensversicherung gekündigt und den Rückkaufwert kassiert und verbraucht hat. Von seinem Sparbuch hat er erhebliche Beträge abgehoben. Wie kann Else verhindern, dass Klaus weiteres Vermögen verbraucht?

Lösungshinweise

Fall 1: Unterhaltsanspruch der Hausfrau

Solange die eheliche Lebensgemeinschaft besteht, schulden die Eheleute einander Beiträge zum Familienunterhalt (siehe oben Kapitel Ehewirkungen Fall 4).

Leben die Eheleute getrennt, tritt an die Stelle des wechselseitigen Anspruchs, zum Familienunterhalt beizutragen, der Anspruch des bedürftigen Ehegatten auf angemessenen Unterhalt für sich, sofern der andere Ehegatte leistungsfähig ist. Bedürftig ist, wer außerstande ist, sich selbst zu unterhalten (§§ 1577, 1602); nicht leistungsfähig ist, wer außerstande ist, ohne Gefährdung seines eigenen angemessenen Unterhalts den Unterhalt zu zahlen (§§ 1578, 1603).

Die Höhe des Unterhalts (Angemessenheit) richtet sich nach den ehelichen Lebensverhältnissen, also insbesondere nach den Erwerbs- und Vermögensverhältnissen der Ehegatten (§ 1361 I) zum Zeitpunkt der Trennung. In der Regel besteht hiernach der angemessene Unterhalt in 3/7 des anrechnungsfähigen Nettoeinkommens des unterhaltspflichtigen Ehegatten (Düsseldorfer Tabelle). Dies kommt einer Halbierung des Einkommens gleich mit einem Bonus für erhöhte Aufwendungen des erwerbstätigen unterhaltsverpflichteten Ehegatten.

Karin ist unterhaltsbedürftig, Hans als Apotheker leistungsfähig. Karin hat während des Zusammenlebens nicht gearbeitet. Nach § 1361 II kann Hans Karin nicht darauf verweisen, ihren Unterhalt durch eigene Erwerbstätigkeit sicherzustellen. Ihr bisheriger Status als nichterwerbstätiger Ehegatte soll wegen der nun erfolgten Trennung zunächst nicht zu ihrem Nachteil verändert werden, zumal hierdurch das endgültige Scheitern der Ehe noch gefördert werden könnte. Leben Hans und Karin jedoch längere Zeit getrennt und besteht keine Aussicht auf Versöhnung mehr, weil beide die Scheidung wollen (§ 1566 I) oder – nach dreijähriger Trennung – einer von beiden die Fortsetzung der ehelichen Lebensgemeinschaft ablehnt (§ 1566 II), wird Karin ihren Unterhalt durch eigene Erwerbstätigkeit (teilweise) sicherstellen müssen, da ihr nun eine Berufstätigkeit zugemutet werden kann.

Fall 2: Unterhaltsanspruch; Aufgabe der Berufstätigkeit

Auf ein Verschulden an der Trennung wie nach früherem Unterhaltsrecht kommt es grundsätzlich nicht an; maßgebend ist die Unterhaltsbedürftigkeit des unterhaltsbegehrenden Ehegatten. Daran scheitert hier Evas Unterhaltsanspruch. Sie hat bis zur Trennung gearbeitet; von ihr kann auch nach der Trennung eine Erwerbstätigkeit erwartet werden. Hier liegen sogar die Voraussetzungen des § 1579 Nr. 3 in Verbindung mit § 1361 III vor: Eva hat, um Ehegattenunterhalt von Willi zu bekommen, ihre Beschäftigung aufgegeben und damit »mutwillig« im Sinne des § 1579 Nr. 3 gehandelt.

Fall 3: Unterhaltsanspruch; Zusammenleben mit Freund

Uta muss nicht – siehe Fall 1 – mehr arbeiten als zur Zeit des Zusammenlebens mit Karl. Allerdings kann sich ihr Unterhaltsanspruch angesichts der Tatsache, dass sie mit Kai eheähnlich zusammenlebt, mindern. Da sie Kai den Haushalt führt, muss sie sich für diese Dienstleistungen gegenüber Kai ein fiktives Entgelt anrechnen lassen, das ihren Unterhaltsbedarf vermindert, es sei denn, Kai selbst ist leistungsunfähig. Die Rechtsprechung setzt in diesen Fällen Pauschalbeträge zwischen 300,– und 900,– DM an, die auf ihren Quotenunterhaltssatz anzurechnen sind. Bei den Einkommensverhältnissen von Karl und Uta beträgt der Quotenunterhalt für Uta 3/7 vom Unterschiedseinkommen (3000 – 500 = 2500; 3/7 = 1071 DM); hierauf ist mindestens das fiktive Einkommen von 300 DM anzurechnen, so dass ihr monatlich nur noch 771,– DM zustehen (BGH FamRZ 80, S.40). Eine »verfestigte nichteheliche Gemeinschaft« des Unterhaltsbedürftigen kann auch zur Unterhaltsminderung gem. § 1361 III i.V. § 1579 Nr. 6 führen (zur Problematik vgl. Palandt § 1361 Rn. 45 m.w.N.). Diese Herabsetzung des Unterhaltsanspruchs ist unabhängig davon, ob der »Dritte«, nämlich Kai, »leistungsfähig« ist oder nicht. Zur Herabsetzung bzw. zum Ausschluss des Unterhaltsanspruchs nach der Scheidung gem. § 1579 vgl. Kapitel Scheidungsfolgen – nachehelicher Unterhalt; Fälle 15 und 16.)

Fall 4: Ehewohnung

Katja kann beim Familiengericht einen Antrag auf Zuweisung der Ehewohnung nach § 1361 b stellen mit dem Ziel, dass Egon ihr das Einfamilienhaus, oder wenn möglich, einzelne Räume zur alleinigen Benutzung mit den Kindern überlassen muss. Dies gelingt ihr nur, wenn sie das Gericht überzeugt, das eine Nichtzuweisung der Ehewohnung (oder eines Teiles derselben) für sie eine »schwere Härte« bedeuten würde. D.h.: Bloße Unbequemlichkeit im gemeinsamen Zusammenleben reicht für eine Zuweisung der Wohnung nicht aus. Hier allerdings werden die schweren Störungen des Familienlebens (insbesondere im Hinblick auf die Kinder) mit alkoholbedingten Ausfällen des Egon gegenüber Katja ihren Antrag zum Erfolg führen. Nach Abs. 2 des § 1361 b kann Egon in diesem Fall von Katja eine Vergütung für die Benutzung des im beiderseitigen Eigentum stehenden Hauses verlangen, soweit dies der Billigkeit entspricht. Hat Katja kein Einkommen, wird diese Vergütung im Rahmen des Trennungsunterhalts berücksichtigt werden.

Hinzuweisen ist auf den Entwurf eines Gesetzes zur Verbesserung des zivilrechtlichen Schutzes bei Gewalttaten und Nachstellungen sowie zur Erleichterung der Überlassung der Ehewohnung bei Trennung (BR-Drucksache 11/01 v. 5.1.01), wonach u.a. die Schwelle für die Überlassung der Ehewohnung bei Getrenntleben der Eheleute nach § 1361 b gesenkt werden soll.

Fall 5: Hausrat

Was geschieht im Fall der Trennung mit dem Hausrat? Grundsätzlich kann jeder Ehegatte die in seinem Eigentum stehenden Hausratsgegenstände herausverlangen (§ 1361a Abs.1, Satz 1). Benötigt der andere Ehegatte diesen Hausrat jedoch zur Führung seines »abgesonderten« Haushalts, hat der Eigentümer diese Gegenstände dem anderen zu überlassen, soweit dies »der Billigkeit entspricht« (§ 1361a I 2). Im vorliegenden Fall ist vom gemeinsamen Hausrat die Rede; Hausrat, der den Ehegatten gemeinsam gehört, wird zwischen ihnen nach den Grundsätzen der Billigkeit verteilt (nach § 1361a II); hierüber entscheidet das Familiengericht, wenn die Eheleute sich nicht einigen. Was »billig« ist, richtet sich in erster Linie nach dem Bedarf. Da die Kinder sich im Haushalt Katjas befinden, hat sie einen erheblich höheren Bedarf an Hausrat als Egon. Wichtig im Rahmen dieser Billigkeitsentscheidung ist auch, welche finanziellen Mittel zur Ersatzbeschaffung von Hausrat jeweils zur Verfügung stehen. Egon ist arbeitslos. Hat auch Katja kein eigenes Einkommen, werden beide nicht in der Lage sein, sich neuen Hausrat anzuschaffen. Sicher kann Egon nicht das komplette Wohn- und Schlafzimmer bekommen, er muss sich aber andererseits nicht mit den wenigen Gegenständen, die Katja ihm überlassen will, zufriedengeben. Das Gericht ist bei dieser Entscheidung nicht an die Anträge der Parteien gebunden. Es entscheidet allein nach den Grundsätzen der Billigkeit.

Fall 6: Ehegattenunterhalt, Kindesunterhalt

Klaus und Else haben sich gerade erst getrennt. Beiden steht noch die elterliche Sorge für Tim und Melanie zu. Das elterliche Sorgerecht umfasst die gesetzliche Vertretung der Kinder (§ 1629 I 1), also das Recht, im Namen der Kinder zu handeln (§ 164), Rechtsstreitigkeiten zu führen und Erklärungen abzugeben (§§ 107 ff.). Diese Vertretungsmacht ist grundsätzlich unbeschränkt. Sie ist jedoch kraft Gesetz (§ 1629 II 1) ausgeschlossen, soweit der einzelne Elternteil das Kind gegenüber sich selbst, gegenüber seinem Ehegatten oder gegenüber einem Verwandten gerader Linie (§ 1795 I 2) vertreten würde; hierdurch soll eine mögliche Gefährdung der Kindesinteressen verhütet werden, zumal diese mit den eigenen Interessen der Eltern oder den Interessen nahestehender Verwandter in Konflikt geraten können. Danach könnte Else als gesetzlicher Vertreter der Kinder Unterhaltsansprüche der Kinder gegenüber Klaus, ihrem Ehegatten, (und auch noch gesetzlichem Vertreter der Kinder) nicht geltend machen. Nach § 1629 II 2 gilt aber für Kindesunterhaltsansprüche eine Ausnahme: Leben Ehegatten getrennt, oder ist zwischen ihnen eine Ehesache anhängig, kann der Ehegatte, in dessen Obhut sich das Kind befindet, Unterhaltsansprüche des Kindes gegen den anderen Elternteil geltend machen, auch wenn eine Regelung für die Person des Kindes noch nicht getroffen ist. Er kann diese Ansprüche sogar nur im eigenen Namen geltend machen, solange die Eltern getrennt leben oder eine Ehesache zwischen ihnen anhängig ist (§ 1629 III 1). In diesem Fall klagt also nicht das Kind, gesetzlich vertreten durch Vater oder Mutter, sondern der Vater oder die Mutter selbst den Kindesunterhalt ein. Sinn dieser Vorschrift ist, die Kinder aus dem Streit der Eltern im Zusammenhang mit Trennung oder Scheidung nach Möglichkeit herauszuhalten. Else kann also Unterhalt für sich gem. § 1361, aber auch (im eigenen Namen) von Klaus Kindesunterhalt für Tim und Melanie einklagen.

Klaus kann die Unterhaltsleistung nicht mit dem Hinweis auf die hohen Mietkosten seiner neuen Wohnung verweigern. Er haftet bis zur Grenze seiner Leistungsfähigkeit, wobei sich z.B. aus der Düsseldorfer Tabelle die Beträge für das Existenzminimum (notwendiger Eigenbedarf) ablesen lassen.

Fall 7: Sorgerecht

Aus der neuen Fassung des 1626 I,1 auf Grund des KindRG:»Die Eltern haben die Pflicht und das Recht, für das gemeinsame Kind zu sorgen« folgt der Grundsatz der gemeinsamen elterlichen Sorge (s. wegen der Einzelheiten Kapitel 13, Elterliche Sorge). Im Gegensatz zum bisherigen Recht gilt nun grundsätzlich, dass den Eltern auch nach Trennung und Scheidung das elterliche Sorgerecht gemeinsam verbleibt. Die Übertragung des Sorgerechts auf einen Elternteil soll Ausnahme sein und nur unter bestimmten Voraussetzungen (1671 II) erfolgen. Dem Antrag auf Übertragung des alleinigen Sorgerechts ist durch das Familiengericht stattzugeben, wenn der andere Elternteil zustimmt und das über 14-jährige Kind dem nicht widerspricht (§ 1671 II Nr.1), oder wenn zu erwarten ist, dass die Aufhebung der gemeinsamen Sorge und die Übertragung auf den Antragsteller dem Wohl des Kindes am besten entspricht (§ 1671 II Nr.2). Da Elses Kinder noch nicht das 14. Lebensjahr vollendet haben und Klaus mit der Übertragung des alleinigen Sorgerechts auf Else einverstanden ist, wird sie auf entsprechenden Antrag beim Familiengericht das Sorgerecht für ihre beiden Kinder bekommen. Diese Regelung gilt nun nicht nur für die Zeit der Trennung, sondern darüber hinaus auch für die Zeit nach einer eventuellen Scheidung.

Fall 8: Umgangsrecht

Jeder Elternteil ist zum Umgang mit dem Kind verpflichtet und berechtigt (§ 1684 I). Wenn die Eltern sich hierüber nicht einigen, entscheidet – auf Antrag – über Art und Umfang dieses Rechts das Familiengericht. Richtmaß ist das Wohl des Kindes. Nach § 1684 III kann über dieses Umgangsrecht selbst dann entschieden werden, wenn die Eltern getrennt leben, beiden aber noch das Personensorgerecht zusteht. Klaus kann also einen entsprechenden Antrag beim Familiengericht stellen. Mit dem Hinweis, beide Kinder seien noch zu klein, um allein mit Klaus ganze Tage zu verbringen, wird Else dieses Umgangsrecht mit Klaus nicht unterbinden können. Natürlich muss gewährleistet sein, dass Klaus beide Kinder tagsüber angemessen betreuen und versorgen kann. Dies wird das Gericht mit Hilfe des Jugendamtes (§ 50 SGB VIII) zu überprüfen haben.

Fall 9: Vorzeitiger Ausgleich des Zugewinns

Es ist davon auszugehen, dass Else und Klaus keinen güterrechtlichen Ehevertrag geschlossen haben, also im gesetzlichen Güterstand der Zugewinngemeinschaft (wegen der Einzelheiten hierzu siehe Kapitel 5, Güterstand) leben.

Else kann nach § 1386 II Nr.2 den vorzeitigen Zugewinnausgleich verlangen, da Klaus hier Verfügungen über sein Vermögen offensichtlich mit der Absicht vorgenommen hat, Else zu benachteiligen (§ 1375 II Nr. 3). Nach Klageerhebung kann Else gem. § 1389 Sicherheitsleistung verlangen.

Der Zugewinnausgleich ist grundsätzlich bei Beendigung des Güterstandes durchzuführen. Im Fall der Scheidung ist der Berechnungszeitpunkt (Stichtag für den Zugewinnausgleich) die Rechtshängigkeit (Zustellung) des Scheidungsantrags.

Der § 1386 will vor einem schädlichen Verhalten des anderen Ehegatten schützen, wenn hierdurch eine erhebliche Gefährdung der künftigen Ausgleichsforderung zu befürchten ist.

Leben die Ehegatten seit mindestens drei Jahren getrennt, kann jeder von ihnen ohne weiteres auf vorzeitigen Ausgleich des Zugewinns klagen (§ 1385). Berechnungszeitpunkt für den vorzeitigen Zugewinnausgleich ist die Rechtshängigkeit der Klage auf vorzeitigen Ausgleich (§ 1387).

5. Güterstand

5.1 Der gesetzliche Güterstand der Zugewinngemeinschaft

Einführung

§§ 1363 ff. regeln den gesetzlichen Güterstand der Zugewinngemeinschaft. Das bedeutet: Während der Ehe verwalten Mann und Frau ihr jeweiliges Vermögen selbständig. Bei Beendigung des Güterstandes durch Tod eines Ehegatten oder Scheidung kommt es zum Ausgleich des Zugewinns.
Neben diesen beiden getrennten Vermögensmassen gibt es auch gemeinschaftliches Vermögen beider Ehegatten, zum Beispiel ein Grundstück im Eigentum beider Ehegatten. Gemeinschaftliches Vermögen unterliegt nicht den Regelungen der §§ 1363 ff., sondern wird gem. §§ 741 ff. bei Eheauflösung aufgeteilt.
Ebenfalls nicht in §§ 1363 ff., sondern in §§ 426, 430 sind Ausgleichsansprüche der Ehegatten geregelt, die sich aus ihrer Stellung als Gesamtschuldner (gegenüber der Bank z.B. nach Kreditaufnahme durch beide Ehegatten, § 421) bzw. als Gesamtgläubiger (beide Ehegatten sind Gläubiger einer Forderung i.S. § 428) ergeben.

In den **Fällen** werden folgende **Problemkreise** angesprochen:
- Anspruch auf Zugewinnausgleich bei Scheidung (Fälle 1, 2, 6, 7, 9);
- Verfügungsbeschränkungen bei der Zugewinngemeinschaft (Fälle 3 und 4);
- Ausgleichungsansprüche zwischen Ehegatten (Fälle 5 und 6);
- Anspruch auf Zugewinnausgleich im Todesfall, Anspruch des Stiefkinds (Fall 8);
- Anspruch auf Zugewinnausgleich im Todesfall, Wertsteigerung eines vom Erblasser geerbten Grundstücks (Fall 9).

Fälle

Fall 1: Zugewinnausgleich; Verminderung des Vermögens
Marika und Wolfgang leben in Scheidung. Am 27.8. hat Wolfgang beim Familiengericht einen Scheidungsantrag gestellt, der am 28.8. zugestellt wurde. Marika beantragt, ihr einen Zugewinnausgleich in Höhe von 20.000,– DM zuzusprechen.
Es stellt sich heraus, dass Wolfgang am 24.8. das gesamte Guthaben von seinem Sparbuch, nämlich 40.000,– DM, abgehoben hat. Das Geld ist verschwunden, weiteres Vermögen des Wolfgang ist nicht vorhanden.

Fall 2: Zugewinnausgleich; Barvermögen
Jeannette verlangt DM 10.000,– Zugewinnausgleich von ihrem Ehemann Fritz. Ihr ist bekannt, dass Fritz ein Vermögen von 20.000, DM bei der Bank verzinslich an-

gelegt hat. Fritz behauptet, es handele sich nicht um sein Geld, sondern um Geld seiner Mutter, die auf Kosten der Sozialhilfe/der Pflegeversicherung in einem Pflegeheim untergebracht ist.

Fall 3:   Verfügung über Haushaltsgegenstände
Als Alma von der Arbeit nachhause kommt, steht das Fernsehgerät im Wohnzimmer nicht mehr an seinem gewohnten Platz. Ihr Ehemann Bodo eröffnet ihr, er habe das Fernsehgerät, das ihm allein gehöre, an Dieter verkauft. Ist das Rechtsgeschäft wirksam?

Fall 4:   Verfügung über »Vermögen im ganzen«
Kurt verkauft sein Grundstück an Daniel. Dieser weiß, dass Kurt kein weiteres Vermögen hat. Ist das Rechtsgeschäft wirksam, wenn Kurts Ehefrau der Veräußerung nicht zustimmt?

Fall 5:   Ausgleichungsansprüche bei Oderkonten
Die Eheleute Frieda und Fritz haben ein gemeinsames Konto bei der O.-Bank. Beide Ehegatten sind Kontoinhaber (sog. »Oderkonto«; hiervon zu unterscheiden ist ein Konto mit einem Ehegatten als alleinigen Inhaber und bevollmächtigtem anderen Ehegatten). Das Guthaben unserer Eheleute auf dem Konto beträgt seit Anfang Januar bis Ende Februar 10.000 DM, am 15. März 12.000 DM. Am 10. Februar ist Frieda aus der Ehewohnung ausgezogen.

5.1:   Ausgleichungsanspruch vor Trennung
Bereits am 5. Januar erklärte Frieda dem Fritz, sie wolle für sich 5000 DM von dem Konto abheben, das stehe ihr zu. Fritz widerspricht mit der Begründung, das Geld sei doch für den Erwerb einer Eigentumswohnung für beide angespart worden.

5.2:   Ausgleichungsanspruch nach Trennung
Am 14. März zahlt Fritz noch 2000 DM auf das Konto ein, Kontostand somit 12.000 DM. Frieda macht einen Ausgleichungsanspruch in Höhe von 6000 DM geltend. Da Frieda neben Fritz alleinigen Zugang zum Konto hat, hebt sie den Betrag gleich ab und erklärt Fritz, die Eigentumswohnung interessiere sie nicht mehr, sie wolle auf eigenen Füßen stehen, sie kehre nicht mehr in die Ehewohnung zurück und wolle sich scheiden lassen. Fritz macht geltend, er habe als Alleinverdiener das ganze Geld auf das gemeinsame Konto eingezahlt. Rechtslage?

Fall 6:   Eigenmächtige Abhebungen vom gemeinsamen Oderkonto
Bereits vor der Trennung von ihrem Ehemann Ferdinand hat die Ehefrau Luise nach und nach größere Geldbeträge von dem gemeinsamen Oderkonto abgehoben und beiseitegeschafft. Stehen Ferdinand Ausgleichungsansprüche gegen seine Ehefrau zu?

Fall 7: Zugewinnausgleich
Nach ihrer Scheidung von Karl macht Bettina einen Anspruch auf Ausgleich des
Zugewinns geltend und verlangt, dass zu ihren Gunsten berücksichtigt wird
7.a.:
eine Erbschaft des Karl während der Ehe im Wert von 20000 DM;
7.b.:
ein Lottogewinn des Karl in Höhe von 1000 DM. Mit Recht?

Fall 8: Ausgleich im Todesfall; Stiefkind
Petra und Jochen sind verheiratet und haben eine gemeinsame Tochter Ina. Jochens
Tochter Friederike (Auszubildende) aus seiner früheren Ehe mit Katharina lebt
ebenfalls im Haushalt. Jochen stirbt. Der Nachlaß besteht aus 20000 DM. Welcher
Betrag steht Petra und Ina zu? Hat Friederike einen Anspruch gegen ihre Stiefmutter
Petra?

Fall 9: Ausgleich im Todesfall; Wertsteigerung
Ehemann Hugo hat von seinen Eltern eine Wiese geerbt, die später zu Bauland
wurde. Seine Ehe wird nach 20 Jahren Ehedauer geschieden. Steht der Ehefrau ein
Zugewinnausgleich in Höhe des »Mehrwerts« zu? (Fall nach Henrich, D., Familienrecht, 4. Aufl. Berlin 1991, S. 112)

Lösungshinweise

Fall 1: Zugewinnausgleich; Verminderung des Vermögens
Ein Anspruch auf Ausgleich des Zugewinns könnte sich aus § 1378 I ergeben.
(Übersteigt der Zugewinn des einen Ehegatten den Zugewinn des anderen, so steht
die Hälfte des Überschusses dem anderen Ehegatten als Ausgleichsforderung zu.)
Zugewinn ist der Betrag, um den das Endvermögen eines Ehegatten das Anfangsvermögen übersteigt, § 1373.
Beim Eintritt des Güterstandes (Tag der Eheschließung) wies das Anfangsvermögen
beider Ehegatten 0 DM auf (das ergibt sich aus der Vermutung des § 1377 III). Wir
müssen davon ausgehen, dass die Ehefrau Marika kein Endvermögen aufweist und
ihr somit die Hälfte des Endvermögens ihres Ehegatten als Zugewinnausgleich zustehen würde (Endvermögen des Ehegatten Wolfgang gleich Zugewinn in diesem
Fall).
Zu prüfen ist aber, was die Verminderung seines Vermögens durch Wolfgang wenige Tage vor Stellung des Scheidungsantrags bedeutet. Zwar bestimmt § 1378 III
S. 1, dass die Ausgleichsforderung erst mit der Beendigung des Güterstandes
(rechtskräftige Ehescheidung oder Tod eines Ehegatten) entsteht. Für die Berechnung des Zugewinns tritt jedoch an die Stelle der Beendigung des Güterstands der
Zeitpunkt der Rechtshängigkeit des Scheidungsantrags (Zeitpunkt der Zustellung
des Scheidungsantrags, hier der 28.8.), § 1384. Zu diesem Zeitpunkt war das Ver-

mögen des Wolfgang aber bereits verbraucht. Zwar werden gemäß § 1375 II dem Endvermögen eines Ehegatten Beträge hinzugerechnet, wenn dieser Ehegatte sein Vermögen durch bestimmte Rechtshandlungen oder tatsächliches Verhalten gemindert hat (z.B. durch unentgeltliche Zuwendungen i.S. des § 1375 II Ziff.1, Verschwendung des Vermögens, Ziff.2, Handlungen in der Absicht, den anderen Ehegatten zu benachteiligen, Ziff.3. Vgl. hierzu auch § 1386, Klage auf vorzeitigen Zugewinnausgleich in den Fällen einer derartigen ungerechtfertigten Vermögensminderung). Eine solche den Ehegatten benachteiligende Vermögensminderung gem. § 1375 II muss aber erst einmal dargelegt und bewiesen werden. Hier ist zwar eine Benachteiligungsabsicht anzunehmen, dennoch ist der Streitausgang ungewiss. Selbst dann, wenn die Vorverlegung des Berechnungszeitpunkts gem. § 1384 und die Hinzurechnung von Beträgen gem. § 1375 II im Einzelfall dazu führt, dass rechnerisch ein Ausgleichsanspruch besteht, so wird »die Höhe der Ausgleichsforderung durch den Wert des Vermögens begrenzt, das nach Abzug der Verbindlichkeiten bei Beendigung des Güterstandes vorhanden ist,« § 1378 II. Auch wenn im vorliegenden Fall Wolfgang nicht einige Tage vor, sondern erst nach dem Stichtag das Geld verbraucht hätte, ginge seine Ehefrau leer aus, weil kein Vermögen mehr vorhanden ist. Hiergegen kann sich der andere Ehegatte durch Erlaß einer einstweiligen Verfügung schützen (Sicherung des Anspruchs auf einen bestimmten Zugewinn) bzw. Sicherheitsleistung gem. § 1389 verlangen.

Fall 2:   Zugewinnausgleich; Barvermögen
Wie in Fall 1 könnte ein Anspruch auf Ausgleich des Zugewinns gem. § 1378 I vorliegen. Kann Fritz jedoch nachweisen, dass tatsächlich das Geld seiner Mutter das Sparguthaben ausmacht, geht Jeannette leer aus.

Fall 3:   Verfügung über Haushaltsgegenstände
Zu prüfen ist, ob Bodos Rechtsgeschäft gegen die Verfügungsbeschränkung des § 1369 verstößt. Danach kann ein Ehegatte über ihm gehörende Gegenstände des ehelichen Haushalts nur verfügen und sich zu einem solchen Rechtsgeschäft auch nur verpflichten, wenn der andere Ehegatte einwilligt. Eine Einwilligung Almas liegt nicht vor. Daher ist das Rechtsgeschäft nichtig. Alma kann von dem Käufer Herausgabe des Fernsehgeräts verlangen. (Nach Schlüter-BGB – Familienrecht a.a.O. Rn. 120 ist auch die Veräußerung von dem anderen Ehegatten gehörenden Hausrat zustimmungsbedürftig. Das gleiche gilt für im Miteigentum beider Ehegatten stehende Haushaltsgegenstände.)

Fall 4:   Verfügung über »Vermögen im ganzen«
Aufgrund der fehlenden Einwilligung der Ehefrau könnte das Rechtsgeschäft gem. § 1365 unwirksam sein, wenn Kurt über »sein Vermögen im ganzen« verfügt hat. Diese Voraussetzung liegt nach dem Sachverhalt vor, da das Grundstück als ein Gegenstand nahezu das ganze Vermögen ausmacht (Palandt/Brudermüller, Rn. 5 zu § 1365). Darüberhinaus verlangt die herrschende Rechtsmeinung, dass der Dritte »positiv weiß oder zumindest die Verhältnisse kennt, aus denen sich ergibt, dass

durch das Rechtsgeschäft über einen Gegenstand im wesentlichen das ganze Vermögen erfasst wird« (Palandt a.a.O. Rn. 9 zu § 1365). Auch diese Voraussetzung ist erfüllt, so dass jeder Ehegatte die Rechte aus der Unwirksamkeit des Rechtsgeschäfts geltend machen kann.

Bei Grundstücksgeschäften wie im vorliegenden Fall muss der Notar ggf. über die Verfügungsbeschränkung des § 1365 aufklären, so dass Verstöße gegen das absolute Veräußerungsverbot dieser Rechtsnorm selten sein dürften.

Fall 5: Ausgleichungsansprüche bei Oderkonten
Bei Fall 5 und Fall 6 ist die Unterscheidung von Ausgleichungssansprüchen bei gemeinsamen Konten (§§ 426, 430) und dem Zugewinnausgleich nach rechtskräftiger Scheidung von Bedeutung (vgl. Müller, W.: Die Bank- und Sparkonten bei der Trennung und Scheidung von Ehegatten, Zentralblatt für Jugendrecht (ZfJ) 1991, S. 35 – 38). Während jeder Ehegatte jederzeit Abhebungen vom gemeinsamen Konto wirksam vornehmen kann (betr. Außenverhältnis zur Bank), kann er im Innenverhältnis zum anderen Ehegatten nicht schalten und walten, wie er will, sondern ist dem Ehegatten gegenüber zu gleichen Anteilen berechtigt und muss ihm daher ggf. zuviel abgehobene Beträge erstatten (Ausgleichungspflicht). Das gilt uneingeschränkt für Abhebungen (Verfügungen) nach der Trennung, jedoch nur ausnahmsweise für Abhebungen eines Ehegatten vor der Trennung; s.a. Fall 6.

5.1: Ausgleichungsanspruch vor Trennung
Bereits am 5. Januar stünde Frieda die Hälfte des Guthabens, also 5000 DM als Ausgleichungsanspruch gem. § 430 gegen Fritz zu, »soweit nicht ein anderes bestimmt ist.« Die Ausgleichungspflicht der Gesamtgläubiger zu gleichen Anteilen trifft beim Oder-Konto im Verhältnis zwischen Ehegatten grundsätzlich zu. Allerdings beschränkt sich diese Ausgleichungspflicht auf Verfügungen nach der Trennung. Vor der Trennung besteht hingegen mit Rücksicht auf die gemeinsame Lebensführung keine Ausgleichungspflicht (Ausnahme: vgl. Fall 6). Frieda hat demnach keinen Anspruch gegen ihren Ehemann, sondern ist an die Vereinbarung zwischen den Eheleuten, erspartes Geld für den Erwerb einer Eigentumswohnung zu verwenden, gebunden.

5.2: Ausgleichungsanspruch nach Trennung
Bei Verfügungen nach der Trennung gilt dagegen § 430, so dass Frieda die Hälfte des Guthabens zusteht. Die Tatsache, dass lediglich Franz über Arbeitseinkommen verfügt, ändert hieran nichts. Nach der Trennung am 10. Februar hat der Ehemann 2000 DM eingezahlt, von diesem Betrag steht Frieda die Hälfte, also 1000 DM zu. Da in diesem Fall darüber hinaus zu vermuten ist, dass das Sparziel, eine Eigentumswohnung für beide Ehegatten zu erwerben, nicht mehr verfolgt wird, kann Frieda weitere 5000 DM beanspruchen. Der Fall zeigt die Notwendigkeit auf, nach der Trennung keine Einzahlungen mehr auf Oderkonten vorzunehmen, denn durch sie wird jeder Ehegatte zur Hälfte begünstigt.

Fall 6: Eigenmächtige Abhebungen vom gemeinsamen Oderkonto

Ausnahmsweise steht hier Ferdinand gegen seine Ehefrau Luise ein Ausgleichungsanspruch gem. § 430 bereits für die Zeit vor der Trennung zu, da Luise »eigenmächtige Abhebungen zur Vorbereitung der Trennung« in erheblichem Umfang vorgenommen hat (Palandt/Heinrichs Rn. 2 zu § 430). Ferdinand kann also von Luise Erstattung verlangen (vgl. auch oben Fall 5). Sofern Luise über mehr als die Hälfte des Kontostandes verfügt hat, muss sie den Mehrwert zurückerstatten.

Fall 7.a.: Zugewinnausgleich bei Scheidung; Erbschaft

Die Erbschaft des Karl in Höhe von 20000 DM wird gem. § 1374 II seinem Anfangsvermögen zugerechnet, fällt also nicht in den Zugewinnausgleich.

7.b.: Lottogewinn

Anders verhält es sich mit dem Lottogewinn in Höhe von 1000 DM, dieser stellt ausgleichspflichtigen Zugewinn des Karl dar.

Fall 8: Ausgleich im Todesfall; Stiefkind

Wird der gesetzliche Güterstand der Zugewinngemeinschaft wie hier durch Tod eines Partners beendet, so erhält der überlebende Ehegatte, hier Petra, zusätzlich zu dem gesetzlichen Erbteil 1/4 der Erbschaft, d. h. 5000 DM als pauschalierten Zugewinnausgleich gem. § 1371 I, ohne dass im Einzelfall ein Zugewinn erzielt worden sein muss. Das Ehegattenerbrecht beträgt neben Abkömmlingen 1/4 der Erbschaft (§ 1931 I); danach erhält Petra insgesamt die Hälfte des Nachlasses, nämlich 10000 DM, die andere Hälfte erbt die Tochter Ina. Aus dem pauschalierten Zugewinn in Höhe von 5000 DM sind die weiteren Ausbildungskosten für Friederike aufzubringen, § 1371 IV i.V. §§ 1602, 1610. Den Anspruch des Stiefkinds auf Ausbildungsunterhalt gibt es nur bei der Zugewinngemeinschaft, wenn das Stiefkind gesetzlicher Erbe des Erblassers ist. (Beachten Sie die Sonderregelungen der Absätze 2 und 3 des § 1371 für den Fall, dass der überlebende Ehegatte nicht Erbe wird (enterbt wurde) bzw. die Erbschaft ausschlägt.)

Fall 9: Ausgleich im Todesfall; Wertsteigerung

Hier hat ein und derselbe Gegenstand bei Beendigung des Güterstandes einen höheren Wert als zu Beginn. Diese wirkliche Wertsteigerung ist auszugleichen. Die Ehefrau kann also die Hälfte des »Mehrwerts« als Zugewinnausgleich beanspruchen, § 1378 I.

Wertsteigerungen, die auf einem Kaufkraftschwund beruhen, sind dagegen nicht auszugleichen. Das Anfangsvermögen wird also mit dem Geldwert festgesetzt, der im Zeitpunkt der Beendigung des Güterstandes aufgewendet werden müsste, um das Anfangsvermögen neu zu beschaffen. Das Anfangsvermögen wird also nach einer vom Bundesgerichtshof entwickelten Formel hochgerechnet (Palandt/Brudermüller § 1376, Rn. 11, 12).

5.2 Gütertrennung und Gütergemeinschaft

Einführung

Neben dem gesetzlichen Güterstand der Zugewinngemeinschaft kennt das BGB noch Gütertrennung und Gütergemeinschaft. Diese werden im folgenden ohne Fallbezug kurz dargestellt.

Gütertrennung tritt unter anderem dann ein, wenn die Eheleute den gesetzlichen Güterstand der Zugewinngemeinschaft vertraglich ausschließen, ohne einen anderen Güterstand wirksam zu vereinbaren,§ 1414 S.1. Der Ehevertrag ist im Güterrechtsregister des zuständigen Amtsgerichts einzutragen, § 1412. Jeder Ehegatte hat sein Vermögen selbstständig zu verwalten und haftet nur für die eigenen Schulden. Der nicht berufstätige Ehegatte ist durch diesen Güterstand häufig benachteiligt, da es hier einen Anspruch auf Ausgleich des Zugewinns bei Auflösung der Ehe nicht gibt. Hinsichtlich des Ehegattenerbrechts vergl. § 1931 IV. Beachte: Wird der Versorgungsausgleich vertraglich ausgeschlossen, so tritt im Zweifel Gütertrennung ein. Andererseits führt Gütertrennung nicht zum Ausschluss des Versorgungsausgleichs (dazu Kap. 7.2).

Gütergemeinschaft ist ein vertraglicher Güterstand (§ 1415), der durch förmlichen Ehevertrag zur Niederschrift eines Notars entsteht (§§ 1408, 1410) und wie Gütertrennung im Güterrechtsregister eingetragen wird. Das Vermögen des Mannes und das Vermögen der Frau werden durch Gütergemeinschaft gemeinschaftliches Vermögen beider Ehegatten (Gesamtgut), § 1416. Vom Gesamtgut sind »Sondergut« und »Vorbehaltsgut« ausgeschlossen, dazu §§ 1417, 1418.

6. Ehescheidung

Einführung

Das seit dem 1. 7. 1977 geltende Scheidungsrecht folgt dem Zerrüttungsprinzip. Das Gesetz kennt nur noch einen Scheidungsgrund: Eine Ehe kann geschieden werden, wenn sie gescheitert ist. Gescheitert ist eine Ehe, wenn die eheliche Lebensgemeinschaft nicht mehr besteht – die Eheleute also getrennt leben im Sinne des § 1567 – und auch nicht erwartet werden kann, dass sie diese Ehegemeinschaft wieder herstellen (§ 1565 I).

Ob einer der Eheleute an der Trennung schuld hat, ist unerheblich. Das Verschuldensprinzip des bis 1977 geltenden Scheidungsrechts (Ehebruch, schwere Eheverfehlung usw.) findet auch für vor dem 1.7.1977 geschlossene Ehen keine Anwendung mehr. Auswirkungen hat das alte Scheidungsrecht nur noch auf Ehegattenunterhaltsansprüche für vor dem Stichtag geschiedene Ehen (siehe hierzu §§ 58 ff. Ehegesetz und Kap. 7.1). Die Ehe kann nur durch gerichtliches Urteil des Familiengerichts auf Antrag eines oder beider Ehegatten geschieden werden (§ 1564 I).

Die sechs **Fälle** behandeln folgende **Problemkreise**:
- Streitige Scheidung nach einjähriger Trennung (Fall 1);
- einverständliche Scheidung nach einjähriger Trennung (Fall 2);
- Scheidung nach dreijähriger Trennung (Fall 3);
- Scheidung vor Ablauf eines Trennungsjahres (Fall 4);
- Trennung innerhalb der Ehewohnung (Fall 5);
- trotz langjähriger Trennung keine Scheidung (Härteklausel?) (Fall 6).

Fälle

Fall 1:   Streitige Scheidung
Die Eheleute Alfred und Tina leben seit 1 1/2 Jahren getrennt; Tina ist seinerzeit in eine eigene Wohnung gezogen. Sie beantragt durch einen Rechtsanwalt die Scheidung. Sie lässt vortragen, sie werde auf keinen Fall zu Alfred zurückkehren, um die Ehe fortzusetzen. Alfred nimmt sich keinen Rechtsanwalt. Vor Gericht erklärt er, er liebe Tina und habe immer noch die Hoffnung, dass sie zu ihm zurückkehre. Kann die Ehe geschieden werden?

Fall 2:   Einverständliche Scheidung
Egon und Ute leben seit einem Jahr räumlich getrennt. Beide sehen in ihrer Ehe keinen Sinn mehr. Egon reicht über seinen Anwalt die Scheidung ein. In der Hauptver-

handlung stimmt die anwaltlich nicht vertretene Ute der Scheidung zu. Kommt es zur Scheidung?

Fall 3:   Scheidung nach dreijähriger Trennung
Karl und Ida leben seit über drei Jahren getrennt. Karl betreibt die Scheidung über seinen Rechtsanwalt. Ida reagiert nicht, nimmt sich auch keinen Anwalt. In der mündlichen Verhandlung vor dem Familiengericht verweigert sie jede Aussage. Wird die Ehe geschieden?

Fall 4:   Scheidung vor Ablauf eines Trennungsjahres
Franz und Susi sind Eheleute. Für Franz völlig überraschend zieht Susi zu einem neuen Partner und erklärt Franz, sie werde unter keinen Umständen zu ihm zurückkehren; erst bei ihrem neuen Partner habe sie die wahre Liebe kennengelernt. Franz möchte sofort geschieden werden. Geht das?

Fall 5:   Getrenntleben innerhalb der Ehewohnung
Kai und Lena leben innerhalb der Ehewohnung seit über einem Jahr getrennt. Kai lebt im ehemals gemeinsamen Schlafzimmer, Lena im Wohnzimmer. Jeder versorgt sich selbst; man trifft sich notwendigerweise nur im Bad und in der Küche. Beide wollen die Scheidung. Ist das möglich?

Fall 6:   »Härteklausel«
Hans und Ursel haben sich nach dreißigjähriger Ehe vor 6 Jahren getrennt; während Hans bei seiner neuen Lebensgefährtin wohnt, ist Ursel in der Ehewohnung geblieben. Sie hat die beiden inzwischen erwachsenen Kinder großgezogen und den Haushalt geführt. Erwerbstätig war sie in der Ehe nicht. Seit der Trennung ist sie völlig verzweifelt. Unbeeindruckt hiervon betreibt Hans das Scheidungsverfahren. Ursel will unter keinen Umständen geschieden werden. Sie kämpft um ihre Ehe und droht mit einem Suizid, wenn es zur Scheidung kommen sollte. Die Ernsthaftigkeit dieser Gefahr wird ärztlicherseits bescheinigt. Kann Ursel die Scheidung verhindern?

Lösungshinweise

Fall 1:   Streitige Scheidung
Nach § 1565 I 2 ist eine Ehe gescheitert, wenn die Lebensgemeinschaft der Ehegatten nicht mehr besteht und nicht erwartet werden kann, dass die Ehegatten sie wieder herstellen. Das Scheitern der Ehe setzt also zweierlei voraus: die Feststellung, dass die Eheleute keine Lebensgemeinschaft mehr haben und die Vorausschau, dass die Wiederherstellung dieser Gemeinschaft auch nicht mehr zu erwarten ist.
Alfred und Tina leben getrennt, nachdem Tina aus der Ehewohnung ausgezogen ist. Damit steht fest, dass die Lebensgemeinschaft beider aufgehoben ist. Tina will auch nicht zu Alfred zurückkehren (»auf keinen Fall«), und selbst wenn Alfred noch hofft, Tina werde zurückkehren, kann angesichts der deutlichen Aussage Tinas hier wohl nur die Prognose gestellt werden, dass eine Wiederherstellung der häuslichen

Gemeinschaft nicht zu erwarten ist. Es genügt nach § 1567 I, dass ein Ehegatte die häusliche Gemeinschaft erkennbar nicht herstellen will, weil er die eheliche Lebensgemeinschaft ablehnt. Die Ehe der beiden ist daher nach § 1565 I auf Tinas Antrag zu scheiden.

Fall 2: Einverständliche Scheidung
Leben Eheleute seit einem Jahr getrennt und wollen beide die Scheidung, genügt es, dass ein Ehegatte den Antrag auf Scheidung (durch einen Rechtsanwalt, siehe § 78 II ZPO) stellt, während der andere nur (ohne einen Rechtsanwalt) der Scheidung formlos zustimmen muss. Gemäß § 1566 I wird unwiderlegbar vermutet, dass die Ehe gescheitert ist. Es bedarf also keines Nachweises des Scheiterns der Ehe; dieses wird unterstellt. Allerdings sollen sich die Eheleute in diesem Fall auch über die wesentlichen Scheidungsfolgen einigen: Regelung des Sorge- und Umgangsrechts (übereinstimmende Erklärung, dass Sorgerechts- und Umgangsregelungsanträge nicht gestellt werden, da insoweit Einigkeit besteht, oder entsprechende Anträge einschließlich der Zustimmung des anderen Elternteils hierzu), Ehegatten- und Kindesunterhalt, Verteilung von Wohnung und Hausrat. Wegen des Unterhalts und der Regelung betreffend Wohnung und Hausrat ist ein vollstreckbarer Schuldtitel (z.B. notarielle Urkunde mit Vollstreckungsklausel oder gerichtlicher Vergleich) herbeizuführen (§ 630 ZPO). Ohne eine solche Einigung der Eheleute über wichtige Scheidungsfolgen ist die Scheidung als streitige Scheidung (siehe Fall 1) zu behandeln. Die Ehe von Egon und Ute ist zu scheiden, entweder als einverständliche Scheidung, wenn sie die Vereinbarung über die Scheidungsfolgen nach § 630 ZPO herbeiführen, oder als streitige Scheidung nach § 1565 I.

Fall 3: Scheidung nach dreijähriger Trennung
Karl und Ida leben seit über drei Jahren getrennt. Hier wird der Nachweis des Scheiterns ihrer Ehe durch den Nachweis des dreijährigen Getrenntlebens ersetzt (§ 1566 II); es wird unwiderlegbar vermutet, dass die Ehe gescheitert ist. Nicht erforderlich ist, dass beide die Scheidung begehren, vielmehr genügt der Scheidungsantrag eines Ehegatten. Auch die Vorlage eines vollstreckbaren Schuldtitels über die wichtigsten Folgesachen (siehe Fall 2) ist nicht mehr notwendig.
Selbst wenn Ida sich zur Scheidung nicht äußert, wird die Ehe nach § 1565 I, 1566 II geschieden, da sie gescheitert ist.

Fall 4: Scheidung vor Ablauf eines Trennungsjahres
Aus § 1565 II folgt, dass eine Ehe vor Ablauf eines Trennungsjahres nur unter besonderen Umständen geschieden werden kann, wenn die Fortsetzung der Ehe für denjenigen, der geschieden werden will, aus Gründen, die in der Person des anderen Ehegatten liegen, eine unzumutbare Härte darstellen würde. Eine unzumutbare Härte liegt in der Regel vor, wenn der andere Ehegatte schweren Alkoholmissbrauch betreibt, den antragstellenden Ehegatten oder und die Kinder ständig misshandelt oder nicht nur vorübergehend mit einem anderen Partner ein eheähnliches Verhältnis unterhält.

Letzteres kann im vorliegenden Fall unterstellt werden; Franz kann auch vor Ablauf des Trennungsjahres die Scheidung von Susi verlangen.

Fall 5: Getrenntleben innerhalb der Ehewohnung

Das »Getrenntleben« setzt nicht voraus, dass beide Ehegatten eigene Wohnungen beziehen; vielmehr kann die Trennung in der »gemeinsamen« ehelichen Wohnung vollzogen werden (§ 1567 I 2), sofern hierbei ein Zustand herbeigeführt wird, der eine vollständige Trennung bedeutet. Die Eheleute müssen – bei notwendigerweise gemeinsamer Benutzung von Küche und Bad – die übrigen Wohnbereiche unter sich aufgeteilt und auch die gegenseitige Versorgung eingestellt haben. Hinzukommen muss die Trennungsabsicht, der nach außen in Erscheinung tretende Wille mindestens eines der beiden Ehegatten, mit dem anderen nicht mehr zusammenleben zu wollen (§ 1567 I 1).

Diese Voraussetzungen liegen bei Kai und Lena vor – einer Scheidung nach § 1565 I steht nichts mehr im Wege. Wenn sie sich auch über die wichtigsten Folgesachen einigen (§ 630 ZPO; siehe Fall 2), könnte die Ehe als einverständliche Scheidung mit der Beweiserleichterung nach § 1566 I geschieden werden.

Fall 6: »Härteklausel«

Auch eine (z.B. wegen der unwiderlegbaren Vermutung nach § 1566 II nach dreijähriger Trennung) gescheiterte Ehe darf/soll nicht geschieden werden, wenn die Aufrechterhaltung der Ehe entweder im Interesse gemeinsamer minderjähriger Kinder oder im Interesse des die Scheidung ablehnenden Ehegatten aufgrund außergewöhnlicher Umstände zur Vermeidung einer schweren Härte ausnahmsweise geboten ist (§ 1568).

Der erste Fall (sogenannte »Kinderschutzklausel«) ist kaum vorstellbar: Die Ehe ist gescheitert, die Eltern leben getrennt – was sollte in dieser Situation die ohnehin missliche Lage der gemeinsamen minderjährigen Kinder durch die Scheidung noch verschlimmern? Öffentlich bekannt geworden ist bisher nur ein Fall (ernsthafte Gefährdung einer Selbsttötung eines minderjährigen Kindes, OLG Hamburg FamRZ 86 S. 469).

Auf die »persönliche Härteklausel« (zweite Alternative) kann sich nur ein Ehegatte berufen, der auch aus innerer Bindung an der Ehe festhält. Schon die Anhäufung der einengenden Begriffe im Gesetzestext (»außergewöhnliche Umstände«, »ausnahmsweise«, »schwere Härte«) zeigt, dass die Anwendung dieser Härteklausel auf seltene Ausnahmefälle beschränkt bleiben soll. Solche Fälle können sein: Schwere Krankheit (OLG Karlsruhe FamRZ 90 S. 512), Alleinlassen zu einer Zeit besonderer Schicksalsschläge, langjährige gemeinsame Pflege eines behinderten Kindes (OLG Hamm FamRZ 85 S. 189). Hierher gehören nicht die Scheidung entgegen der religiösen Überzeugung des anderen Ehegatten (OLG Stuttgart FamRZ 91 S. 334, 950), das Festhalten an der Ehe allein aus Versorgungsgründen, die Gefahr der Ausweisung als Ausländer (OLG Karlsruhe FamRZ 90 S. 630).

Im vorliegenden Fall ist Ursel akut selbstmordgefährdet. Wenn dieser Gefahr nicht durch eine (zumutbare) Psychotherapie begegnet werden kann (OLG Hamm

FamRZ 90 S. 60), wird sich Ursel wohl mit Erfolg auf die Härteklausel berufen und hierdurch die Scheidung jedenfalls so lange verhindern können, bis bei ihr diese Selbstmordgefahr nicht mehr besteht.

7. Scheidungsfolgen

7.1 Nachehelicher Unterhalt

Einführung

Eine der wichtigsten Nachwirkungen der Ehe ist, dass unter bestimmten Voraussetzungen noch nach Ende der Ehe eine Unterhaltspflicht des wirtschaftlich stärkeren gegenüber dem wirtschaftlich schwächeren ehemaligen Ehegatten besteht. Da das Scheidungsrecht nicht mehr nach der Verantwortlichkeit (Verschulden) für das Scheitern der Ehe fragt, kann hierauf auch nicht mehr im Zusammenhang mit der Unterhaltspflicht abgestellt werden. Grundsätzlich gilt: Jeder Ehegatte ist nach der Scheidung gehalten, für sich selbst zu sorgen (Grundsatz der Eigenverantwortung). Nur wenn ein Ehegatte nach der Scheidung aus ehebedingten Gründen nicht für seinen Unterhalt sorgen kann, ist der andere unterhaltspflichtig (Grundsatz der Mitverantwortlichkeit). Wann die Bedürftigkeit des unterhaltsbegehrenden Ehegatten ehebedingt ist, folgt aus den Unterhaltstatbeständen der §§ 1570 bis 1576.

Auch bei diesem nachehelichen Unterhalt gilt, dass beim unterhaltsbegehrenden Ehegatten Bedürftigkeit (§ 1577) und beim unterhaltspflichtigen Ehegatten Leistungsfähigkeit (§ 1581) vorliegen muss. Unterhalt nach §§ 1570 bis 1573,1575 und 1576 kann der geschiedene Ehegatte nicht verlangen, solange und soweit er sich aus seinen Einkünften und seinem Vermögen selbst unterhalten kann, § 1577 I; er ist in diesen Fällen nicht unterhaltsbedürftig. Welche Einkünfte nicht anzurechnen sind, ergibt sich aus § 1577 II. Den Stamm seines Vermögens braucht der Unterhaltsberechtigte grundsätzlich nicht zu verwerten (§ 1577 III). Er ist aber gehalten, sein Vermögen so ertragreich wie möglich anzulegen, um mit diesen Erlösen seinen Unterhaltsbedarf so weit wie möglich abzudecken. Leistungsunfähig ist, wer nach seinen Erwerbs- und Vermögensverhältnissen unter Berücksichtigung seiner sonstigen Verpflichtungen außerstande ist, ohne Gefährdung des eigenen angemessenen Unterhalts, dem Berechtigten Unterhalt zu gewähren. Hier wird Unterhalt nur insoweit geschuldet, als es mit Rücksicht auf die Bedürfnisse und die Erwerbs- und Vermögensverhältnisse beider geschiedener Ehegatten der Billigkeit entspricht (§ 1581 S.1). Auch der Unterhaltsschuldner braucht i.d.R. den Stamm seines Vermögens nicht zu verwerten (§ 1581 S.2), er ist aber gehalten, seine Leistungsfähigkeit sicherzustellen. Bei selbstverschuldetem Arbeitsplatzverlust wird sein letztes Arbeitseinkommen fiktiv herangezogen, seine Leistungsfähigkeit unterstellt (BGH FamRZ 94 S. 240).

Art und Umfang der Unterhaltsleistungen ergeben sich aus §§ 1578, 1585.

Übergangsregelung: Nach Artikel 12 Ziffer 3 Absatz 1 des Ersten Ehereformgesetzes gilt das Unterhaltsrecht der §§ 1569 ff. auch für Ehen, die vor dem 1. 7. 1977 geschlossen worden sind. Der Unterhaltsanspruch eines Ehegatten, dessen Ehe nach den bis zum 1. 7. 1977 geltenden Vorschriften geschieden worden ist, bestimmt sich auch künftig nach bisherigem Recht, also nach § 58 ff. des Ehegesetzes.

Neue Bundesländer: Nach Artikel 234 § 5 des EGBGB (Einführungsgesetz zum BGB) bleibt für den Unterhaltsanspruch eines Ehegatten, dessen Ehe vor dem Wirksamwerden des Beitritts geschieden worden ist, das bisherige (DDR)-Recht maßgebend. Die Unterhaltsvereinbarungen bleiben unberührt. Für Ehen, die vor dem 3. 10. 1990 geschieden worden sind, gilt demnach grundsätzlich das Unterhaltsrecht der früheren DDR (§§ 29 bis 33 FGB) auch weiterhin; für alle Ehen, die nach dem 3. 10. 1990 geschieden wurden oder werden, gelten nach Artikel 234 § 1 EGBGB die BGB-Vorschriften der §§ 1569 ff. Nach BGH FamRZ 94,160 richtet sich das nacheheliche Unterhaltsrecht analog Artikel 18 V EGBGB nach dem BGB, wenn der Unterhaltsschuldner vor dem 3. 10. 1990 seinen gewöhnlichen Aufenthalt in der damaligen Bundesrepublik genommen hat. Auf den gewöhnlichen Aufenthalt des Unterhaltsgläubigers kommt es nicht an.

Die nachfolgenden **Fälle** behandeln folgende **Problemkreise**:
* Unterhalt wegen Kinderbetreuung (Fall 1);
* Unterhalt wegen Alters (Fall 2);
* Unterhalt wegen Krankheit usw. (Fall 3);
* Unterhalt wegen Erwerbslosigkeit (Fall 4.1);
* Aufstockungsunterhalt (Fall 4.2);
* Nachhaltige Sicherung des Unterhalts (Fall 5);
* Unterhalt wegen Umschulung (Fall 6.1);
* Unterhalt wegen Fortbildung (Fall 6.2);
* Angemessener Ehegattenunterhalt (Fall 7);
* Unterhalt aus Billigkeitsgründen (Fall 8);
* Rangfolge der Unterhaltsberechtigten (Fall 9);
* Versagung, Herabsetzung, zeitliche Begrenzung (Fälle 10-15);
* Kurze Ehe (Fall 10);
* Verbrechen, Vergehen (Fall 11);
* Mutwillige Herbeiführung der Bedürftigkeit (Fall 12.1);
* Alkoholabhängigkeit des Unterhaltsbedürftigen (Fall 12.2);
* Mutwilliges Sich-Hinwegsetzen über Vermögensinteressen (Fall 13);
* Gröbliche Verletzung der Unterhaltspflicht (Fall 14);
* Fehlverhalten des Unterhaltsberechtigten (Fall 15);
* anderer Grund (§ 1579 Ziffer 7) (Fall 16).

Fälle

Fall 1: Unterhalt wegen Kinderbetreuung

Der Studienrat Hans und die Hausfrau Ellen sind geschieden. In der Ehe haben sie das jetzt siebenjährige Kind Tina adoptiert, das bei der allein sorgeberechtigten Ellen lebt. Ellen hat ihre Berufstätigkeit als Sekretärin nach der Adoption Tinas aufgegeben. Sie verlangt von Hans nachehelichen Unterhalt.

Fall 2: Unterhalt wegen Alters

Die 55-jährige Hausfrau Anna und der ebenso alte Apotheker Kurt werden geschieden. Anna hat bis zur Geburt des ersten Kindes vor 30 Jahren als Apothekenhelferin gearbeitet, dann dieses und die beiden später geborenen jetzt ebenfalls volljährigen Kinder großgezogen und den Haushalt geführt. Sie verlangt Ehegattenunterhalt von Kurt, der hierzu mit dem Hinweis, Anna solle doch wieder eine Arbeit als Apothekenhelferin annehmen, nicht bereit ist.

Fall 3: Unterhalt wegen Krankheit

Günther und Heidi werden nach 5-jähriger kinderloser Ehe geschieden. Günther hat als Pharma-Vertreter ein gutes Einkommen, Heidi hat nach der Heirat ihre Berufstätigkeit als Verkäuferin aufgegeben und den Haushalt geführt. Sie leidet seit drei Jahren an einer sich immer weiter verschlimmernden Multiplen Sklerose, die eine Erwerbstätigkeit ausschließt. Sie begehrt Unterhalt von Günther.

Fall 4.1: Unterhalt wegen Erwerbslosigkeit

Sven und Ina werden nach 20-jähriger kinderloser Ehe geschieden. Sven ist freiberuflicher Facharzt, Ina hat vor der Ehe als angestellte Ärztin ein Jahr lang in einem Krankenhaus gearbeitet, dann ihre Berufstätigkeit aufgegeben und den Haushalt geführt. Sie hat sich bisher vergeblich um eine Stelle als Ärztin beworben und begehrt Unterhalt von Sven, der dies mit dem Argument ablehnt, sie hätte sich um eine entsprechende Stelle schon seit der Trennung vor drei Jahren bemühen müssen, was nicht geschehen sei.

Fall 4.2: Aufstockungsunterhalt

Ina hat eine Beschäftigung als angestellte Ärztin gefunden. Mit ihrem Einkommen aus dieser Tätigkeit kann sie nicht leben. Sie verlangt weiterhin Unterhalt von Sven.

Fall 5: Nachhaltige Sicherung des Unterhalts

Karl und Uta, beide Rechtsanwälte, werden nach 20-jähriger Ehe geschieden. Uta hat im Rechtsanwaltsbüro des Karl halbtags gearbeitet, im übrigen den Haushalt geführt und den inzwischen volljährigen Sohn betreut. Seit der Trennung wird ihr die Mitarbeit im Büro des Karl verwehrt. Kurz vor der Scheidung findet sie eine zunächst auf zwei Jahre beschränkte Beschäftigung als Rechtsberaterin in einem Industrieunternehmen, die auch nach zwei Jahren endet. Ihre Bemühungen um eine neue Stelle bleiben erfolglos. Sie verlangt nun – fast 2 Jahre nach der Scheidung – Ehegattenunterhalt.

Fall 6.1:   Unterhalt wegen Umschulung
Der Hochschullehrer Rolf und die Hausfrau Berta werden nach 10-jähriger kinderloser Ehe geschieden. Berta war bei der Heirat als ungelernte Verkäuferin in einem
Textilgeschäft tätig. Sie hatte die Schule mit dem Realschulabschluß verlassen, eine
weitere Ausbildung hat sie nicht. In der Ehe führte sie den Haushalt. Rolf meint, sie
könne ihren Lebensunterhalt wieder als Verkäuferin verdienen. Das lehnt Berta ab.
Sie will sich nun zur Kosmetikerin ausbilden lassen und verlangt von Rolf Unterhalt
und die Finanzierung dieser Ausbildung.

Fall 6.2:   Unterhalt wegen Fortbildung
Berta hat anlässlich der Heirat ihr Medizinstudium nach bestandenem Physikum
abgebrochen und in der Ehe den Haushalt geführt. Sie will das Studium nun weiter-
führen. Bekommt Sie Unterhalt von Rolf?

Fall 7:   Angemessener Ehegattenunterhalt
Uta, 54 Jahre alt, hat keinen Beruf erlernt. Sie wird von Klaus nach über 20-jähriger
Ehe, in der sie den Haushalt und ein Kind versorgt hat, geschieden. Klaus ist selbst-
ständiger Zahnarzt. Als Uta Ehegattenunterhalt verlangt, weigert sich Klaus. Er ist
der Ansicht, Uta könne ihren Lebensunterhalt als Putzfrau oder angelernte Verkäuferin selbst verdienen.

Fall 8:   Unterhalt aus Billigkeitsgründen
Peter und Jutta haben keine gemeinsamen Kinder; sie haben gemeinsam ein dreijähriges Pflegekind auf Dauer aufgenommen. Jutta hat kein eigenes Einkommen; sie
betreut das Pflegekind und führt den Haushalt. 5 Jahre später wird die Ehe geschieden. Jutta verlangt Ehegattenunterhalt von Peter, der als städtischer Beamter über
ein ausreichendes Einkommen verfügt.

Fall 9:   Rangfolge der Unterhaltsberechtigten
Berta und Udo sind geschieden. Das minderjährige Kind aus ihrer Ehe lebt bei
Berta. Udo ist wieder verheiratet mit Ines. Aus dieser Ehe stammt das Kind Jens,
2. Berta und Ines verfügen über kein Einkommen. Udo verdient netto monatlich
3.500 DM. Bekommt Berta Unterhalt?

Fall 10:   Kurze Ehe
Die Ehe von Heinz und Dora wird nach 1 1/2-jähriger kinderloser Ehe geschieden.
Dora, die in der Ehe nicht erwerbstätig war, verlangt Ehegattenunterhalt.

Fall 11:   Verbrechen, Vergehen
Christa verlangt von ihrem geschiedenen Ehemann, dem Pfarrer Gottfried, Ehegattenunterhalt. Um ihrem Begehren Nachdruck zu verleihen, bezichtigt sie ihn der
Wahrheit zuwider in seiner Gemeinde, er sei seit Jahren mit einem Homosexuellen
liiert.

Fall 12.1: Mutwillige Herbeiführung der Bedürftigkeit
Helga ist vollbeschäftigte Krankenschwester. Kurz vor der Scheidung von Helmut, einem Krankenpfleger, gibt sie ihre Erwerbstätigkeit auf mit der Begründung, nun müsse Helmut durch entsprechende Unterhaltszahlungen für sie sorgen.

Fall 12.2: Alkoholabhängigkeit des Unterhaltsbedürftigen
Ellen ist infolge ihrer jahrelangen Alkoholabhängigkeit erwerbsunfähig. Als sie von ihrem gerade geschiedenen Ehemann Dieter Ehegattenunterhalt verlangt, verweigert dieser Unterhaltszahlungen mit der Begründung, Ellen habe sich in der Ehe beharrlich geweigert, eine ihr dringend angeratene Entziehungskur anzutreten.

Fall 13: Mutwilliges Sich-Hinwegsetzen über Vermögensinteressen
Ilse beschuldigt ihren geschiedenen Ehemann Heinz in einem anonymen Schreiben an dessen Arbeitgeber des Diebstahls von Firmeneigentum. Heinz, der nach langer Arbeitslosigkeit diese Arbeitsstelle erst vor ein paar Wochen erhalten hat, erhält sofort die fristlose Kündigung. Erst im Verfahren vor dem Arbeitsgericht kann er nachweisen, dass Ilses Diebstahlsvorwürfe haltlos waren. Er wird wieder eingestellt. Ilse verlangt Ehegattenunterhalt von Heinz – mit Erfolg?

Fall 14: Gröbliche Verletzung der Unterhaltspflicht
Hans und Maria sind geschieden. Bei Maria leben die drei gemeinsamen minderjährigen Kinder. Maria betreibt seit Jahren ein kleines Geschäft, das jetzt endlich soviel einbringt, dass sie sich und die Kinder davon ernähren kann. Hans hat schon Jahre vor der Trennung mit Maria seinen Beruf als angestellter Techniker aufgegeben und ein Studium begonnen. Unterhalt hat er seither weder für Maria noch für die Kinder bezahlt. Da er für sein Studium keine öffentliche Förderung erhält, verlangt er von Maria Unterhalt. Mit Recht?

Fall 15: Fehlverhalten des Unterhaltsberechtigten
Ines erwartet ein Kind. Sie beteuert ihrem Mann Christian, das zu erwartende Kind stamme von ihm. Auch nach der Geburt des Kindes Tim lässt Ines ihren Mann in dem Glauben, dass er Tims Vater sei, obwohl sie weiß, dass Tim von einem anderen Mann stammt. Erst nach der Scheidung erfährt Christian die Wahrheit. Muss er an Ines nach-ehelichen Unterhalt bezahlen?

Fall 16: »Anderer Grund«
Anna verlässt Egon nach 5-jähriger Ehe und zieht zu ihrem Freund Klaus, mit dem sie nun auch nach der Scheidung von Egon – wie zuvor – eheähnlich zusammenlebt. An eine Heirat denken Anna und Klaus nicht; sie will auch weiterhin Unterhalt von Egon beziehen.

Lösungshinweise:

Fall 1: Unterhalt wegen Kinderbetreuung

Den häufigsten Fall ehebedingter Bedürftigkeit regelt § 1570: Soweit einem bedürftigen geschiedenen Ehegatten wegen der Pflege und Erziehung eines gemeinschaftlichen Kindes eine Erwerbstätigkeit nicht zugemutet werden kann, hat er einen Unterhaltsanspruch gegenüber dem leistungsfähigen anderen Ehegatten.

Der Anspruch aus § 1570 setzt voraus, dass es sich bei dem Kind, wegen dessen Pflege und Erziehung von dem geschiedenen Ehegatten eine Erwerbstätigkeit nicht erwartet werden kann, um ein gemeinschaftliches Kind der Eheleute handelt. Das sind zunächst die ehelichen Kinder (BGH FamRZ 85, 51 (52)), auch die nach Auflösung der Ehe geborenen (BGH FamRZ 85, 787) selbst »scheineheliche« Kinder (dazu Kapitel 9), solange die Vaterschaft nicht angefochten und rechtskräftig festgestellt ist,dass der Mann nicht der Vater des Kindes ist (§ 1599 I). »Gemeinschaftlich« ist auch ein Kind, das durch Adoption gemeinschaftliches eheliches Kind der Ehegatten geworden ist (§ 1754 S. 1) (BGH FamRZ 84 S. 361 (362)).

Zur Frage, wie lange eine Unterhaltsbedürftigkeit wegen Kinderbetreuung besteht, gibt es keine festen Regeln. Es kommt einerseits auf Alter und Anzahl der Kinder und andererseits auf die persönlichen Verhältnisse des unterhaltbegehrenden Ehegatten (Alter, Gesundheitszustand, Ausbildung, frühere berufliche Betätigung, Dauer der Ehe, wirtschaftliche Verhältnisse der Eheleute) an (BGH FamRZ 84, S. 364, 365).

Immer unter dem Vorbehalt der Besonderheiten des gegebenen Einzelfalls (z.B. Problemkind) ergeben sich aus der Rechtsprechung des BGH folgende Leitlinien: Erwerbstätigkeit kann von einem Elternteil bei der Betreuung eines Kleinkindes nicht erwartet werden. Auch nach der Einschulung des Kindes beginnt seine Erwerbsobliegenheit nicht sofort – jedenfalls nicht bei Betreuung eines Kindes unter 8 Jahren (BGH FamRZ 82 S. 25, 27, FamRZ 83 S. 456, 158) oder älter (»Einzelfallprüfung«; BGH FamRZ 89 S. 487). Erst bei einem Kind im Alter von 11 bis 15 Jahren kommt eine Teilzeitarbeit in Betracht (BGH FamRZ 81 S. 541, 543 und 752, 754), ohne dass diese den Umfang einer Halbtagsarbeit erreichen muss (BHG FamRZ 81 S. 17, 18). Ist das Kind älter als 15 Jahre, liegen in aller Regel die Voraussetzungen des § 1570 nicht mehr vor; ein Kind in diesem Alter bedarf nicht mehr der Betreuung in einem Umfang, die eine Erwerbstätigkeit des betreuenden Elternteiles ausschließt (BGH FamRZ 84 S. 149, 150). Ist mehr als ein Kind zu betreuen, kann von dem betreuenden Elternteil eine Erwerbstätigkeit nur in geringem Umfang erwartet werden (BGH FamRZ 82 S. 148, 150). Erzielt ein Unterhaltsberechtigter Einkommen aus einer Erwerbstätigkeit, die von ihm wegen der Betreuung von Kindern (§ 1570) nicht erwartet werden kann, wird dieses Einkommen in der Regel nicht oder nur teilweise (etwa zur Hälfte) angerechnet.

Ellen kann somit wegen der Betreuung der siebenjährigen adoptierten Tina Ehegattenunterhalt von Hans verlangen.

Fall 2:   Unterhalt wegen Alters

Soweit von dem geschiedenen Ehegatten wegen seines Alters eine Erwerbstätigkeit nicht mehr erwartet werden kann, hat er gem. § 1571 einen Unterhaltsanspruch gegen den anderen ehemaligen Ehegatten. Diese altersbedingte Erwerbsunfähigkeit muss entweder im Zeitpunkt der Scheidung vorliegen oder im unmittelbaren Anschluss an ehebedingte Bedürftigkeit wegen Kinderbetreuung (§ 1570), wegen Krankheit (§ 1572) oder Erwerbslosigkeit (§ 1573). Diese altersbedingte Unzumutbarkeit einer Erwerbstätigkeit setzt in der Regel nicht erst mit Vollendung des sechzigsten oder fünfundsechzigsten Lebensjahres (Rentenalter) ein; auch hier sind die Verhältnisse des Einzelfalls entscheidend.

Der geschiedene Ehegatte braucht nur eine angemessene Erwerbstätigkeit auszuüben. Ist es dem unterhaltsbedürftigen Ehegatten unter Berücksichtigung seiner Ausbildung und Fähigkeiten, seiner Gesundheit, der Betreuung gemeinschaftlicher Kinder sowie der ehelichen Lebensverhältnisse (§ 1574 II) zuzumuten, nun seinen Unterhalt durch eine eigene Erwerbstätigkeit, wenn auch nur zum Teil zu sichern? Bei den ehelichen Lebensverhältnissen sind die Dauer der Ehe und die Dauer der Pflege oder Erziehung gemeinschaftlicher Kinder zu berücksichtigen. Anna ist 55 Jahre alt. Zuletzt hat sie vor 30 Jahren in ihrem erlernten Beruf als Apothekenhelferin gearbeitet. Die ehelichen Lebensverhältnisse waren einerseits geprägt von Kurts Einkommen als Apotheker und andererseits durch Annas Tätigkeit im gemeinsamen Haushalt und durch die Betreuung der gemeinsamen Kinder. Kurt kann sie jetzt nicht darauf verweisen, ihren Unterhalt wieder als Apothekenhelferin zu verdienen. Diese Erwerbstätigkeit wäre unter Berücksichtigung der ehelichen Verhältnisse nicht angemessen. Hinzu kommt, dass Anna in diesem seit 30 Jahren von ihr nicht ausgeübten Beruf nun keine Chance mehr hätte, einen Arbeitsplatz zu finden. Angesichts ihres Alters erscheint auch eine Umschulung (§ 1575 II) wenig sinnvoll (BGH FamRZ 87 S. 691, 693).

Kurt muss Anna nachehelichen Unterhalt nach § 1571 zahlen.

Fall 3:   Unterhalt wegen Krankheit

Ein Unterhaltsanspruch wegen Krankheit oder anderer Gebrechen (§ 1572) steht dem geschiedenen Ehegatten zu, von dem im Zeitpunkt der Scheidung, der Beendigung der Pflege oder Erziehung eines gemeinschaftlichen Kindes, der Beendigung der Ausbildung, Fortbildung oder Umschulung oder im Zeitpunkt des Wegfalls des Unterhaltsanspruchs nach § 1573 keine Erwerbstätigkeit erwartet werden kann. Dieser Unterhaltsanspruch hängt nicht davon ab, dass die Krankheit ehebedingt ist (BGH FamRZ 81 S. 1164), vielmehr reicht aus, dass die Krankheit zu den Zeitpunkten des § 1572 Ziffern 1 bis 4 bestand, aber noch nicht erkannt war oder sich verschlimmert hat (BGH FamRZ 87 S. 684).

Heidi hat Anspruch auf nachehelichen Unterhalt nach § 1572.

Fall 4.1:   Unterhalt wegen Erwerbslosigkeit

Nach § 1573 I kann ein geschiedener Ehegatte von dem anderen Unterhalt verlangen, so lange und soweit er nach der Scheidung keine angemessene Erwerbstätigkeit finden kann. »Nach der Scheidung« bedeutet nicht: zeitlich unbegrenzt; vielmehr muss noch ein zeitlicher Zusammenhang mit der Scheidung bestehen (BGH FamRZ 87 S. 684, 687). Geschuldet wird nur eine »angemessene Erwerbstätigkeit« (siehe hierzu Fall 3). Die Unterhaltsbedürftigkeit des geschiedenen Ehegatten setzt erst ein, wenn er nicht nur seine bisherige oder früher ausgeübte Tätigkeit nicht (mehr) ausüben kann, sondern wenn er überhaupt keine angemessene Erwerbstätigkeit finden kann (BGH FamRZ 84 S. 988, 989). Hierzu ist der Nachweis ausreichender Bemühungen um eine Anstellung notwendig. »Ausreichend« ist aber auch der Nachweis des unterhaltsbegehrenden Ehegatten, dass er im Hinblick auf die Arbeitsmarktlage wegen seiner persönlichen Verhältnisse, Alter, Gesundheitszustand, Ausbildung, Berufserfahrung, keine reale Beschäftigungschance hat (BGH FamRZ 86 S. 244, 246 und S. 885, 886; BGH FamRZ 87 S. 691, 693).

Dieser, wie auch die Unterhaltsansprüche aus § 1573 II – IV (s. Fälle 4.2 und 5) können nach § 1573 V zeitlich begrenzt werden, soweit insbesondere unter Berücksichtigung der Dauer der Ehe sowie der Gestaltung von Haushaltsführung und Erwerbstätigkeit ein zeitlich unbegrenzter Unterhaltsanspruch unbillig wäre. Diese zeitliche Begrenzung findet in der Regel keine Anwendung, wenn der Unterhaltsberechtigte nicht nur vorübergehend ein gemeinschaftliches Kind allein oder überwiegend betreut hat oder betreut. Die Zeit der Kinderbetreuung steht der Ehedauer gleich. Der Zweck dieser Einschränkung ist, den Unterhaltspflichtigen z.B. von den Folgen struktureller Arbeitslosigkeit des anderen Ehegatten zu entlasten. Diese zeitliche Begrenzung kommt vor allem dann in Betracht, wenn der Ehegatte, der Erwerbslosen- oder Aufstockungsunterhalt (s.Fall 4.2) begehrt, auch während der Ehe seinen bisherigen Beruf ausgeübt hat und aus der Ehe keine Kinder hervorgegangen sind.

Ina hat 20 Jahre nicht in ihrem Beruf gearbeitet und auch kaum Berufserfahrung. Die Arbeitsmarktlage für angestellte Ärzte ist sehr angespannt. Eine andere »angemessene Erwerbstätigkeit« kommt für Ina angesichts ihrer Ausbildung und der ehelichen Lebensverhältnisse kaum in Betracht. Sven kann ihr den Unterhalt auch nicht mit dem Hinweis versagen, sie hätte sich schon seit der Trennung sofort um eine Anstellung bemühen müssen (BGH FamRZ 87 S. 692).

Eine zeitliche Befristung des Unterhalts (§ 1573 V) kommt hier nach zwanzigjähriger Ehe nicht in Betracht.

Fall 4.2:   Aufstockungsunterhalt

Der Anspruch auf Ergänzungs- oder Aufstockungsunterhalt nach § 1573 II setzt voraus, dass der unterhaltsbegehrende geschiedene Ehegatte eine angemessene Erwerbstätigkeit ausübt, hieraus aber nur Einkünfte erzielt, die zur Abdeckung seines vollen, nach den ehelichen Lebensverhältnissen bestimmten Unterhalts nach § 1578 nicht ausreichen. Ina kann von Sven Aufstockungsunterhalt verlangen, da die ehelichen Lebensverhältnisse allein von Svens Erwerbseinkommen bestimmt waren, nicht aber auch von Inas (erst jetzt erzieltem) Einkommen.

Ina muss sich von dem ihr grundsätzlich zustehenden Quotenunterhalt (z.B. 3/7 des Einkommens des Ehemannes) ihr eigenes Einkommen gekürzt um einen Freibetrag von 1/6 anrechnen lassen (sogenannte Anrechnungsmethode). Verdient Sven netto monatlich 6.000 DM, Ina netto monatlich 2.000 DM, müsste sie sich von dem Quotenunterhalt von 2.571 DM (3/7 von 6.000 DM) 5/6 ihres Einkommens (1.667 DM) anrechnen lassen und bekäme gut 900 DM Ehegattenunterhalt.

Der BGH hat nun – unter Aufgabe dieser bisherigen Rechtsprechung – durch Urteil vom 13. 6. 2001 (AZ XII ZR 343/99) die Anrechnugsmethode aufgegeben. Das neue Einkommen der Ehefrau wird als der Ersatz für die bisherige Hausarbeit / Kindererziehung gesehen und so behandelt, als hätte sie dieses Einkommen auch schon während der Ehe erzielt.

Danach wird Ina nun unterhaltsrechtlich genauso behandelt, als hätte sie schon während der Ehe das Einkommen von 2000 DM erzielt. Inas Unterhalt berechnet sich nun auch nach der Differenzmethode (s. u.).

Hätte Ina auch schon während der Ehe ihr Einkommen von 2.000 DM erzielt, wären die ehelichen Lebensverhältnisse auch hiervon geprägt worden. Inas Unterhalt würde sich nach der Differenzmethode berechnen: 6.000 DM Einkommen des Sven, 2.000 DM Einkommen der Ina = Differenz 4.000 DM; hiervon 3/7 = 1.714 DM. Wegen der möglichen zeitlichen Begrenzung ihres Unterhaltsanspruchs (§ 1573 V) siehe Fall 4.1.

Fall 5: Nachhaltige Sicherung des Unterhalts

Der Unterhaltsanspruch nach § 1573 I endet, wenn der Ehegatte nach der Scheidung bzw. nach dem in Abs. 3 bestimmten anderen Zeitpunkten eine angemessene Erwerbstätigkeit aufnimmt, deren Einkünfte seinen Unterhalt decken. Fallen diese Einkünfte aus dieser Erwerbstätigkeit wieder weg, lebt der Unterhaltsanspruch nach § 1573 IV wieder auf, wenn es dem Ehegatten nicht gelungen ist, seinen Unterhalt durch Erwerbstätigkeit nachhaltig zu sichern (BGH FamRZ 85 S. 791).

Maßgebend ist hierbei, ob die Erwerbstätigkeit im Zeitpunkt ihrer Aufnahme nach objektiven Maßstäben und allgemeiner Lebenserfahrung mit einer gewissen Sicherheit als dauerhaft angesehen werden konnte, oder ob befürchtet werden musste, dass der Ehegatte sie durch außerhalb seiner Entscheidungsfreiheit liegende Umstände in absehbarer Zeit wieder verlieren werde (BGH FamRZ 85 S. 1234).

Uta kann auch zwei Jahre nach der Scheidung Unterhalt von Karl verlangen, denn ihre Erwerbstätigkeit war von vornherein nicht nachhaltig gesichert. Wäre Uta in dem Unternehmen unbefristet angestellt und nach zwei Jahren entlassen worden, weil durch einen plötzlichen Konjunktureinbruch das Unternehmen nicht nur Uta, sondern fast alle zuletzt eingestellten Arbeitnehmer entlassen musste, hätte sie wohl keinen Unterhaltsanspruch gegenüber Karl. Aber: Müsste Uta ihre Erwerbstätigkeit nach zwei Jahren wegen einer seit Jahren latent bestehenden aber erst jetzt zutage getretenen Krankheit aufgeben, könnte sie Unterhalt von Karl verlangen (BGH FamRZ 85 S. 792).

Fall 6.1: Unterhalt wegen Umschulung

Lässt ein geschiedener Ehegatte sich mit Aussicht auf einen erfolgreichen Abschluss ausbilden, fortbilden oder umschulen, weil dies zur Aufnahme einer angemessenen Erwerbstätigkeit erforderlich ist (§ 1574 III), kann er nach § 1573 I Unterhalt verlangen (BGH FamRZ 84 S. 561, 563; FamRZ 86 S. 1085, 1086). Dabei hat der Unterhaltspflichtige grundsätzlich die Ausbildungsentscheidung des Berechtigten hinzunehmen (BGH FamRZ 86 S. 1085, 1086). Berta hat keine Ausbildung. Rolf kann sie nicht darauf verweisen, ihren Lebensunterhalt als angelernte Verkäuferin zu verdienen; dies würde den ehelichen Lebensverhältnissen, die unter anderem maßgeblich geprägt waren von Rolfs Stellung als Hochschullehrer, nicht entsprechen. Eine angemessene Erwerbstätigkeit kann sie nur finden, wenn sie sich ausbilden lässt. Ihren Ausbildungswunsch (Kosmetikerin) hat Rolf zu akzeptieren, sofern diese Ausbildung zügig begonnen, zielstrebig verfolgt und mit Aussicht auf einen erfolgreichen Abschluss durchgeführt wird. Berta bekommt von Rolf nicht nur Unterhalt während der Zeit der Ausbildung, sondern auch die entstehenden Kosten der Ausbildung.

Fall 6.2:   Unterhalt wegen Fortbildung
Wenn Berta ihr wegen der Ehe abgebrochenes Studium sobald wie möglich wieder aufnimmt und ein erfolgreicher Abschluss dieser Ausbildung zu erwarten ist, muss Rolf ihr nach § 1575 Unterhalt und auch die Kosten der Ausbildung bezahlen.

Fall 7:   Angemessener Ehegattenunterhalt
Von Ute kann nur eine angemessene Erwerbstätigkeit verlangt werden (§ 1574 I). Nach § 1574 II ist eine Erwerbstätigkeit angemessen, die der Ausbildung, den Fähigkeiten, dem Lebensalter und dem Gesundheitszustand des geschiedenen Ehegatten sowie den ehelichen Lebensverhältnissen entspricht; hierbei sind die Dauer der Ehe und die Dauer der Pflege und Erziehung gemeinschaftlicher Kinder zu berücksichtigen. Ute ist 54 Jahre alt, sie hat keine Ausbildung, war während der langen Ehe nicht berufstätig und hat ein Kind versorgt. Die ehelichen Lebensverhältnisse waren maßgeblich geprägt vom (unterstellten) guten Einkommen des Klaus. Hier stellt sich die Frage, ob Ute angesichts dieser Verhältnisse überhaupt noch eine Erwerbsobliegenheit trifft. Eine Tätigkeit als Putzfrau oder angelernte Verkäuferin scheidet als nicht angemessen aus. Eine Ausbildung ist wegen Utes Alter nicht mehr sinnvoll. Hier kommt ein Unterhaltsanspruch nach § 1571 (wegen Alters) in Betracht, auch wenn Ute das Rentenalter noch lange nicht erreicht hat (BGH FamRZ 87 S. 691, 693).

Fall 8:   Unterhalt aus Billigkeitsgründen
Die Voraussetzungen des § 1570 (Pflege und Betreuung eines gemeinschaftlichen Kindes) liegen nicht vor. Wenn Jutta keinen Unterhaltsanspruch nach §§ 1571 bis 1575 hat, wäre es ungerecht, ihr keinen Unterhalt zukommen zu lassen, denn sie hat durch die Betreuung des Pflegekindes in der Ehe besondere Leistungen erbracht und Belastungen auf sich genommen. Nach § 1576 kann ein Ehegatte von dem anderen Unterhalt verlangen, wenn von ihm aus sonstigen schwerwiegenden Gründen eine Erwerbstätigkeit nicht erwartet werden kann und die Versagung von Unterhalt unter Berücksichtigung der Belange beider Ehegatten grob unbillig wäre. Betreut ein Ehe-

gatte ein Pflegekind, das die Eheleute gemeinsam auf Dauer aufgenommen hatten, so spricht für die Zubilligung eines Unterhaltsanspruchs der Gesichtspunkt der gemeinschaftlich übernommenen Verantwortung für das Kind, insbesondere, wenn dies noch in sehr jungem Alter aufgenommen wurde und bereits längere Zeit in seinen neuen Lebenskreis eingegliedert ist (BGH FamRZ 84 S. 361, 363).

Jutta kann wegen der Betreuung des gemeinsam und auf Dauer aufgenommenen Pflegekindes, das schon längere Zeit bei den Eheleuten gelebt hat, Ehegattenunterhalt verlangen; hierzu ist Peter als Beamter auch finanziell in der Lage.

Fall 9: Rangfolge der Unterhaltsberechtigten

Bertas Unterhaltsanspruch folgt aus § 1570 (Kinderbetreuung). Auch Ines hat nach § 1360 und hätte im Fall einer Scheidung diesen Unterhaltsanspruch nach § 1570. Udo hat zudem den Unterhalt aller (gleichrangigen) Kinder gem. §§ 1601 ff sicherzustellen. Dafür reicht sein Einkommen nicht aus, er ist nur eingeschränkt leistungsfähig i.s. des § 1581.

In diesem Mangelfall hat der Unterhaltsanspruch des geschiedenen Ehegatten immer Vorrang nach § 1582 I,S.2. Gleiches würde gelten, wenn Berta einen Unterhaltsanspruch nach § 1576 (Unterhalt aus Billigkeitsgründen) hätte.

Berta bekommt ihren vollen Unterhalt, wozu Udo neben dem Unterrhalt für die beiden Kinder auch leistungsfähig ist.

Etwas anderes würde gelten, wenn aus erster Ehe kein Kind stammen würde und Berta Unterhalt nach §§ 1571 – 1573 oder 1575 bekäme, sofern ihre Ehe mit Udo nicht von langer Dauer war.In diesem Fall würde zwischen den Unterhaltsansprüchen der geschiedenen Berta und Ines Gleichrang bestehen, da Ines, unterstellt auch diese Ehe wäre geschieden, gegen Udo einen Unterhaltsanspruch nach § 1570 wegen Betreuung des aus dieser Ehe stammenden Kindes hätte (§ 1582 I,1). Würde nun zur Befriedigung aller Unterhaltsansprüche das Einkommen des Udo nicht ausreichen, wäre eine Mangelberechnung vorzunehmen (s.hierzu im einzelnen Kapitel 12,2 Fall 4).

Fall 10: Kurze Ehe

Nach § 1579 (sogenannte »negative Härteklausel«) kann der Unterhaltsanspruch bei grober Unbilligkeit versagt, herabgesetzt oder zeitlich begrenzt werden. Die Härteklausel, die mit Ausnahme von Ziffer 1 auch für den Getrenntleben-Unterhalt (§ 1361 III) gilt, greift dort ein, wo die Zumutbarkeitsgrenze eines schuldunabhängigen Unterhaltsanspruchs überschritten ist. Hierbei sind die Belange des dem Berechtigten zur Pflege oder Erziehung anvertrauten gemeinschaftlichen Kindes zu berücksichtigen.

Eine Unterhaltsversagungsmöglichkeit besteht, wenn die Ehe von kurzer Dauer war (§ 1579 Nr. 1). Die Ehedauer wird von der Eheschließung bis zur Zustellung des Scheidungsantrages berechnet (BGH FamRZ 81 S. 140). Bei einer Ehedauer von weniger als 2 Jahren sind an das Erfordernis der »groben Unbilligkeit« keine allzu hohen Anforderungen zu stellen (BGH FamRZ 89 S. 483), während ab 3 Jahren

Ehedauer in der Regel nicht mehr von einer »kurzen Ehe« gesprochen werden kann (BGH FamRZ 82 S. 254).

Da die Ehe von Heinz und Dora schon nach 1 1/2 – jähriger Dauer geschieden wird, die »Ehedauer« also noch kürzer ist und gemeinschaftliche Kinder nicht vorhanden sind, wird Dora keine Chancen haben, von Heinz nachehelichen Unterhalt zu bekommen.

Fall 11:   Verbrechen, Vergehen

Nach Ziffer 2 des § 1579 können Straftaten gegen den Verpflichteten oder dessen nahe Angehörige zum völligen oder teilweisen Unterhaltsausschluß führen. Hierunter fallen z.B. fortgesetzte schwere Beleidigungen, Verleumdungen und schwerwiegende falsche Anschuldigungen, besonders wenn sie sich auf die persönliche und berufliche Entfaltung des Unterhaltsverpflichteten und seine Stellung in der Öffentlichkeit nachteilig auswirken (BGH NJW 82 S. 100). Die unberechtigten Behauptungen Christas über Gottfried in seiner Gemeinde sind geeignet, diese Voraussetzungen zu erfüllen, so dass ihr nach § 1579 Nr. 2 der Unterhalt versagt werden könnte.

Fall 12.1:   Mutwillige Herbeiführung der Bedürftigkeit

Wenn Helga keinen anderen Grund zur Aufgabe ihrer Erwerbstätigkeit kurz vor der Scheidung anführen kann, hat sie ihre Unterhaltsbedürftigkeit »mutwillig« im Sinne des § 1579 Nr. 3 herbeigeführt, denn diese »Mutwilligkeit« verlangt kein vorsätzliches, auf die Herbeiführung der Bedürftigkeit zielgerichtetes Verhalten, es genügt eine leichtfertige Herbeiführung der Bedürftigkeit (BGH FamRZ 84 S. 364, 367). Helga wird keinen nachehelichen Ehegattenunterhalt von Helmut erhalten.

Fall 12.2:   Alkoholabhängigkeit des Bedürftigen

Die Tatsache allein, das Ellen wegen ihrer Alkoholproblematik erwerbsunfähig ist, reicht nicht aus, ihr einen Unterhaltsanspruch nach § 1579 Nr. 3 zu versagen. Entscheidend ist, ob sie zu einer Zeit, als ihre Einsicht und Fähigkeit, danach zu handeln, dies noch zuließen, eine ihr angeratene Entziehungskur unterlassen hatte und sich hierbei der Möglichkeit bewusst gewesen war, sie werde infolgedessen im Fall einer Trennung außerstande sein, eine Berufstätigkeit aufzunehmen und ihren Unterhalt selbst zu verdienen (BGH FamRZ 81 S. 1042, 1044).

Dieter müsste also, falls Ellen seiner Begründung für die Unterhaltsverweigerung widerspricht, darlegen und gegebenenfalls beweisen, dass Ellen sich der ihr dringend empfohlenen Entziehungskur schon zu einer Zeit verweigert hat, als sie noch in der Lage war, die Konsequenzen dieser Haltung auch für den Fall einer Trennung zu überblicken; nur dann käme ein Ausschluss oder eine Herabsetzung des Ehegattenunterhalts nach § 1579 Nr. 3 in Betracht.

Fall 13:   Mutwilliges Sich-Hinwegsetzen über Vermögensinteressen

Das Sich-Hinwegsetzen über schwerwiegende Vermögensinteressen des Unterhaltsverpflichteten führt zum Wegfall oder der Herabsetzung des Unterhalts, weil der Unterhaltsbedürftige durch sein Verhalten die Einkünfte gefährdet oder beeinträchtigt, aus denen er Unterhalt begehrt. Else hat durch ihre Denunziation den Arbeitsplatz des Heinz und damit sein Einkommen äußerst gefährdet. Darauf, dass ein Schaden hier letztlich durch die Wiedereinstellung des Heinz nicht eingetreten ist, kommt es nicht an, die bloße Vermögensgefährdung reicht aus. (OLG Hamm FamRZ 87 s.946).Else wird mit ihrem Unterhaltsbegehren keinen Erfolg haben.

Fall 14: Gröbliche Verletzung der Unterhaltspflicht
Längere gröbliche Verletzung von Unterhaltspflichten in der Zeit vor der Trennung führt zu Unterhaltsversagung oder -reduzierung. Wenn Jens seine Erwerbstätigkeit als Techniker grundlos aufgegeben und damit seine Verpflichtung, zum (Bar-) Unterhalt der Familie beizutragen (§§ 1360, 1360a, 1361, 1601 ff.), über längere Zeit verletzt hat, kann er nun für sich keinen Unterhalt fordern.»Gröblich« im Sinne dieses § 1579 Nr. 5 erfordert nicht mehr als fahrlässiges Handeln.

Fall 15: Fehlverhalten des Unterhaltsberechtigten
Ein schwerwiegendes, klar bei dem den Unterhalt begehrenden Ehegatten liegendes Fehlverhalten gegenüber dem Unterhaltschuldner kann nach § 1579 Nr. 6 zum Unterhaltsausschluss führen. Nach der Rechtsprechung liegt dieser Fall vor allem bei Aufnahme einer nichtehelichen Lebensgemeinschaft mit einem Dritten aus der Ehe heraus vor (u.a. BGH FamRZ 84 S. 664). Nacheheliche Beziehungen zu einem neuen Partner sind jedoch kein Fehlverhalten im Sinne des § 1579 Nr. 6, da mit der Scheidung die Verpflichtung zur ehelichen Treue endet (BGH FamRZ 83 S. 569, 572 und FamRZ 89 S. 1083, 1085). Als schwerwiegendes Fehlverhalten wird aber auch gewertet, wenn eine Ehefrau ihrem Mann beteuert, ein von ihr während der Ehe empfangenes und geborenes Kind stamme von ihm und ihn auch jahrelang in diesem Glauben belässt, obwohl sie weiß oder auch nur damit rechnet, dass das Kind von einem anderen Mann stammt (BGH FamRZ 85 S. 267, 268).
Wenn die Ehe zwischen Ines und Christian nicht von langer Dauer war und keine weiteren Kinder aus ihr hervorgegangen sind, wird Ines mit ihrem Unterhaltsbegehren keinen Erfolg haben.

Fall 16: »Anderer Grund«
Die Fortsetzung einer bereits vor der Scheidung aufgenommenen ehewidrigen Beziehung nach der Scheidung führt in der Regel zur Herabsetzung oder Versagung des nachehelichen Unterhalts nach § 1579 Nr. 7, wenn bereits bei der Aufnahme der Beziehungen ein Härtegrund nach §§ 1361, 1579 Nr. 6 vorlag (BGH FamRZ 89 S. 489). Hat Anna ihren Ehemann Egon aus einer intakten Ehe verlassen, um mit Klaus eheähnlich zusammenzuleben, hat sie ihren Unterhaltsanspruch wohl schon während der Trennung verwirkt und kann nun auch nach der Scheidung nicht Unterhalt von Egon verlangen. Unterlässt sie nun absichtlich die Eheschließung mit Klaus, um den von ihr immer noch erhofften Unterhaltsanspruch gegen Egon nicht zu verlieren, liegt darin ein weiterer Härtegrund im Sinne des § 1579 Nr. 7 (BGH FamRZ 84 S. 986).

7.2 Versorgungsausgleich

Einführung

Grundidee des Versorgungsausgleichs ist, dass alle in der Ehezeit erworbenen Versorgungsanrechte (z.B. in der Rentenversicherung, Beamtenversorgung oder der betrieblichen Altersversorgung) das Ergebnis einer partnerschaftlichen Lebensleistung der Eheleute sind, an der bei Auflösung der Ehe folglich beide zu gleichen Teilen teilhaben sollen. Der Versorgungsausgleich ähnelt damit dem Zugewinnausgleich, bei dem das während der Ehe erwirtschaftete Vermögen beider Ehegatten als Ergebnis der gleichwertigen gemeinsamen Arbeit angesehen und folglich bei Auflösung der Ehe geteilt wird. Während es beim Zugewinnausgleich aber auf den (unter Umständen von den Eheleuten vereinbarten) Güterstand ankommt, ist der Versorgungsausgleich unabhängig hiervon immer durchzuführen, also auch, wenn die Eheleute z.B. Gütertrennung vereinbart haben. Nur wenn die Eheleute durch Ehevertrag nach § 1408 II den Versorgungsausgleich ausgeschlossen haben, findet er nicht statt, sofern die Sperrfrist des § 1408 II 2 beachtet wird.

Daraus folgt, dass der Versorgungsausgleich von Amts wegen (ohne Antrag) im Scheidungsverfahren zu regeln ist.

Neue Bundesländer

Nach Artikel 234, § 6 EGBGB findet der Versorgungsausgleich grundsätzlich für alle nach dem 31. 12. 1991 in den neuen Bundesländern geschiedenen Ehen statt. Die Entscheidung hierüber ist in vielen Fällen jedoch wegen der noch unterschiedlichen Bewertung der Versorgung Ost und West auszusetzen (§ 628 I ZPO) und später nach entsprechender Angleichung der Altersversorgung wieder aufzunehmen. Nach dem Versorgungsausgleichs-Überleitungsgesetz (VAÜG; BGBl 1991 Teil I S. 1702) kann der Versorgungsausgleich vor der Einkommensangleichung nur durchgeführt werden, wenn entweder beide Ehegatten in der Ehezeit keine angleichungsdynamischen Anrechte minderer Art erworben haben und nur angleichungsdynamische Anrechte zu berücksichtigen sind, oder der Ehegatte mit den werthöheren angleichungsdynamischen Anrechten auch die werthöheren nichtangleichungsdynamischen Anrechte erworben hat oder – bei Nichtvorliegen dieser Voraussetzungen – aus einem im Versorgungsausgleich zu berücksichtigendem Anrecht Leistungen zu erbringen oder zu kürzen wären. Angleichungsdynamische Anrechte im Sinne dieses Überleitungsgesetzes sind die Ansprüche der gesetzlichen Rentenversicherung der früheren DDR einschließlich der Sonder- und Zusatzversicherungen. Angleichungsdynamische Anrechte »minderer Art« sind alle Anrechte, deren Wert nicht so stark steigt wie die angleichungsdynamischen Anrechte; dies können Anrechte auf Leistungen der betrieblichen Altersversorgung, sonstige Renten oder ähnliche wiederkehrende Leistungen (z.B. Zusatzversorgungen, berufsständische Versorgungen, Leibrenten) sein, sowie Anrechte auf Rentenansprüche aus Lebensversicherungen (§ 1587 a II Nr. 3 bis 5).

Die fünf **Fälle** behandeln folgende **Problemkreise**:

- Ausgleich der Versorgungsanwartschaften durch Übertragung von Rentenanwartschaften – sogenanntes Splitting (§ 1587 b I) (Fall 1);
- Begründung von Rentenanwartschaften durch Kürzung der Versorgung aus einem Beamtenverhältnis – sogenanntes Quasi-Splitting (§ 1587 b II) (Fall 2);
- Die begrenzt erweiterte Heranziehung von Rentenanwartschaften des Ausgleichspflichtigen – sogenanntes erweitertes oder Supersplitting (§ 3 b I Nr. 1 VAHRG) (Fall 3);
- Ausgleich in anderer Weise (§ 1587 b IV), schuldrechtlicher Versorgungsausgleich (Fall 4);
- Die Begründung von Rentenanwartschaften durch Kürzung der Anwartschaften gegen einen öffentlich-rechtlichen Versorgungsträger – sogenanntes Analoges Quasi-Splitting (§ 1 III VAHRG) (Fall 5).

Fälle

Fall 1: Splitting
Der Arbeiter Peter und die Angestellte Mia haben am 13. 12. 1984 geheiratet. Auf den der Mia am 28. 6. 1998 zugestellten Scheidungsantrag des Peter wird ihre Ehe im Januar 1999 geschieden. Peter hat nach der Auskunft der Landesversicherungsanstalt (LVA) Braunschweig in der Ehezeit Anwartschaften in der gesetzlichen Rentenversicherung in Höhe von 720,40 DM monatlich zu erwarten, Mia bei der Bundesversicherungsanstalt für Angestellte (BfA) Anwartschaften in Höhe von ehezeitlich 480,20 DM monatlich. Wie ist der Versorgungsausgleich durchzuführen?

Fall 2: Quasi – Splitting
Der Studienrat Edgar und die Kindergärtnerin Ilse werden nach 10jähriger Ehe geschieden. Edgar hat eine Anwartschaft auf Versorgung nach beamtenrechtlichen Vorschriften; sie belaufen sich – bezogen auf die Ehezeit – auf monatlich 1.250,– DM; Ilse hat Anwartschaften in der gesetzlichen Rentenversicherung; die Höhe dieser Anwartschaften in der Ehezeit beträgt nach der Auskunft der BfA monatlich 750,– DM. Wie ist hier was auszugleichen?

Fall 3: Erweitertes oder Super – Splitting
Die Ehe des VW-Arbeiters Karl mit der Hausfrau Beate wird geschieden. Karl, 45 Jahre alt, hat in der Ehezeit (1. 7. 1978 – 31. 12. 1999) Anwartschaften in der gesetzlichen Rentenversicherung (LVA Braunschweig) in Höhe von monatlich 866,– DM und Anwartschaften auf eine betriebliche Altersversorgung bei der Volkswagen AG in Höhe von monatlich 350,– DM – bezogen auf die Ehezeit – erworben. Diese betriebliche Altersversorgung ist nach der Versorgungsregelung der Volkswagen AG sowohl im Anwartschaftsstadium als auch im Leistungsstadium statisch. Beate hat während der Ehe nicht versicherungspflichtig gearbeitet. Sie hat die drei

gemeinschaftlichen Kinder großgezogen. Sie hat Anwartschaften auf eine Kindererziehungsrente; die Höhe dieser Anwartschaften beträgt nach der Auskunft der LVA Braunschweig insgesamt 96,– DM monatlich. Wie findet der Versorgungsausgleich statt?

Fall 4: Ausgleich in anderer Weise; schuldrechtlicher Versorgungsausgleich
Zu entscheiden ist im Zusammenhang mit der Scheidung über den Versorgungsausgleich der Eheleute Kai und Lena, beide Studienräte, also Beamte. Die Versorgungsanwartschaften des Kai betragen monatlich 1.200,– DM, die der Lena monatlich 1.100,– DM, beide bezogen auf die Ehezeit. Andere Anwartschaften auf eine Altersversorgung haben sie nicht. Wie ist zu entscheiden?

Fall 5: Analoges Quasi – Splitting
Stefan, 45 Jahre alt, ist im öffentlichen Dienst beschäftigter Straßenbahnfahrer, Barbara kaufmännische Angestellte. Ihre Anwartschaften am Ende der Ehezeit betragen bei Stefan 900,– DM in der gesetzlichen Rentenversicherung und 200,– DM in der Zusatzversorgung des öffentlichen Dienstes (VBL), bei Barbara DM 500,– in der gesetzlichen Rentenversicherung, jeweils bezogen auf die Ehezeit. Wie ist auszugleichen?

Lösungshinweise

Fall 1: Splitting
In den Versorgungsausgleich können nur die Versorgungsanwartschaften einfließen, die die Eheleute während der Ehezeit erworben haben.
Als »Ehezeit« gilt die Zeit vom Beginn des Monats, in dem die Ehe geschlossen worden ist, bis zum Ende des Monats, der dem Eintritt der Rechtshängigkeit des Scheidungsantrages vorausgeht (§ 1587 II). Rechtshängig wird ein Scheidungsantrag mit seiner förmlichen Zustellung an die andere Partei. Hierbei ist zu beachten, dass der Scheidungsantrag von einem bei dem Familiengericht zugelassenen Rechtsanwalt eingereicht werden muss (§ 78 ZPO). In unserem Fall läuft die Ehezeit vom 1. 12. 84 bis zum 31. 5. 99. Diese Ehezeit ist den Rententrägern der Parteien vom Gericht mitzuteilen. Ihre Auskünfte enthalten in der Regel die in die Ehezeit fallenden Anwartschaften der Parteien auf die Altersversorgung. Ist dies nicht der Fall, hat das Gericht die in die Ehezeit fallende Teilversorgung der gesamten fiktiven Anwartschaften bis zum regelmäßigen Beginn der Altersversorgung (etwa Beginn des 65-sten Lebensjahres) auszurechnen. Peter hat ebenso wie Mia Anwartschaften in der gesetzlichen Rentenversicherung (LVA Braunschweig bzw. BfA) erworben. Seine Rentenanwartschaften übersteigen die Anwartschaften der Mia um monatlich 240,20 DM. Auszugleichen ist die Hälfte dieser 240,20 DM, mithin ein Betrag von 120,10 DM. Durch Urteil des Familiengerichts wird Peters Anwartschaft auf seine spätere Altersversorgung um diesen Betrag gemindert und es entsteht eine Anwartschaft in entsprechender Höhe bei Mias Altersversorgung. Die LVA Braun-

schweig wird also den Ausgleichsbetrag von Peters Konto abbuchen; Mias Konto bei der BfA wird dieser Betrag gutgeschrieben. Es findet eine Übertragung von Rentenanwartschaften vom Versicherungskonto des ausgleichspflichtigen Peter auf das Versicherungskonto der ausgleichsberechtigten Mia statt, das sogenannte Splitting nach § 1587 b I.

Fall 2: Quasi – Splitting

Auch hier ist der Ehemann Edgar mit den höheren Anwartschaften ausgleichspflichtig; seine Anwartschaften auf Versorgung resultieren jedoch nicht aus einer gesetzlichen Rentenversicherung, sondern aus seinem Beamtenverhältnis, aus einem öffentlichen Dienstverhältnis. Es kann daher keine Übertragung von Rentenanwartschaften (wie im Fall 1) stattfinden; vielmehr kommt es hier zur Neubegründung von Anwartschaften in Ilses gesetzlicher Rentenversicherung (sogenanntes »Quasi-Splitting«), § 1587 b II.

Die BfA als Träger der Versicherung der Ilse macht gegenüber Edgars Dienstherrn (hier das entsprechende Bundesland als Träger der Versorgung der Lehrer) einen Erstattungsanspruch in Höhe des Wertes der auszugleichenden monatlichen Rente von 250,– DM (1.250 – 750 = 500 : 2 = 250,– DM) geltend. Der Dienstherr Edgars wird als Ausgleich in Höhe des auszugleichenden Betrages Edgars Versorgungsanwartschaft (Pension) kürzen.

Fall 3: Erweitertes oder Super – Splitting

Soweit Karl und Beate Anwartschaften in der gesetzlichen Rentenversicherung haben, ist der Ausgleich nach § 1587 b I im Wege des Splitting (siehe Fall 1) vorzunehmen, also in Höhe von monatlich 385,– DM (866 – 96 = 770 : 2 = 385 DM). Auszugleichen ist aber auch die Anwartschaft des Karl auf die betriebliche Altersversorgung bei der Firma VW.

Die Ausgestaltung der betrieblichen Altersversorgung geschieht in der Regel durch betriebliche Versorgungsregelungen, Tarifverträge oder auch Einzelzusagen. Durch Gesetz (Betriebliches Altersversorgungsgesetz, BGBl I 1974, 3610 ff.) werden hier nur bestimmte Rahmen vorgegeben. Nach der Versorgungsordnung der Volkswagen AG ist die betriebliche Altersversorgung statisch, d.h. sie steigt nicht in nahezu gleicher Weise wie die Renten in der gesetzlichen Rentenversicherung oder die Pensionen der Beamtenversorgung, die regelmäßig der allgemeinen Einkommensentwicklung angepasst werden. Um diese statische Betriebsrente auf einen gleichen Wertmaßstab zu beziehen, muss sie in eine dynamische Rente umgerechnet werden. Das geschieht in der Weise, dass errechnet wird, welches Altersruhegeld in der gesetzlichen Rentenversicherung herauskäme, wenn man die nicht dynamisierte betriebliche Versorgung als Beitrag zur gesetzlichen Rentenversicherung einzahlen würde. Diese Umrechnung geschieht mit Hilfe der Barwertverordnung (in der Fassung vom 18. 12. 89, BGBl 1 S. 2261, 2388). Da es sich im vorliegenden Fall um eine sowohl im Anwartschafts- wie auch im Leistungsstadium statische Betriebsrente handelt, die mit Beginn des 65. Lebensjahres des Karl zur Auszahlung kommt, ist der Jahreswert der mitgeteilten monatlichen 350 DM mit dem Faktor aus Tabelle

1 der Barwertverordnung zu multiplizieren; der so ermittelte Barwert ist in Entgelt-punkte nach Tabelle 5 der Rechengrößen zur Durchführung des Versorgungsaus-gleichs in der gesetzlichen Rentenversicherung umzurechnen. Die Entgeltpunkte sind mit dem für das Ende der Ehezeit maßgebenden aktuellen Rentenwert zu mul-tiplizieren, so dass sich folgende Rechnung ergibt:
Jahreswert der derzeitigen Volkswagenrente
4.200 DM x 3,0 x 0,0000966091 x 48,29 = 58,78 DM
volldynamische Rentenanwartschaften auf Altersruhegeld in der gesetzlichen Ren-tenversicherung. Neben dem Betrag von 385,– DM, der – siehe oben – im Wege des Splittings auszugleichen ist, ist der dynamisierte Wert von 29,39 (58,78 : 2) aus der betrieblichen Versorgungsanwartschaft auszugleichen. Hierfür stehen nach § 3 b des Gesetzes zur Regelung von Härten im Versorgungsausgleich vom 21. 3. 83 (VAHRG) zwei Ausgleichsformen zur Verfügung: Das Familiengericht kann dem Verpflichteten aufgeben, für den Berechtigten Beiträge zur Begründung von An-wartschaften auf die errechnete auszugleichende Rente in der gesetzlichen Renten-versicherung des Berechtigten zu zahlen, soweit ihm dies nach seinen wirtschaft-lichen Verhältnissen zumutbar ist. Dies ist ein sehr teurer Weg, denn der »Einkauf« einer Rente von 29,39 DM würde Karl hier (1999) 6.299,76 DM kosten. Da dem Verpflichteten im Zusammenhang mit der Scheidung fast immer weitere erhebliche finanzielle Lasten treffen (Unterhalt, Zugewinn) ist ihm dieser »Einkauf« fast im-mer wirtschaftlich nicht zumutbar.

Nach § 3 b I 1 VAHRG kann daher ein anderes, vor oder in der Ehezeit erworbenes Anrecht des Verpflichteten, das seiner Art nach durch Übertragung oder Begrün-dung von Anrechten ausgeglichen werden kann, zum Ausgleich herangezogen wer-den. Allerdings darf der Wert des auszugleichenden Anrechts insgesamt zwei Pro-zent des auf einen Monat entfallenden Teils der am Ende der Ehezeit maßgebenden Bezugsgröße (§ 18 SGB IV) nicht übersteigen. Diese Bezugsgröße beläuft sich 1999 (Ehezeitende) auf monatlich 4410 DM; 2 von Hundert dieser Bezugsgröße be-trägt 88,20 DM. Damit kann die Hälfte der dynamisierten betrieblichen Altersver-sorgung des Karl in voller Höhe im Wege dieses erweiterten Splittings zu Lasten seiner Anwartschaft bei der LVA Braunschweig auf das Konto der Beate bei der LVA Braunschweig ausgeglichen werden. Beate werden also 385,– DM monatlich im Wege des Splittings und weitere 29,39 DM im Wege des erweiterten Splittings gutgeschrieben.

Würde der auszugleichende Betrag 2 % der Bezugsgröße übersteigen, müsste der übersteigende Betrag dem schuldrechtlichen Versorgungsausgleich vorbehalten bleiben.

Fall 4: Ausgleich in anderer Weise; schuldrechtlicher Versorgungsausgleich
Der Versorgungsausgleich kann nur in der Weise durchgeführt werden, dass die auszugleichende Anwartschaft auf einem bei dem Berechtigten vorhandenen oder für ihn einzurichtenden Konto bei einem gesetzlichen Rentenversicherungsträger durch Übertragung oder Begründung vorgenommen wird. Kai und Lena sind Be-amte, haben also keine Anwartschaften in der gesetzlichen Rentenversicherung. Zur

Durchführung des Versorgungsausgleichs müsste für die ausgleichsberechtigte Lena ein Konto bei einer gesetzlichen Rentenversicherung (LVA oder BfA) eingerichtet werden, auf das der Ausgleichsbetrag von 50,– DM monatlich (1.200 – 1.100 = 100 : 2 = 50 DM) im Wege der Begründung übertragen werden müsste. Ein Ausgleich in dieser Form würde sich voraussichtlich nicht vorteilhaft für Lena auswirken. Sie würde nicht in den Genuss dieser Rente in Höhe von 50,– DM monatlich kommen, da sie mit dieser Anwartschaft die »kleine Wartezeit« von 60 Monaten nicht erreichen wird. Auf Antrag der Parteien hat das Gericht den Versorgungsausgleich auf andere Weise vorzunehmen. In der Regel wird das Gericht auf den schuldrechtlichen Versorgungsausgleich ausweichen (§ 1587 f Nr. 5), wenn nicht die Parteien selbst eine andere Lösung durch eine entsprechende Vereinbarung nach § 1587 o anbieten, etwa in der Form, dass der Ausgleichsberechtigte Vermögenswerte wie Wertpapiere, Lebensversicherung, Grundpfandrechte erhält, die dem Wert der an sich auszugleichenden Anwartschaft entsprechen. Diese Parteivereinbarung bedarf jedoch der Genehmigung des Familiengerichts (§ 1587 o II 2). Der schuldrechtliche Versorgungsausgleich (§ 1587 g) erfolgt durch Zahlung einer Geldrente des Ausgleichsverpflichteten an den Ausgleichsberechtigten in Höhe der Hälfte des Unterschiedsbetrages der beiderseits von den Ehegatten in der Ehe erworbenen Versorgungsanwartschaften. Diese Geldrente ist erst zu zahlen, wenn bei beiden Ehegatten der Versicherungs- oder Versorgungsfall eingetreten ist (§ 1587 g I 2). Während der öffentlich-rechtliche Versorgungsausgleich dem Berechtigten eine vom weiteren Schicksal des Verpflichteten völlig unabhängige eigene Rentenanwartschaft sichert, hat der schuldrechtliche Versorgungsausgleich unterhaltsähnlichen Charakter. Er erlischt mit dem Tod des Berechtigten (§ 1587 k II). Mit dem Tod des Verpflichteten ist eine Inanspruchnahme der Erben desselben nicht möglich. Schon hieraus ist erkennbar, dass der schuldrechtliche Versorgungsausgleich ein wesentlich schwächeres Recht ist als der öffentlich-rechtliche Versorgungsausgleich.

Fall 5: Analoges Quasi – Splitting
Auszugleichen sind zunächst die beiden Anwartschaften in der gesetzlichen Rentenversicherung im Wege des Splittingverfahrens, also in Höhe von 200,– DM zu Gunsten Barbaras auf ihr Rentenkonto. Auszugleichen ist ferner Stefans Anwartschaft bei der VBL in Höhe von 200,– DM.
Bei dieser Anwartschaft handelt es sich um die als unverfallbar im Sinne des § 1587 a II Nr. 3 S.3 anzusehende Anwartschaft auf die statische Versicherungsrente (BGH NJW 82, S. 1989); erst nach Eintritt des Versicherungsfalles kann bei den Zusatzversorgungen des öffentlichen Dienstes (VBL, Post, Bahn, kirchliche Zusatzversorgung) die dann tatsächlich gezahlte dynamische Versorgung in den Versorgungsausgleich einfließen. Die statische Versicherungsrente ist daher zu dynamisieren (siehe Fall 3), um sie mit den Werten der gesetzlichen Rentenversicherung vergleichbar zu machen. Der Ausgleich selbst erfolgt über § 1 III VAHRG (sogenanntes »Analoges Quasi-Splitting«), d.h. es gelten »die Vorschriften über den Aus-

gleich von Anrechten aus einem öffentlich rechtlichen Dienstverhältnis (Quasi-Splitting) sinngemäß.«

Umgerechnet in eine dynamische Rente bei einem angenommenen Ehezeitende im Dezember 1999 ergibt sich ein Betrag von 33.58 DM monatlich (Monatsbetrag x 12 x Tabelle 1 der Barwertverordnung x Ziffer 5 x Ziffer 2 der Rechengrößen zur Durchführung des Versorgungsausgleichs in der gesetzlichen Rentenversicherung). Auszugleichen ist hiervon die Hälfte, also 16.79 DM. Dies geschieht zu Lasten der VBL-Anwartschaft des Stefan durch Begründung einer Anwartschaft in dieser Höhe auf Barbaras Konto bei ihrer gesetzlichen Rentenversicherung. Barbara erhält also insgesamt Anwartschaften in Höhe von mtl. 216,79 DM.

7.3 Weitere Scheidungsfolgen

Außer dem nachehelichen Unterhalt und dem Versorgungsausgleich regelt das BGB weitere Scheidungsfolgen (Sorgerecht und Umgangsrecht für gemeinsame Kinder, Ehename nach der Scheidung, Rechtsverhältnisse an Ehewohnung und Hausrat, Ausgleich des Zugewinns). Fälle in anderen Kapiteln gehen auf einzelne Rechtsfragen ein. Kapitel 13 behandelt das Sorgerecht und das Umgangsrecht. Zum Namensrecht siehe Kap. 11, zum Ehegüterrecht – Zugewinnausgleich – Kap. 5, zu Ehewohnung und Hausrat Kap. 4.

8. Nichteheliche Lebensgemeinschaft

Einführung

Außer von »nichtehelicher Lebensgemeinschaft« wird von »eheähnlicher Gemeinschaft«, »eheähnlicher Partnerschaft«, »Ehe ohne Trauschein«, etc. gesprochen. Gemeint ist in allen diesen Fällen ein längerandauerndes eheähnliches Zusammenleben von Mann und Frau, das über eine bloße Haushalts- oder Wirtschaftsgemeinschaft hinausgeht, sog. »Verantwortungs- und Einstehensgemeinschaft«. Die nichteheliche Lebensgemeinschaft ist nicht gesetzlich geregelt; ein Gesetzentwurf aus der 13. Legislaturperiode zur Regelung des Rechtsverhältnisses liegt vor (Bündnis 90/ Die Grünen, BT-Drucksache 13/7228). Wesentliches Merkmal der nichtehelichen Lebensgemeinschaft ist somit ihre fehlende umfassende Rechtsverbindlichkeit und die Möglichkeit der jederzeitigen Beendigung der Partnerschaft ohne Einhaltung bestimmter Fristen. Die nichteheliche Lebensgemeinschaft stellt auch kein Verlöbnis dar, da es an dem erforderlichen Eheversprechen fehlt (Palandt/Diederichsen, Einl vor § 1297 Rn. 11).

In seiner Entscheidung zum Arbeitsförderungsrecht (Urteil vom 17.11.1992 zur Arbeitslosenhilfe; vgl. auch unten Fall 7) hat das Bundesverfassungsgericht als »eheähnliche Gemeinschaft« im Sinne des § 137 II a) Arbeitsförderungsgesetz (AFG) eine Gemeinschaft zwischen Mann und Frau bezeichnet, »die auf Dauer angelegt ist, daneben keine weitere Lebensgemeinschaft gleicher Art zulässt und sich durch innere Bindungen auszeichnet, die ein gegenseitiges Einstehen der Partner füreinander begründen, also über die Beziehungen in einer reinen Haushalts- und Wirtschaftsgemeinschaft hinausgehen.« (BVerfG FamRZ 93, 164). Nach Aufhebung des AFG und Regelung des Rechts der Arbeitsförderung durch das SGB III ab 1.1.99 gelten jetzt § 193 II, 194 I Nr. 2 SGB III, welche die Berücksichtigung von Einkommen und Vermögen des Partners einer »eheähnlichen Gemeinschaft« behandeln.

Für das Zivilrecht gilt mangels ausdrücklicher gesetzlicher Regelung grundsätzlich, dass eine nichteheliche Lebensgemeinschaft den Partnern keine Ansprüche gegeneinander – z.B. auf Unterhalt oder Ausgleich des Zugewinns bei Trennung – gewährt. Somit ist der wirtschaftlich Schwächere der Partner, der Kinder aufzieht oder sich um den Haushalt kümmert, benachteiligt. Verträge zwischen den Partnern sind nicht selbstverständlich und bleiben hinter der gesetzlichen Regelung der Ehe zurück: So kann z.B. ein Versorgungsausgleich, der bei Geschiedenen von Gesetzes wegen vom Familiengericht vorgenommen wird, vertraglich nicht zu Lasten des Rententrägers vereinbart werden.

Besonders im Falle einer Trennung der Partner ergeben sich vielfältige Probleme, von denen einige in den vorgestellten Fällen behandelt werden.

Nichteheliche Lebensgemeinschaft mit Kindern:

Hier hat die Kindschaftsrechtsreform 1998 durch das Kindschaftsrechtsreformgesetz (KindRG), gültig seit dem 1.7.1998, weitreichende Veränderungen gebracht. Wenn auch das Verhältnis der Partner zueinander immer noch nicht gesetzlich geregelt ist, so hat sich doch ihre Stellung als Eltern in doppelter Hinsicht geändert. Einmal sind sie insoweit den ehelich verbundenen Elternteilen gleichgestellt, dass ihre Trennung ebenso wie die Trennung oder Scheidung von Eheleuten die Elternposition grundsätzlich unberührt lässt. Sie hat keine Auswirkung auf die elterliche Sorge. Stand diese der Mutter (oder dem Vater) zu, ändert sich hieran nichts; stand sie Vater und Mutter gemeinsam zu, haben diese auch nach der Trennung die gemeinsame elterliche Sorge; vgl. auch §§ 1671, 1672 BGB.

Die gemeinsame elterliche Sorge können die Partner einer nichtehelichen Lebensgemeinschaft nach der Kindschaftsrechtsreform durch eine gemeinsame Sorgeerklärung in öffentlich beurkundeter Form erlangen, §§ 1626 a ff. BGB. Somit kann, anders als früher, auch dem nicht mit der Mutter verheirateten Vater die elterliche Sorge neben der Mutter zustehen. Seine Rechtsstellung wurde somit aufgewertet, vorausgesetzt, die Vaterschaft wurde anerkannt oder gerichtlich festgestellt.
Unabhängig vom Sorgerecht gibt es ferner nach der Trennung gem. § 1684 I BGB die Pflicht und das Recht jedes Elternteils auf Umgang mit dem Kind. Die früher bestehende Ungleichheit beim Umgangsrecht zwischen »ehelichen« und »nichtehelichen« Kindern (vgl. §§ 1634 I, 1711 BGB a.F.) wurde beseitigt. § 1626 III BGB stellt jetzt klar, dass der Umgang mit beiden Elternteilen in der Regel zum Wohl des Kindes gehört.

Folgende **Problemkreise** werden in den **Fällen** angesprochen:
- Während der Partnerschaft von beiden eingegangene Schuldverpflichtungen (Kredite) (Fälle 1,2);
- Anschaffung von Haushaltsgegenständen für die gemeinsame Wohnung (Fall 3);
- Unterhaltsanspruch gegen den Partner nach der Trennung (Fall 4);
- Aufnahme nichtehelicher Lebensgemeinschaft nach Trennung vom Ehegatten (Fall 5);
- Aufnahme nichtehelicher Lebensgemeinschaft nach der Scheidung (Fälle 6, 9);
- Die nichteheliche Lebensgemeinschaft im Sozialrecht: »Haushaltsgemeinschaft« mit Lebenspartner (Fall 7);
- Partnerschaftsverträge: Wirksamkeit einer Abfindungsvereinbarung (Fall 8);
- Tod des Partners: Erbrecht, Eintritt in das Mietverhältnis, »Dreißigster« im Sinne des § 1969 (Fälle 10.1 – 10.3).

Fälle

Fall 1: Konsumentenkredit

Hannelore und Fred, beide erwerbstätig, leben in einer nichtehelichen Lebensgemeinschaft. Auf den gemeinsam aufgenommenen Konsumentenkredit hat Hannelore 4.000 DM zurückgezahlt. Als die Beziehung in die Brüche geht, verlangt Hannelore 2000 DM von Fred zurück. Mit Recht?

Fall 2: Finanzierung eines PKW

Nach der Trennung von ihrem Lebensgefährten Kurt bringt Gerda allein die noch fälligen Raten für einen während der Partnerschaft gemeinsam aufgenommenen Kredit auf. Dieser diente zur Finanzierung eines PKW, der nach der Trennung allein von Kurt benutzt wird. Gerda macht gegen Kurt einen Ausgleichsanspruch geltend. Mit Recht?

Fall 3: Haushaltsgegenstände

Paula und Ingolf, in nichtehelicher Partnerschaft lebend, statten die gemeinsame Wohnung mit Haushaltsgegenständen aus. Paula hat von ihrem Arbeitsverdienst eine Stereoanlage im Wert von 3.000 DM angeschafft. Als die beiden sich trennen, gibt es Streit. Ingolf meint, die Stereoanlage gehöre beiden (Miteigentum); eine Auseinandersetzung habe gem. § 753 BGB zu erfolgen (Verkauf der Anlage, Teilung des Erlöses bzw. Zahlung einer Abfindung). Paula weigert sich.

Fall 4: Unterhaltsanspruch

Birgit hat während der Dauer der nichtehelichen Lebensgemeinschaft mit dem behinderten Klaus den gemeinsamen Haushalt geführt und Klaus gepflegt. Nach der Trennung verlangt sie Unterhalt von Klaus, da sie wegen ihres Alters keinen angemessenen Arbeitsplatz findet.

Fall 5: Nichteheliche Lebensgemeinschaft nach Trennung vom Ehemann

Roswitha verläßt ihren Ehemann Werner und zieht zu ihrem neuen Freund Wilfried. Werner weigert sich, Trennungsunterhalt an Roswitha zu zahlen.

Fall 6: Nichteheliche Lebensgemeinschaft nach Scheidung

Die geschiedene Karla erhält gem. § 1573 Unterhalt wegen Arbeitslosigkeit von ihrem Ex-Ehemann Franz. Nunmehr zieht sie zu ihrem Freund, dem vermögenden Gerd und führt diesem den Haushalt. Nach drei Jahren stellt Franz seine Unterhaltszahlungen ein. Mit Recht?

Fall 7: Nichteheliche Lebensgemeinschaft im Sozialrecht; »Haushaltsgemeinschaft«

Petra und ihr Partner Horst leben in eheähnlicher Gemeinschaft zusammen und führen einen gemeinsamen Haushalt. Die Kosten werden allein von Horst aufgebracht.

Dieser unterzieht sich einer ambulanten Drogentherapie und wird dabei von Petra unterstützt. Petra beantragt beim Sozialamt Hilfe zum Lebensunterhalt. Diese wird mit Rücksicht auf Horsts Einkommen abgelehnt.

7.a:
Mit Recht?

7.b: Arbeitslosenhilfe, Wohngeld, Sozialwohnung
Gehen Sie auf nichteheliche Lebensgemeinschaften im Sozialrecht ein: Arbeitslosenhilfe, Wohngeld, Sozialwohnung.

Fall 8.a: Partnerschaftsvertrag; Abfindung
Helmut und Inge vereinbaren in einem Partnerschaftsvertrag eine Abfindung von 10.000 DM für Inge beim Scheitern der zwischen ihnen bestehenden nichtehelichen Verbindung. Ist die Abmachung wirksam?

8.b: Partnerschaftsvertrag; Inhalt
Über welche Punkte sollten sich Partner einer nichtehelichen Lebensgemeinschaft vertraglich einigen?

Fall 9:   Nichteheliche Lebensgemeinschaft nach Scheidung; gemeinsames Kind
Studienrat Paul lebt nach der Scheidung von seiner Ehefrau Jutta mit der Studentin Rita in nichtehelicher Lebensgemeinschaft zusammen. Beide haben ein gemeinsames Kind Klaus, für das Paul die Vaterschaft gem. §1592 Nr. 2 BGB BGB anerkannt hat. Paul will den Unterhalt an Jutta, den diese gem. § 1572 BGB beansprucht – Unterhalt wegen Krankheit – nicht mehr (in voller Höhe) zahlen, mit der Begründung, er habe für seine neue Familie, für Rita und Klaus, zu sorgen.

Fall 10.1:   Tod des Partners einer nichtehelichen Lebensgemeinschaft
Die Apothekerin Klara lebte 15 Jahre mit Friedrich, »abgebrochener« Student der Pharmazie, zusammen. Als Friedrich stirbt, verlangen seine Eltern seine Photoausrüstung, seine Münzsammlung und seine Bücher von Klara heraus.

Fall 10.2:
Die Rentnerin Hannelore lebte in nichtehelicher Lebensgemeinschaft mit Klaus-Dietrich zusammen, bis dieser verstarb. Klaus-Dietrichs Tochter beansprucht als Alleinerbin die sofortige Herausgabe aller Möbel in der gemeinsamen Wohnung, die sämtlich Klaus-Dietrich gehörten.

Fall 10.3:
Mathilde lebte mit Fritz bis zu dessen Tode in einer von diesem gemieteten Wohnung. Darf sie in der Wohnung verbleiben?

Lösungshinweise

Fall 1: Konsumentenkredit
Ein Ausgleichsanspruch besteht nicht zwischen den Partnern einer nichtehelichen Lebensgemeinschaft hinsichtlich bereits erbrachter Zahlungen für einen gemeinsam aufgenommenen Konsumentenkredit. Hannelore steht daher keine Forderung in Höhe von 2000 DM gegen Fred zu.

Fall 2: Finanzierung eines PKW
Für die Frage des Ausgleichs von Tilgungsleistungen für Kredite ist der Verwendungszweck maßgeblich, nicht der Zeitpunkt der Leistung. Im Innenverhältnis der Partner nach Trennung wird zunehmend eine Freistellungsverpflichtung hinsichtlich der künftig fällig werdenden Kaufpreisrestschuld desjenigen Partners angenommen, in dessen Interesse die Kreditaufnahme lag; u.U. hälftiger Ausgleich, § 426 I 1. (Vgl. zu Fall 1 und 2 Palandt/Brudermüller, Rn. 34 Einl v. § 1297) Hier fordert Gerda mit Recht gem. §§ 670, 683 BGB die *nach der Trennung* von ihr aufgebrachten Tilgungsraten von Kurt zurück.

Fall 3: Haushaltsgegenstände
Grundsätzlich besteht kein Miteigentum bei der Anschaffung von Haushaltsgegenständen mit Mitteln eines Partners. (Anders ist es in der Regel bei einer gemeinsamen Finanzierung). Die mit ihren Mitteln erworbene Stereoanlage gehört also Paula allein; ein Auseinandersetzungsanspruch des Miteigentümers gem. § 753 BGB steht Ingolf nicht zu.

Fall 4: Unterhaltsanspruch
Auch hier gilt, dass eine Analogie zum Eherecht abgelehnt wird, es besteht also kein Unterhaltsanspruch wie zwischen getrennt lebenden oder geschiedenen Ehegatten. Birgit hat keinen Anspruch gegen Klaus, auch wenn dieser leistungsfähig ist.

Fall 5: Nichteheliche Lebensgemeinschaft nach Trennung vom Ehemann
Roswithas Anspruch auf Trennungsunterhalt gegen ihren Ehemann Werner gem. § 1361 BGB wird dann jedenfalls nicht mehr in voller Höhe durchzusetzen sein, sofern sie eine eheähnliche Partnerschaft mit Wilfried aufgenommen hat. In diesem Fall kann Werner mit Recht Unterhaltszahlungen in angemessener Höhe wegen grober Unbilligkeit gem. § 1361 III i.V. mit § 1579 Nr. 6 BGB verweigern. Voraussetzung ist allerdings, dass Roswitha wirklich »ein offensichtlich schwerwiegendes, eindeutig bei ihr liegendes Fehlverhalten« gegen ihren Ehemann zur Last fällt. Das ist bei der grundlosen Aufnahme einer nichtehelichen Partnerschaft und Bruch der Treuepflicht jedenfalls zu bejahen. (Palandt § 1579 Rn. 27 unter Hinweis auf BGH: »bei der Aufnahme eines nachhaltigen auf Dauer angelegten intimen Verhältnisses mit einem neuen Partner«). Davon ist in unserem Fall auszugehen. Der Familienrichter kann den Unterhalt versagen, herabsetzen oder zeitlich begrenzen (vgl. auch Kapitel 4 Fall 3).

Fall 6:   Nichteheliche Lebensgemeinschaft nach Scheidung

Mit Recht verweigert Franz weitere Unterhaltszahlungen wegen grober Unbilligkeit, § 1579 Nr. 7 BGB. Das Zusammenleben der unterhaltsberechtigten Karla mit Gerd hat sich ökonomisch »verfestigt«, ein »nichteheliches Zusammenleben« ist nach nunmehr drei Jahren gleichsam an die Stelle einer neuen Ehe getreten (vgl. auch Palandt/Diederichsen § 1579, Rn. 37 m.w.N: Mindestdauer des Zusammenlebens von 2 – 3 Jahren.). Gerd ist auch »leistungsfähig«, d.h. in der Lage, den Unterhalt für Karla aufzubringen. (Karlas Wiederverheiratung hätte gem. § 1586 I BGB den Verlust ihres Unterhaltsanspruchs gegen Franz zur Folge!)

Fall 7.a: Die Partnerschaft im Sozialrecht; »Haushaltsgemeinschaft«

Personen, die in eheähnlicher Gemeinschaft leben, dürfen gemäß § 122 BSHG hinsichtlich der Voraussetzungen und des Umfangs der Sozialhilfe nicht besser gestellt werden als Eheleute. § 16 BSHG gilt entsprechend. Petra hat somit ohne Rücksicht auf das Einkommen ihres Lebensgefährten nur dann einen Anspruch auf Hilfe zum Lebensunterhalt nach dem BSHG, wenn die Vermutung des § 16 BSHG widerlegt werden kann, dass die eng miteinander Lebenden aus einem Topf wirtschaften und dass die Hilfesuchende, Petra, von Horst Leistungen zum Lebensunterhalt erhält, »soweit dies nach ihrem Einkommen und Vermögen erwartet werden kann«. Diese Vermutung wird jedoch nicht widerlegt, sondern im Gegenteil bestätigt, da Horst für sämtliche Kosten des gemeinsamen Haushalts aufkommt. Petra hat somit keinen Anspruch auf Hilfe zum Lebensunterhalt. Das Motiv der beiden für die gemeinsame Haushaltsführung – Entlastung und Unterstützung des drogensüchtigen Partners bei dessen Therapie – ist unbeachtlich.

7.b: Nichteheliche Partnerschaften im Sozialrecht

Arbeitslosenhilfe:

In einer wichtigen Grundsatzentscheidung zum Arbeitsförderungsgesetz hat das Bundesverfassungsgericht die bisher pauschal vorgeschriebene Einkommensanrechnung unter nicht dauernd getrennt lebenden Ehegatten für nichtig erklärt. In diesem Zusammenhang hat das Bundesverfassungsgericht die »eheähnliche Gemeinschaft« im Sinne des § 137 Abs. 2 a AFG definiert (Urt. des BVerfG v. 17.11.1992 – 1 BvL 8/87; info also 4/92, S. 173 ff. – vgl. Einführung). Diese Definition ist auch der Neuregelung der Materie im SGB III zugrundezulegen (vgl. oben Einführung). Somit sind Einkommen und Vermögen des Partners bei der Arbeitslosenhilfe unter bestimmten Voraussetzungen wie bei nicht dauernd getrennt lebenden Eheleuten zu berücksichtigen, sofern zweifelsfrei eine »eheähnliche Gemeinschaft« vorliegt.

Wohngeld:

Ob und in welcher Höhe Wohngeld zusteht, richtet sich unter anderem nach der Zahl der zum Haushalt rechnenden Familienmitglieder. Partner einer nichtehelichen

Lebensgemeinschaft zählen nicht zu den Familienmitgliedern und können deshalb nicht gemeinsam Wohngeld erhalten.

Sozialwohnung:

Bei der Bewerbung um eine Sozialwohnung werden unverheiratete Paare grundsätzlich – von besonderen Härtefällen abgesehen – nicht berücksichtigt. Die Berechtigungsscheine zum Bezug einer Sozialwohnung werden nämlich nur für den Wonnungssuchenden selbst und seine Familienangehörigen ausgestellt; zu letzteren zählt der Partner nicht (vgl. auch Broschüre des Bundesministeriums der Justiz »Gemeinsam leben ohne Trauschein«).

Fall 8.a: Partnerschaftsvertrag; Abfindung
Das Versprechen einer Abfindung für den Fall des Scheiterns der Verbindung ist sittenwidrig und damit nichtig, d.h. unwirksam (Palandt Rn. 40 Einf. vor § 1353).

Fall 8.b: Partnerschaftsvertrag; Inhalt
Bei Partnerverträgen ist darauf zu achten, dass nicht Ehegatten und Kinder eines Partners in sittenwidriger Weise (vgl. § 138) unangemessen benachteiligt werden. Partnerverträge sind je nach der besonderen Situation im Einzelfall für folgende Angelegenheiten zu empfehlen (vgl. auch die in diesem Kapitel behandelten Fälle zu den einzelnen Punkten):

Mietverhältnis:

Entweder beide Partner unterschreiben den Mietvertrag oder eine vertragliche Regelung zwischen den Lebenspartnern gewährt auch dem Lebensgefährten Mitbesitz an der Wohnung und Schutz vor Vertreibung durch den Partner. Vollmachten des einen Partners zugunsten des anderen sind zu empfehlen, um beiden gemeinsam einheitlich die Rechte aus dem Mietverhältnis zu sichern.

Grundstücks- oder Wohnungseigentum:

Es ist erforderlich, vertraglich zu regeln, welcher Ausgleich für Beiträge, die zum Hausbau oder Hauskauf durch Geld oder Arbeitsleistungen erbracht wurden, im Falle der Trennung gezahlt werden soll. Bei fehlender vertraglicher Absprache lässt die Rechtsprechung nämlich auch bei langjähriger Dauer einer Lebensgemeinschaft nur in Ausnahmefällen einen Ausgleichsanspruch eines Partners zu (Näheres vgl. Palandt/Brudermüller Einl v. § 1297 Rn. 33).

Sonstiger Vermögensausgleich:

Bei größeren Vermögenszuwendungen sind ebenfalls Partnerverträge zu empfehlen, um einen gerechten Ausgleich zu gewährleisten. Ohne besondere Vereinbarung besteht kein Ersatzanspruch. Hinsichtlich der angeschafften Hausrats- und Vermögensgegenstände sollten Quittungen aufbewahrt und Listen über die jeweiligen Eigentumsverhältnisse angelegt werden.

Ausgleich für Dienst- und Pflegeleistungen:

Benachteiligungen können nur durch besondere Vereinbarungen ausgeschlossen werden.

Unterhalt während der Partnerschaft und nach Trennung:

Ohne einen Vertrag gibt es keinen einklagbaren Unterhaltsanspruch. Eine Vereinbarung in schriftlicher Form sollte getroffen werden. Die häufigste Form ist die einer Leibrente, §§ 759 ff. (Einzelheiten siehe Chr. Schreiber, Vertragsgestaltungen in der nichtehelichen Lebensgemeinschaft, NJW 93, 624 ff.)

Fall 9: Nichteheliche Lebensgemeinschaft nach Scheidung; gemeinsames Kind
Rita hat keinen Unterhaltsanspruch gegen ihren Partner Paul. Dem gemeinsamen Kind steht gem. §§ 1615 a, 1601 ff. BGB ein Unterhaltsanspruch gegen beide Eltern zu. Der Unterhaltsanspruch der geschiedenen Ehefrau Jutta gem. § 1572 BGB wird durch die Aufnahme der nichtehelichen Lebensgemeinschaft nicht beeinträchtigt, wohl aber möglicherweise durch den gem. § 1609 II 1 BGB im Range gleichstehenden Unterhaltsanspruch des Kindes Klaus. Das heißt: Wenn der zur Verfügung stehende Unterhalt nicht ausreicht, die Bedürfnisse beider Unterhaltsberechtigter (Jutta und Klaus) zu befriedigen, kommt in der Tat eine Schmälerung des Geschiedenenunterhalts der Jutta in Betracht.

Fall 10.1: Tod des Partners einer nichtehelichen Lebensgemeinschaft
Nach dem Tode sind Friedrichs Eltern Alleinerben geworden. Die Lebensgefährtin hat kein gesetzliches Erbrecht, sie könnte allenfalls in einem Testament bedacht worden sein (in diesem Fall Pflichtteilsrecht (Geldanspruch) der Eltern, § 2303 BGB). Als Erben können Friedrichs Eltern Gegenstände herausverlangen, die Jutta als »Erbschaftsbesitzerin« hat, § 2018.

Fall 10.2:
Die Alleinerbin muss den »Dreißigsten« gem. § 1969 BGB berücksichtigen; d.h., sie ist verpflichtet, Hannelore die Benutzung der Haushaltsgegenstände in den ersten 30 Tagen nach dem Eintritt des Erbfalls zu gestatten, sofern diese als Lebensgefährtin des Erblassers zum Kreis der »Familienangehörigen« im Sinne der Vorschrift zählt. Dies ist wegen der »persönlichen Beziehungen« der Lebensgefährtin zum Erblasser und ihrer »Aufnahme in die Familiengemeinschaft« zu bejahen (vgl. zur Streitfrage Palandt/Edenhofer § 1969 Rn. 1 m.w.N.)

(Rechtsfolge: Für diesen Zeitraum müsste die Erbin der Hannelore in demselben Umfang wie der Verstorbene auch Unterhalt gewähren und die Benutzung der (Eigentums-)Wohnung/des Hauses gestatten; zur Nutzung einer allein vom Erblasser gemieteten Wohnung siehe auch die folgende Fallvariante.)

Fall 10.3:
Da der verstorbene Fritz Alleinmieter war, kommt nach einem Beschluß des BGH v. 13.1.1993 (BGH NJW 93, 999) bei einer auf Dauer angelegten Lebensgemeinschaft zwischen Mann und Frau wegen der »weitgehenden Ähnlichkeit« der eheähnlichen Gemeinschaft mit der Ehe auch § 569 a II analog zur Anwendung. Danach tritt Mathilde nach dem Tod des Fritz »als Familienangehörige« in das Mietverhältnis ein.

9. Abstammung

Einführung

Die Reform des Kindschaftsrechts durch das Kindschaftsrechtsreformgesetz (KindRG) brachte ab 1.7.1998 erhebliche Veränderungen im Abstammungsrecht: §§ 1591 ff. behandeln die Abstammung eines Kindes: Mutter ist die Frau, die das Kind geboren hat, § 1591; Vater ist der Mann, der zum Zeitpunkt der Geburt mit der Mutter des Kindes verheiratet ist, der die Vaterschaft anerkannt hat oder dessen Vaterschaft nach § 1600 d gerichtlich festgestellt ist, § 1592 Ziff. 1 – 3. Ein Kind, das innerhalb von 300 Tagen nach dem Tod des Ehemannes geboren wird, gilt als Kind des verstorbenen Ehemannes, § 1593 S. 1. Dagegen ist ein Kind, das nach der rechtskräftigen Scheidung der Mutter vom Ehemann geboren wird, nicht mehr als Kind des früheren Ehemannes anzusehen.

Erweiterte Möglichkeiten der Vaterschaftsanfechtung wurden eingeführt. Nunmehr hat auch die Mutter das Recht erhalten, die Vaterschaft anzufechten; auch dem Kind wurde in stärkerem Maße als bisher ermöglicht, die Vaterschaft anzufechten und sein Recht auf Kenntnis der eigenen Abstammung geltend zu machen. Die Anfechtung der Vaterschaft durch den Mann, die Mutter und das Kind wird in §§ 1600 ff. geregelt. Beachten Sie bei der Fallbearbeitung die Regelung der Form der Anfechtung (gewöhnlich Klage notwendig, § 1600 e I; in bestimmten Fällen nach dem Tode der beklagten Person genügt ein Antrag beim Familiengericht) sowie die Anfechtungsfrist von 2 Jahren gem. § 1600 b.

Die frühere Unterscheidung zwischen ehelicher und nichtehelicher Abstammung ist weggefallen. Aus diesem Grunde entfällt in der Neubearbeitung dieses Buchs auch das in der ersten Auflage noch enthaltene Kapitel 10 – nichteheliche Abstammung.

Die **Fälle** behandeln folgende **Problemkreise**:
- Abstammung des Kindes (Fälle 1, 2);
- Anfechtung der Vaterschaft durch den Ehemann (Fälle 2 – 4);
- Anfechtung der Vaterschaft durch die Mutter oder das minderjährige Kind (Fall 5);
- Anfechtung der Vaterschaft durch das volljährige Kind, Auskunftsanspruch (Fall 6).

Fälle

Fall 1.1:   Geburt nach Tod des Ehemanns
Bei einem Vatertagsausflug in den Harz fällt Herr Meier vom Berg und verunglückt tödlich. Vier Monate später bringt seine Witwe ein Kind zur Welt.

1.2:
Ein Jahr nach dem Unfalltod ihres Mannes bringt Frau Meier ein Kind zur Welt.

1.3: Geburt nach Scheidung
9 Monate nach der Scheidung wird das Kind geboren.
Ist Herr Meier in allen Fällen als Vater des Kindes anzusehen?

Fall 2.1: Vaterschaftsanfechtung durch Ehemann
Herr Gram trennt sich von seiner Frau. Zwei Jahre lang haben die beiden keinen Kontakt zueinander. Nun erfährt Herr Gram, dass seine Frau vor einem Jahr ein Kind Heike geboren hat. Was kann Herr Gram tun? Welche Frist ist zu beachten?

2.2:
Fall wie unter 2.1 mit dem Unterschied, dass das Kind zur Welt kommt, während das Scheidungsverfahren der Eheleute Gram läuft. Frau Gram lebt inzwischen mit Herrn Froh zusammen. Kann dieser die Vaterschaft vor der Scheidung und vor einem Vaterschaftsanfechtungsverfahren anerkennen?

Fall 3: »Offenbare Unmöglichkeit« der Abstammung vom Ehemann
Herberts Ehefrau Maria ist mit Hung Di, einem Vietnamesen, fremdgegangen. Aus dieser Verbindung ist ein Kind hervorgegangen. Bereits auf der Entbindungsstation im Krankenhaus fällt dem Personal das fremdländische Aussehen des Kindes auf. Nur der Ehemann merkt anscheinend nichts. Wer ist familienrechtlich als Vater des Kindes anzusehen?

Fall 4: Unterhaltsregress
Der Ehemann Jürgen hat 10 Jahre lang das Kind Birgit seiner Ehefrau Inge unterhalten. Er lebte in dem Glauben, Birgit sei sein Kind. In Wahrheit stammt Birgit aber von dem Hausfreund Manuel ab. Als Jürgen dies erfährt, will er die aufgewendeten Unterhaltsleistungen von Manuel wiederhaben. Zu Recht?
Gehen Sie bei Ihrer Bearbeitung von folgenden Alternativen aus:

4.1:
Inge hat das Kind Birgit während der Ehe mit Jürgen geboren.
Eine Anfechtung der Vaterschaft ist bisher nicht erfolgt.

4.2:
Birgit wurde innerhalb der Ehe geboren; Jürgen hat seine Vaterschaft erfolgreich angefochten. Anschließend hat Manuel seine Vaterschaft anerkannt.

Fall 5: Vaterschaftsanfechtung durch Mutter oder minderjähriges Kind
Frau Fuchs zieht im Dezember 1999 aus der Ehewohnung aus und lebt nun mit ihrem Freund Herrn Hase zusammen, von dem sie im Februar 2000 ein Kind Sabrina bekommt. Das Ehepaar Fuchs läßt sich im Juli 2000 scheiden. Frau Fuchs wird die elterliche Sorge für Sabrina zugesprochen. Danach heiratet sie im März 2001 Herrn Hase und führt jetzt den Ehenamen Hase. Herr Fuchs will in bezug auf Sabrina nichts unternehmen mit der Begründung, er sei arbeitslos und demnächst Frührentner, bei ihm sei nichts zu holen.

5.a:
Welcher Mann ist familienrechtlich als Vater anzusehen und welchen Familiennamen führt das Kind zur Zeit?
5.b:
Lässt sich an dieser Situation etwas ändern? Wer hat die elterliche Sorge und welchen Familiennamen führt das Kind?

Fall 6:   Vaterschaftsanfechtung durch volljähriges Kind; Auskunftsanspruch
Die 21-jährige Ute erfuhr vor drei Jahren, dass sie nicht aus der Ehe ihrer Eltern (Ehepaar Walter) hervorgegangen ist. Herr Walter ist nicht ihr Vater.
6.a: Vaterschaftsanfechtung
Darf sie die Vaterschaft anfechten?
6.b: Auskunftsanspruch
Hat sie einen Anspruch gegen ihre Mutter auf Information über den tatsächlichen Vater, wenn nur die Mutter diesen benennen könnte, dies aber nicht tun möchte?

Lösungshinweise

Fall 1.1:   Geburt nach Tod des Ehemanns
Die Abstammung des Kindes vom Ehemann setzt gem. § 1592 Nr. 1 regelmäßig voraus, dass dieser zum Zeitpunkt der Geburt mit der Mutter des Kindes verheiratet ist. § 1592 Nr. 1 gilt entsprechend, wenn die Ehe durch Tod aufgelöst wurde und innerhalb von 300 Tagen nach der Auflösung das Kind geboren wird, § 1593 Satz 1. So verhält es sich hier. Das Kind stammt somit vom Ehemann Herrn Meier ab, da es 4 Monate nach Auflösung der Ehe durch Tod des Ehemannes, also innerhalb der 300-Tage-Frist zur Welt kommt.

Fall 1.2:
Das Kind stammt nicht vom Ehemann Herrn Meier ab, da es ein Jahr nach Auflösung der Ehe durch Tod des Ehemannes, also nach Ablauf der 300-Tage Frist des § 1593 S. 1 geboren wird.

Fall 1.3:
Im Unterschied zum früheren Recht (vor der Reform 1998) ist der Ehemann Herr Meier nicht gesetzlicher Vater, da das Kind erst nach der Scheidung geboren wird. (Ein – kostspieliger – Anfechtungsprozess kann somit vermieden werden.)

Fall 2.1:   Vaterschaftsanfechtung durch Ehemann
Herr Gram ist im Zeitpunkt der Geburt des Kindes Heike mit der Mutter verheiratet und daher gem. § 1592 Nr. 1 als gesetzlicher Vater anzusehen. Er ist neben der Mutter und dem Kind selbst gem. § 1600 berechtigt, die Vaterschaft anzufechten. Nach § 1600 b I kann Herr Gram dies innerhalb einer Frist von 2 Jahren ab Kenntnis der Umstände, die gegen seine Vaterschaft sprechen, tun. Die Frist beginnt nicht vor der

Geburt des Kindes, § 1600 b II. Die Anfechtung erfolgt durch Klage gegen das Kind vor dem Familiengericht, § 1600 e I. In dem Prozeß wird Heike durch einen bestellten Prozeßpfleger (evtl. das Jugendamt) vertreten, da eine Vertretung des Kindes durch beide Eltern hier nicht statthaft ist, vgl. §§ 1629 II 1, 1795 I Nr. 3. Gelingt es Herrn Gram, die gesetzliche Vermutung des § 1600 c I, nach der das Kind von ihm abstammt, zu widerlegen, und wird nun durch Urteil festgestellt, dass Heike nicht vom Kläger, Herrn Gram, abstammt, ist Heike mit der Rechtskraft des Urteils »vaterloses« Kind geworden, vgl. § 1599 I. Die wahre Abstammung des Kindes väterlicherseits ist somit noch nicht geklärt.

Fall 2.2:
Gemäß § 1599 II hat Herr Froh die Möglichkeit, spätestens bis zum Ablauf eines Jahres nach Rechtskraft des Scheidungsurteils die Vaterschaft für das nach Anhängigkeit des Scheidungsantrags geborene Kind anzuerkennen. Die Anerkennung bedarf Herrn Grams Zustimmung; sie wird frühestens mit der Rechtskraft des dem Scheidungsantrag stattgebenden Urteils wirksam. Auf diese Weise kann sichergestellt werden, dass das Kind bereits unmittelbar nach Auflösung der Ehe durch Scheidung dem »wahren« Vater zugeordnet werden kann, ohne dass ein Anfechtungsprozess geführt werden müsste.

Fall 3:   »Offenbare Unmöglichkeit« der Abstammung vom Ehemann
Zwar gilt das Kind gem. § 1592 Nr. 1 solange als Herberts Kind, bis seine Vaterschaft erfolgreich angefochten ist, § 1599 I BGB, obwohl es den Umständen nach offenbar unmöglich ist, dass dieses Kind von ihm abstammt, vgl. auch oben Fall 2). Die Frist für die Anfechtungsklage durch den Ehemann gem. § 1600 b I beginnt erst dann zu laufen, wenn er die gegen seine Vaterschaft sprechenden Umstände erfährt, d.h. spätestens dann, wenn die signifikanten abweichenden Erbmerkmale des Kindes auch von dem nichtsahnenden Ehemann nicht mehr übersehen werden können. Wenn dem Ehemann also diesbezüglich zuvor nichts mitgeteilt wurde, ist von seiner Kenntnis einige Wochen nach der Geburt des Kindes auszugehen, da das Kind dann jedenfalls auch von einem »verständigen Laien« als gemischtrassig angesehen würde. Auf die frühere Kenntnis des Klinikpersonals, das möglicherweise bei der Beurteilung des Aussehens von Säuglingen sachkundiger ist, kommt es nicht an.

Fall 4.1:   Unterhaltsregress
Gemäß § 1607 III 1 geht der Unterhaltsanspruch des Kindes Birgit gegen einen Elternteil auf Jürgen als Ehemann der Mutter über, da dieser anstelle des Elternteils Unterhalt geleistet hat. Jürgen könnte daher versuchen, von Manuel den für das Kind Birgit gewährten Unterhalt zurückzuverlangen. Voraussetzung für diesen Anspruch ist neben der Gewährung von Unterhalt anstelle des wahren Vaters 1. die erfolgreich durchgeführte Anfechtung der Vaterschaft des Ehemanns, 2. muss Manuel als Vater des Kindes feststehen (durch gerichtliche Feststellung oder förmliche Anerkennung der Vaterschaft durch Manuel). Vor erfolgreicher Anfechtung der Vater-

schaft gibt es keinen Rückgewähranspruch des »Scheinvaters« gegen den »wahren« Erzeuger; damit geht Jürgen hier leer aus.

Fall 4.2:

Gem. § 1607 III 1 kann Inges Ehemann Jürgen als »Scheinvater« den gewährten Unterhalt von Manuel zurückfordern, da seine Vaterschaft erfolgreich angefochten wurde und Manuel die Vaterschaft in Bezug auf Birgit anerkannt hat. Der Übergang des Unterhaltsanspruchs auf Jürgen kann jedoch nicht zum Nachteil des Unterhaltsberechtigten (des Kindes Birgit) geltend gemacht werden; der Anspruch des Kindes auf laufende Unterhaltszahlungen gegen seinen wahren Vater Manuel darf nicht gefährdet werden, § 1607 IV. Jürgen kann nur den in den letzten vier Jahren für Birgit geleisteten Unterhalt verlangen, sofern sich Manuel auf die vierjährige Verjährungsfrist für Unterhaltbeiträge gem. § 197 beruft. Außerdem kann Erfüllung (des Regressanspruchs) nicht, nur in Teilbeträgen oder erst zu einem späteren Zeitpunkt verlangt werden, soweit die volle oder die sofortige Erfüllung für den Verpflichteten (Manuel) eine unbillige Härte bedeuten würde, § 1613 III.

Fall 5.: Vaterschaftsanfechtung durch die Mutter oder das minderjährige Kind

5.a:

Familienrechtlich ist Herr Fuchs als Vater anzusehen, da er zum Zeitpunkt der Geburt des Kindes Sabrina mit dessen Mutter verheiratet war, § 1592 Nr. 1. Auf den Umstand, dass Sabrina während der Trennung der Eheleute von Herrn Hase gezeugt wurde, kommt es für die Beurteilung der Abstammung letztlich nicht an. Solange das Kind familienrechtlich von Herrn Fuchs als Vater abstammt, kommt eine Anerkennung der Vaterschaft durch einen anderen Mann, Herrn Hase, nicht in Betracht, § 1594 II. (Ausnahme: § 1599 II; siehe oben Fall 2.2)

Das Kind führt den Ehenamen seiner Eltern als Familiennamen (Geburtsnamen), das ist der Name Fuchs, § 1616 I. An dieser Situation ändert sich nichts, solange Herr Hase (noch) nicht rechtlich Vater des Kindes ist.

5.b:

An dieser Situation (Abstammung des Kindes vom Ehemann der Mutter) lässt sich etwas ändern, auch wenn der Ehemann, Herr Fuchs, eine Anfechtung der Vaterschaft gem. § 1600 unterlässt bzw. der Vaterschaftsanerkennung durch Herrn Hase während des Scheidungsverfahrens nicht zustimmt, § 1599 II. Immerhin ist auch eine Anfechtung der Vaterschaft durch das Kind selbst oder durch seine Mutter möglich, § 1600. Die Mutter könnte also im eigenen Namen »höchstpersönlich«, § 1600 a II 1, oder als gesetzliche Vertreterin im Namen des minderjährigen Kindes gem. § 1600 a III die Vaterschaft anfechten. Die Anfechtung durch die Mutter als gesetzliche Vertreterin ist nur zulässig, wenn sie dem Wohl des Kindes dient, § 1600 a IV. Auch bei der Anfechtung durch die Mutter oder durch das Kind ist die Anfechtungsfrist von 2 Jahren gem. § 1600 b I zu beachten. Die Frist beginnt in dem Zeitpunkt, in welchem der Berechtigte von den Umständen erfährt, die gegen die

Vaterschaft des früheren Ehemannes Herrn Fuchs sprechen. Gem. § 166 I muss sich das Kind die Kenntnis seines gesetzlichen Vertreters, seiner Mutter, anrechnen lassen.
Die Frist beginnt nicht vor der Geburt des Kindes, § 1600 b II. Die Anfechtung kann somit innerhalb einer bis Februar 2002 laufenden Frist durchgeführt werden. Sie erfolgt durch Klage des Kindes, vertreten durch seine Mutter, oder durch Klage der Mutter im eigenen Namen gegen den früheren Ehemann Herrn Fuchs, § 1600 e I. Zuständig ist das Familiengericht. Sobald auf Grund einer Entscheidung des Familiengerichts feststeht, dass das Kind nicht von Herrn Fuchs abstammt, kann Herr Hase die Vaterschaft anerkennen.
Elterliche Sorge: Gem. § 1626 a I Nr. 2 steht den Eltern, die nach der Geburt des Kindes (Februar 2000) im März 2001 heiraten, die elterliche Sorge ab Eheschließung gemeinsam zu, sofern zuvor ein Vaterschaftsanfechtungsverfahren durchgeführt wurde und eine Anerkennung der Vaterschaft durch Herrn Hase vorliegt. Unter den gleichen Voraussetzungen (Anfechtung der Vaterschaft, Anerkennung der Vaterschaft durch den wahren Vater) hätte bereits vor der Eheschließung durch Abgabe einer gemeinsamen Sorgeerklärung gem. § 1626 a I Nr. 1 eine gemeinsame elterliche Sorge durch beide Eltern begründet werden können.
Name des Kindes: Da eine gemeinsame Sorge der Eltern Herrn und Frau Hase hier nach der Geburt des Kindes begründet wird, kommt ein Namenswechsel in Betracht: Das Kind hat zur Zeit den Namen Fuchs (siehe oben 5.a). Dieser Name des Kindes kann binnen drei Monaten nach der Begründung der gemeinsamen Sorge durch Eheschließung oder gemeinsame Sorgeerklärung der Eltern neu bestimmt werden, § 1617 b I 1. Das Kind kann also ebenfalls den Namen Hase erhalten (siehe auch Kapitel 11: Namensrecht).

Fall 6.a: Vaterschaftsanfechtung durch das volljährige Kind
Ein volljähriges Kind kann die Vaterschaft selbst anfechten, sofern der gesetzliche Vertreter nicht rechtzeitig angefochten hat, § 1600 b III. Eine Anfechtung ist damit ohne besondere Gründe möglich. Nach einer Entscheidung des Bundesverfassungsgerichts aus dem Jahre 1989 war bereits vor der Reform des Kindschaftsrechts in derartigen Fällen unerheblich, dass die Mutter nach wie vor mit dem Scheinvater zusammen lebt, die Ehe der Eltern also noch besteht und offenbar auch nicht zerrüttet ist. Wenn die Anfechtung weder für die Störung des Familienfriedens noch für die Beeinträchtigung der Ehe der Mutter kausal sein kann, wurde schon früher ein Anfechtungsrecht des volljährigen Kindes grundsätzlich bejaht (BVerfG NJW 89, 891).
Die gem. § 1600 b III geltende Anfechtungsfrist von 2 Jahren seit Volljährigkeit und seit der Kenntnis der Umstände, die gegen die Vaterschaft sprechen, ist hier jedoch bereits um ein Jahr überschritten. Daher steht Ute kein Anfechtungsrecht mehr zu. Sollte sie jedoch später noch Kenntnis von Umständen erlangen, auf Grund derer die Folgen der Vaterschaft für sie unzumutbar werden, könnte eine neue Zweijahresfrist für die Anfechtung der Vaterschaft zu laufen beginnen, § 1600 b V!

6.b: Auskunftsanspruch

Ein Recht auf Kenntnis der eigenen Abstammung ist gesetzlich nicht geregelt, spielt aber in verschiedenen Bereichen eine Rolle und ist grundsätzlich aus Art. 2 I i.V. Art. 1 I GG anzuerkennen. Das allgemeine Persönlichkeitsrecht umfasst auch das Recht auf Kenntnis der eigenen Abstammung. Danach könnte Ute grundsätzlich einen Auskunftsanspruch gegen ihre Mutter im Klagewege verfolgen (BVerfG NJW 89, S. 891), wenn auch ein der Klage stattgebendes Urteil nicht vollstreckt werden könnte. Allerdings wurde bisher lediglich dem nichtehelichen Kind ein Auskunftsanspruch über die Person des wahren Vaters zugebilligt (vgl. auch Palandt Rn. 3 vor § 1591 unter Hinweis auf BVerfG NJW 97, S. 1769; kritisch dazu Niemeyer, FuR 98, 48). Nach der letztgenannten Entscheidung des Bundesverfassungsgerichts steht den Gerichten bei der Abwägung zwischen den widerstreitenden Grundrechten von Mutter und Tochter im Rahmen zivilrechtlicher Generalklauseln – hier gem. § 1618 a – ein weiter Spielraum zur Verfügung. Damit kommt es bei der Entscheidung auf die Gestaltung des Einzelfalls an.

Vor der Geltendmachung des Auskunftsanspruchs müsste das Kind somit die Vaterschaft des mit der Mutter verheirateten Mannes erfolgreich angefochten haben. Dieser Weg ist hier allerdings wegen Ablaufs der Anfechtungsfrist nicht mehr gangbar (oben 6.a).

11. Namensrecht

Einführung

Durch Beschluss des Bundesverfassungsgerichts vom 5. 3. 1991 wurde § 1355 I 2 für verfassungswidrig erklärt. Dies machte eine Neufassung des Namensrechts erforderlich, welche durch das Gesetz zur Neuordnung des Familiennamensrechts vom 16. 12. 93, in Kraft seit dem 1. 4. 1994, erfolgte. Der Wegfall der Unterscheidung zwischen ehelichem und nichtehelichem Kind nach dem KindRG führt zur einheitlichen Regelung des Namensrechts für alle Kinder (§§ 1616 – 1617c), in Kraft seit dem 1.7.1998.

Es sind drei Namen zu unterscheiden:

Der Geburtsname; man bekommt ihn bei der Geburt von seinen Eltern (§ 1616,I). Führen die Eltern keinen Ehenamen(nicht verheiratet oder als verheiratete davon abgesehen, einen gemeinsamen Ehenamen zu bestimmen), bestimmt sich der Name des Kindes bei gemeinsamer Sorge der Eltern nach § 1617 bzw. im Fall des alleinigen Sorgerechts eines Elternteils nach § 1617a. Er kann sich später ändern, so bei der Einbenennung (§ 1618) oder bei der Adoption (§ 1757 I 1);

der Familienname; er entsteht als Ehename in der Regel bei der Eheschließung durch Erklärung der zukünftigen Eheleute gegenüber dem Standesbeamten; er wird zum Familiennamen erst durch das Hinzukommen von Kindern;

der Begleitname; verzichtet ein Ehegatte bei der Namenswahl zugunsten des Namens seines Partners so kann er dem gewählten Familiennamen seinen Geburts- oder bisher geführten Namen voranstellen oder anfügen, sofern es sich bei diesem Geburtsnamen nicht um einen Doppelnamen handelt. In diesem Fall kann nur einer dieser Namen Begleitname werden.

Die acht **Fälle** behandeln folgende **Problemkreise**:

- Wahl des Ehenamens bei der Eheschließung (Fall 1);
- Können Ehegatten diese Wahl des gemeinsamen Ehenamens später nachholen? (Fall 2)
- Wiederannahme eines früher geführten Namens nach Scheidung der Ehe? (Fall 3);
- Probleme mit Doppelnamen (Fall 4);
- Kein Ehename, – welchen Namen bekommen die Kinder? (Fall 5);
- Änderung des Kindesnamens bei Sorgerechtsänderung und bei Wegfall der Vaterschaft (Fall 6);
- Änderung des Geburtsnamens des Kindes bei späterer Bestimmung eines Familiennamens durch die Eltern? (Fall 7);
- Namensänderung von Kindern aus geschiedenen Ehen im Falle der Wiederverheiratung des sorgeberechtigten Elternteils? (Fall 8).

Fälle

Fall 1: Wahl des Ehenamens
Ute Berger und Hans Vogel bestellen das Aufgebot beim Standesbeamten. Dieser fragt sie, welchen Namen sie nach der Eheschließung führen wollen. Beide erklären, sie möchten als Ehenamen »von Münchhausen« führen. Geht das?

Fall 2: Nachholung der Wahl
Else Winter und Uwe Stroh haben sich bei der Eheschließung nicht auf einen gemeinsamen Namen einigen können. Drei Jahre später erwarten sie ihr erstes Kind. Nun möchten sie im Interesse des Kindes einen gemeinsamen Familiennamen führen. Sie einigen sich auf den Geburtsnamen Elses. Geht das jetzt noch?

Fall 3: Wiederannahme des früheren Namens
Hanna und Ulli Bosse werden geschieden. Hanna war schon einmal verheiratet mit Manfred Müller; auch diese Ehe wurde geschieden. Hanna möchte auf keinen Fall weiter den gemeinsam bestimmten Ehenamen »Bosse« führen. Sie möchte am liebsten wieder ihren Geburtsnamen »Hansen« annehmen. Ist das möglich?

Fall 4: Doppelnamen
Ida und Klaus bestimmen als Ehenamen den Geburtsnamen Idas: »Schmidt-Holzner«. Klaus möchte diesem Ehenamen seinen Geburtsnamen:«Voss« hinzufügen. Darf er das?

Fall 5: Name der Kinder
Holger und Birgit haben bei der Eheschließung keinen gemeinsamen Ehenamen bestimmt. Bei der Geburt des ersten Kindes bestimmen sie als Geburtsnamen des Kindes den Geburtsnamen Holgers: »Reich«. Bei der Geburt des 2. Kindes besteht Birgit darauf, dass dieses Kind ihren Geburtsnamen: »Berger« erhält, was Holger ablehnt. Wie ist dieser Streit zu lösen?

Fall 6: Änderung des Kindesnamens bei Sorgerechtsänderung und bei Wegfall der Vaterschaft
Isa Wolf ist nicht verheiratete Mutter des Olaf, 2. Vater dieses Kindes ist Otto. Er hat erst jetzt die Vaterschaft anerkannt.
a) Welchen Geburtsnamen trägt Olaf?
Isa und Otto ziehen zusammen. Da Otto sich nun auch für das gemeinsame Kind verantwortlich fühlt, möchte er auch sorgeberechtigt sein.
b) Wie kann Otto gemeinsam mit Else das Sorgerecht für Olaf erhalten – hat das ggf. Auswirkungen auf den Geburtsnamen Olafs?
Nach zwei Jahren erfährt Otto, dass nicht er, sondern ein anderer Mann Erzeuger des Olaf ist. Auf seine Vaterschaftsanfechtungsklage wird rechtskräftig festgestellt, dass er nicht Vater des Olaf ist.

c)   Hat dies ggf. Auswirkungen auf den Geburtsnamen des Olaf?

Fall 7:   Name der Kinder; spätere Bestimmung des Ehenamens
Kai und Lena haben bei der Eheschließung keinen gemeinsamen Ehenamen bestimmt. Vier Jahre nach der Hochzeit wollen sie dies nachholen. Gemeinsamer Name soll Kais Geburtsname: »Scholz« werden. Erhalten ihre beiden Kinder Jens, 3 und Eva, 2, die als Geburtsnamen den Geburtsnamen Lenas: »Fröhlich« tragen, den Nachnamen: »Scholz«?

Fall 8:   Namensänderung von Kindern aus geschiedenen Ehen im Falle der Wiederverheiratung des sorgeberechtigten Elternteils
Else ist geschieden von Karl. Als Ehenamen führten sie den Geburtsnamen des Karl: »Bolle«. Die beiden aus dieser Ehe stammenden Kinder Julia,12 und Tom,10 leben bei der sorgeberechtigten Else und deren Lebensgefährten Till Hoffmann. Aus dieser Verbindung stammt Susanne, 1. Else und Till wollen heiraten; Familienname soll »Hoffmann« werden. Julia und Tom, die zu ihrem Vater Karl keinen Kontakt mehr haben, sollen auch den neuen Familiennamen tragen. Ist das möglich?

Lösungshinweise

Fall 1:   Wahl des Ehenamens
Nach § 1355 »sollen« die Ehegatten bei der Eheschließung einen gemeinsamen Namen durch Erklärung gegenüber dem Standesbeamten bestimmen. Sie »müssen« es also nicht. Geschieht das nicht, führen sie auch nach der Eheschließung ihren zur Zeit der Eheschließung jeweils geführten Namen weiter (§ 1355 I 1), also nicht immer ihren jeweiligen Geburtsnamen, sondern z.B. einen früheren Familiennamen, etwa aus geschiedener oder verwitweter Ehe. Wählen sie einen (gemeinsamen) Ehenamen, können sie dazu nur den Geburtsnamen des Mannes oder den Geburtsnamen der Frau bestimmen. Geburtsname ist der Name, der in der Geburtsurkunde eines Ehegatten zum Zeitpunkt der Erklärung gegenüber dem Standesbeamten einzutragen ist, § 1355 VI. Dieses ist der angestammte voreheliche Name des Mannes bzw. der Frau, nicht aber der Ehename aus einer geschiedenen oder verwitweten Ehe. Unzulässig ist die Wahl eines völlig neuen Namens zum Familiennamen. Ute und Hans können sich nicht den gemeinsamen Namen »von Münchhausen« zulegen.

Fall 2:   Nachholung der Wahl
Die Bestimmung des Ehenamens erfolgt bei der Eheschließung (§ 1355 III 1). Da die Ehegatten von diesem Bestimmungsrecht bei der Heirat keinen Gebrauch machen müssen, – sie führen dann ihren alten Namen jeweils weiter, siehe Fall 1, – muss ihnen die Möglichkeit bleiben, dies später nachzuholen. Diese Möglichkeit bleibt ihnen auch nach der Eheschließung (§ 1355 III 2). Sie haben dann wieder die Wahl zwischen dem Geburtsnamen des Mannes oder dem der Frau. Else und Uwe können nun den Geburtsnamen Elses »Winter« zum Ehenamen bestimmen.

Fall 3: Wiederannahme des früheren Namens

Der geschiedene oder verwitwete Ehegatte behält grundsätzlich den Ehenamen. Hanna muss aber nach der Scheidung von Ulli nicht weiter den Namen »Bosse« führen. Sie kann durch Erklärung gegenüber dem Standesbeamten a) ihren Geburtsnamen oder b) den Namen wieder annehmen, den sie bis zur Bestimmung des Ehenamens geführt hat oder c) ihren Geburtsnamen dem Ehenamen voranstellen oder anfügen (§ 1355 V). Hanna hat also folgende Möglichkeiten der künftigen Namensführung:

1. Wie bisher: Hanna Bosse;
2. Wie in erster Ehe: Hanna Müller;
3. Wie sie es wünscht, und wie sie vor der ersten Ehe hieß: Hanna Hansen;
4. Hanna Hansen-Bosse oder Bosse-Hansen.

Fall 4: Doppelnamen

Bestimmen die Ehegatten bei der Eheschließung oder später einen Ehenamen, bleibt dem Ehegatten, dessen Geburtsname nicht Ehename wird, die Möglichkeit, seinen Geburtsnamen oder den seit der Bestimmung geführten Namen dem nun bestimmten Ehenamen voranzustellen oder hinzuzufügen (§ 1355 IV). Das gilt jedoch nicht, wenn schon der Ehename aus mehreren Namen besteht. Klaus kann sich also zukünftig nicht »Voss-Schmidt-Holzner« oder »Schmidt-Holzner-Voss« nennen. Würden Ida und Klaus dessen Geburtsnamen »Voss« zum Ehenamen bestimmen, könnte Ida auch nicht ihren vollen Geburtsnamen voranstellen oder hinzufügen. Sie müsste sich entscheiden: Nur einer ihrer aus zwei Namen bestehenden Geburtsnamen kann dem Ehenamen hinzugefügt werden (§ 1355 IV 3). Sinn dieser Bestimmung ist, die Anzahl der möglichen Nachnamen zu beschränken.

Fall 5: Name der Kinder

Grundsätzlich erhält das Kind verheirateter Eltern den Ehenamen seiner Eltern (§ 1616), bei Kindern nicht verheirateter Eltern siehe Fall 6. Holger und Birgit führen aber keinen Ehenamen. Nach § 1617 I bestimmen in diesem Fall die Eltern durch eine Erklärung gegenüber dem Standesbeamten den Geburtsnamen des Kindes; hierfür kommen der Name des Vaters oder der der Mutter in Betracht, den diese jeweils zum Zeitpunkt dieser Erklärung führen. Holger und Birgit haben sich bei der Geburt des ersten Kindes auf den Geburtsnamen des Vaters als Geburtsnamen des Kindes geeinigt. Sie können nun bei ihrem zweiten Kind nicht erneut wählen, denn ihre bei der Geburt des ersten Kindes getroffene Wahl gilt auch für die weiteren Kinder (§ 1617 I, 3). Birgit wird es hinnehmen müssen, dass das zweite Kind auch den Geburtsnamen »Reich« erhält. Können sich die Eltern bei der Geburt des ersten Kindes nicht innerhalb eines Monats auf einen Geburtsnamen einigen, wird das Familiengericht eingeschaltet. Dieses überträgt das Bestimmungsrecht für die Namenswahl einem Elternteil (§ 1617 II). Diese Neuregelung entspricht der Einwirkungsmöglichkeit des Familiengerichts nach § 1628 bei Konflikten der Eltern bei der Ausübung des elterlichen Sorgerechts. Wie hier wird auch nach § 1617 II dem

Familiengericht nicht die Befugnis zu einer eigenen Sachentscheidung eingeräumt; es überträgt die Entscheidung lediglich einem Elternteil. Das Familiengericht kann dem Elternteil, dem dieses Recht allein übertragen ist, eine Frist für die Ausübung des (Namens)-Bestimmungsrechts setzen. Nach fruchtlosem Ablauf dieser Frist erhält das Kind den Namen des Elternteils, dem das Bestimmungsrecht übertragen ist (§ 1617 II, 3). Diese Entscheidung des Familiengerichts ist nach § 46 a Satz 2 FGG unanfechtbar.

Fall 6: Änderung des Kindesnamens bei Sorgerechtsänderung und bei Wegfall der Vaterschaft?

a) Solange die ledige Isa allein sorgeberechtigt ist (§ 1626a II), behält Olaf den Namen, den seine Mutter z.Zt. seiner Geburt führte, also: Wolf.

b) Isa kann mit Otto durch gemeinsame Erklärung (Sorgeerklärung) auch jetzt noch erklären, dass sie die Sorge für Olaf gemeinsam übernehmen wollen (1626 a I, Form: 1626 d). Unabhängig hiervon könnte Isa als alleinsorgeberechtigter Elternteil durch Erklärung gegenüber dem Standesbeamten Olaf den Namen des Karl erteilen (1617 a II). Notwendig hierfür ist die Einwilligung Karls. Da Olaf noch nicht das fünfte Lebensjahr vollendet hat, bedarf es keiner Einwilligung des Kindes.
Haben Isa und Karl die gemeinsame Sorgeerklärung abgegeben, können sie nun innerhalb von drei Monaten den Namen des Kindes neu bestimmen (1617 b I), Olaf könnte also nun als Geburtsnamen den Namen seines Vaters, Berg, erhalten. Auch hier ist eine Zustimmung Olafs nicht erforderlich, da er das fünfte Lebensjahr noch nicht vollendet hat.

c) Vorausgesetzt, Olaf hat als Geburtsnamen den Namen des Karl erhalten, kann nun nach rechtskräftiger Feststellung, dass Karl nicht der Vater des Olaf ist, sowohl Olaf selbst, als auch Karl (dieser nur, solange Olaf nicht das fünfte Lebensjahr vollendet hat) beantragen, dass Olaf den Namen, den seine Mutter Isa zum Zeitpunkt seiner Geburt geführt hat, als Geburtsnamen (wieder) erhält (1617 b II).

Fall 7: Name der Kinder; spätere Bestimmung des Ehenamens
Kai und Lena können nach § 1355 III 2 auch nach der Eheschließung Kais Geburtsnamen zum Ehenamen nach § 1355 II bestimmen. Da Jan und Eva durch Erklärung ihrer Eltern nach §1617 I bisher »Fröhlich« als Geburtsnamen tragen, beide aber noch nicht das 5. Lebensjahr vollendet haben, nehmen beide ohne weiteres an der Namensänderung teil; ihre Geburtsnamen sind mit der Bestimmung des Ehenamens durch ihre Eltern nun »Scholz« (§ 1617c I). Bei Kindern, die das 5. Lebensjahr (Schulalter) oder das 14. Lebensjahr (Entscheidungsreife) vollendet haben, gilt dies nicht. Kinder ab Vollendung des 5. Lebensjahres müssen sich der Namensänderung ausdrücklich anschließen. Diese Erklärung ist vom gesetzlichen Vertreter des Kindes gegenüber dem Standesbeamten abzugeben. Kinder ab Vollendung des 14. Lebensjahres können diese Erklärung – mit Zustimmung des gesetzlichen Vertreters – nur selbst abgeben. Wird die Zustimmung zur Namensänderung oder deren Genehmigung verweigert, so behält das Kind seinen bisherigen Geburtsnamen.

Fall 8: Namensänderung durch Einbenennung

Der Geburtsname des Kindes kann sich nicht nur bei der nachträglichen Bestimmung des Ehenamens (s. Fall 7), sondern auch in anderen Fällen der Änderung des Ehenamens, sofern dieser Geburtsname des Kindes geworden ist, ändern; ferner durch Änderung des Familiennamens in den Fällen der §§ 1617,1617 a und 1617 b, wenn dieser Familienname eines Elternteils Geburtsname des Kindes geworden ist.

Dies gilt jedoch nicht, wenn der allein sorgeberechtigte Elternteil (erneut) heiratet und durch Bestimmung eines Ehenamens (§ 1355 I) einen neuen Ehenamen erhält (§ 1617 c II,2 letzter Halbsatz). An dieser Namensänderung nimmt das Kind des sorgeberechtigten Elternteils nicht teil.

Elses Kinder Julia und Tom werden durch die Heirat ihrer Mutter allein nicht den neuen Ehenamen ihrer Mutter als Geburtsnamen erhalten. Allerdings kann dies durch Einbenennung (§1618) geschehen. Voraussetzung hierfür ist: alleiniges Sorgerecht des Elternteils der (noch unverheirateten) Kinder und die gemeinsame Erklärung mit dem neuen Ehegatten, der nicht leiblicher Elternteil der Kinder ist, gegenüber dem Standesbeamten. Hat das Kind das fünfte Lebensjahr vollendet, muss es in diese Einbenennung einwilligen (§1618 S.1, 3). Diese Namenserteilung bedarf, wenn das Kind (bisher) den Namen des anderen (nicht sorgeberechtigten) Elternteils führt, der Einwilligung dieses Elternteils. Wird diese Einwilligung verweigert, kann sie durch das Familiengericht ersetzt werden, wenn diese Namenserteilung zum Wohl des Kindes erforderlich ist (§ 1618 S.4). Sofern Julia und Tom der Einbenennung zustimmen (durch Erklärung der alleinsorgeberechtigten Else als gesetzlicher Vertreterin) und auch ihr (leiblicher) Vater Karl einwilligt, steht der Einbenennung nichts im Weg. Verweigert Karl diese Einwilligung, hat das Familiengericht über die Ersetzung zu entscheiden. Da Julia und Tom zu ihrem Vater keinen Kontakt mehr haben, bestehen gute Aussichten, dass das Gericht diese fehlende Einwilligung Karls ersetzt, zumal mit dem Namenswechsel auch die Stärkung der Zusammengehörigkeit zur neuen Familie bewirkt wird.

12. Verwandtenunterhalt

Einführung

Das BGB regelt in den §§ 1601 ff. die Unterhaltspflicht unter Verwandten. Die Fälle in diesem Kapitel beschränken sich auf die Behandlung der Unterhaltsansprüche minderjähriger und volljähriger Kinder.

Voraussetzung für eine Unterhaltspflicht gegenüber Kindern ist Verwandtschaft in gerader Linie (§ 1601). In gerader Linie verwandt sind Kinder, Eltern, Großeltern (§ 1589: »Personen, deren eine von der anderen abstammt«). Kinder haben also nicht nur Unterhaltsansprüche gegen ihre Eltern, sondern auch gegen entferntere Verwandte wie Großeltern. Keine Unterhaltspflicht besteht danach unter Geschwistern oder Verschwägerten. Unter Kindern versteht das BGB Abkömmlinge jeden Alters. Allerdings ist der Unterhaltsanspruch der minderjährigen unverheirateten Kinder und der ihnen unterhaltsrechtlich gleichgestellten volljährigen Schüler an vielen Stellen privilegiert, d.h. besonders günstig für die Kinder, im BGB geregelt, vgl. zum Beispiel § 1603 II. Ferner ist Bedürftigkeit auf Seiten des Unterhaltsberechtigten (§ 1602) und Leistungsfähigkeit auf Seiten des Unterhaltsverpflichteten (§ 1603) Voraussetzung für den Unterhaltsanspruch.

Durch das Kindesunterhaltsgesetz vom 6.4.98 (BGBl. I S. 666) wurden die Bestimmungen des BGB, die sich mit dem Kindesunterhalt beschäftigen, geändert. Minderjährige unverheiratete Kinder sowie die ihnen gleichgestellten volljährigen Schüler bis zum 21. Lebensjahr, die nicht im Haushalt des unterhaltspflichtigen Elternteils leben, erhalten Regelbetragsunterhalt (siehe § 1612 a und Regelbetrag-Verordnung) oder einen den persönlichen Verhältnissen angepassten Individualunterhalt. Gem. §§ 645 ff. ZPO kann der Regelbetragsunterhalt in einem vereinfachten Verfahren festgesetzt werden. Dieses Verfahren bietet dem Kind einen Vollstreckungstitel bis zu 150 % des Regelbetrags ohne nähere Begründung. (Näheres zum vereinfachten Verfahren u.a. Schulz, FuR 98, S. 385). Das *Kindergeld*, das der barunterhaltspflichtige Elternteil nicht erhält, ist gewöhnlich zur Hälfte anzurechnen, § 1612 b Abs. 1. Nach der ersten Reform des Unterhaltsrechts durch das Kindesunterhaltsgesetz zum 1.7.98 war aber bei minderjährigen Kindern der Regelbetrag, »der bei einfacher Lebenshaltung im Regelfall erforderliche Betrag« der Regelverordnung zu wahren; 100 % des Regelbetrages waren der Maßstab; die Kindergeldanrechnung erfolgte somit nicht, wenn der Unterhaltspflichtige nicht diesen Regelunterhalt zahlte. Eine weitere Änderung des § 1612 b V erfolgte durch das Gesetz zur Ächtung der Gewalt in der Erziehung und zur Änderung des Kindesunterhaltsrechts vom 2.11.2000 (BGBl. I S. 1479). Das bedeutet: Für die Zeit ab 1.1.2001 erfolgt die in der Regel hälftige Teilung des Kindergeldes erst, wenn der Regelunterhalt zu 135 % gesichert ist. Der Rechtsgedanke des Absatz 5, der sich seinem Wortlaut nach nur auf minderjährige Kinder bezieht, kann in bestimmten Mangelfällen auch auf volljährige Kinder (volljährige Schüler) angewendet werden (dazu Palandt § 1612 b Rn. 10).

Gesetzliches Zahlungsmittel ist ab 1.1.2002 statt der DM der Euro. Alttitel brauchen aber nicht erneuert zu werden, sondern sind autormatisch in Euro umzurechnen.

12.1 Unterhaltsansprüche minderjähriger Kinder

Bei der Ausgestaltung der Fälle wurden auch öffentlich-rechtliche Unterstützungsleistungen für Kinder und deren Auswirkungen auf den bürgerlich-rechtlichen Unterhaltsanspruch wenigstens teilweise berücksichtigt.

Im einzelnen wurden in den **Fällen** folgende **Problemkreise** angesprochen:
* Unterhaltsverzicht, Freistellungsvereinbarungen, Festsetzung des Unterhalts im vereinfachten Verfahren, Kindergeldanrechnung (Fall 1);
* Rangverhältnis verschiedener Unterhaltsansprüche untereinander (Fall 2);
* Minderung der Leistungsfähigkeit des Unterhaltsschuldners, Abänderung von im vereinfachten Verfahren festgesetzten Unterhaltiteln (Fall 2);
* Beratung und Unterstützung des alleinerziehenden Elternteils nach SGB VIII (KJHG), Unterhaltsbeistandschaft (Fall 3);
* Unregelmäßige Unterhaltszahlungen, einstweilige Anordnung gegen Unterhaltsschuldner, angemessener und notwendiger Selbstbehalt, sonstige Verpflichtungen des Unterhaltsschuldners, Zwangsvollstreckung, strafrechtliche Verletzung der Unterhaltpflicht (Fall 4);
* Heranziehung anderer unterhaltspflichtiger Verwandter (Großeltern) nach BGB und bei Heimunterbringung durch Jugendhilfeträger (Fall 5);
* Anspruch des Kindes nach dem Unterhaltsvorschussgesetz (UVG) (Fall 6);

Fälle

Fall 1.1: Unterhaltsverzicht; Freistellungsvereinbarung
Die Hausfrau Paula und der Schlosser Karl leben getrennt (§ 1567). Sie wollen sich scheiden lassen. Es gibt dauernd Zank um die Frage des Sorgerechts für die beiden gemeinsamen Kinder Peter, 5 Jahre alt, und Heike, 6 Jahre alt. Um gem. § 1671 I Nr. 2 das alleinige Sorgerecht zu erhalten, unterschreibt Paula unter Druck eine Erklärung, in der sie sich damit einverstanden erklärt, im Falle einer Scheidung auf Unterhalt für die Kinder zu verzichten. Ist der Unterhaltsverzicht wirksam?

Fall 1.2: Vereinfachtes Verfahren zur Festsetzung des Unterhalts; Kindergeldanrechnung

Fallgestaltung wie oben unter 1.1 mit folgender Abweichung: Ein »Unterhaltsverzicht« wird nicht vereinbart; vielmehr sollen die Kinder während des Getrenntlebens Unterhalt nach der Regelbetrag-Verordnung im vereinfachten Verfahren erhalten. Welche Vorteile bietet dieses Verfahren und ist eine spätere Anpassung der Beträge an veränderte Umstände möglich?

Fall 2: Rangverhältnis der Unterhaltsansprüche; Leistungsfähigkeit

Der Lokführer Kurt hat eine geschiedene Ehefrau Alma und ein Kind aus erster Ehe zu unterhalten. Durch Prozessvergleich hat er sich verpflichtet, 500 DM Unterhalt für die vierjährige Tochter Katrin sowie 300 DM Unterhalt für Alma monatlich zu zahlen. Nun erwartet seine Freundin Wilma ein Kind von ihm.
1. Wird die Geburt des Kindes an seiner Unterhaltsverpflichtung etwas ändern?
2. Wie wirkt sich eine Heirat mit Wilma und der spätere Verlust seines Arbeitsplatzes aus?

Fall 3: Kindesunterhalt bei alleinigem Sorgerecht; Beratung durch das Jugendamt

Die in Potsdam lebende erwerbslose, mit dem Vater ihres Kindes nicht verheiratete Anita wendet sich an das dortige Jugendamt mit der Bitte, ihr bei der Durchsetzung von Unterhaltsansprüchen des Kindes gegen den in Koblenz lebenden Kindesvater behilflich zu sein.

Fall 4: Einstweilige Anordnung

Udo hat Unterhaltsverpflichtungen gegenüber seiner von ihm getrennt lebenden Ehefrau und seinen 2 minderjährigen Kindern. Die auf Grund einer privatrechtlichen Vereinbarung zu leistenden Unterhaltszahlungen gehen nur unregelmäßig ein. Nun kauft Udo sich einen teuren Sportwagen, kann aber die fälligen Kreditraten nicht fristgerecht aufbringen, zumal er auch die sonst üblicherweise von ihm geleisteten Überstunden in seinem Betrieb nicht leistet, sondern verstärkt dem Alkohol zuspricht. Was kann die Ehefrau unternehmen, um regelmäßige Unterhaltszahlungen für sich und die Kinder rasch zu sichern? Würde sich eine Zwangsvollstreckung wegen der Kreditschuld auf die gesetzlichen Unterhaltsansprüche auswirken?

Fall 5.1: Andere unterhaltspflichtige Verwandte

Die Eltern des 16-jährigen Henning sind plötzlich arbeitslos geworden; sie können ohne Gefährdung ihres eigenen angemessenen Unterhalts nicht für Henning aufkommen. Die Großmutter des Jugendlichen betreibt einen Kiosk und hat ein Einkommen von 3000 DM monatlich. Karl besucht eine auswärtige Internatsschule. Hat die Großmutter nunmehr für die Kosten seiner Unterbringung aufzukommen, nachdem Karls Eltern die Internatskosten nicht mehr bezahlen können?

5.2: Hilfe zur Erziehung; Heranziehung durch Jugendhilfeträger

Der 12-jährige Sven wurde vom Jugendamt gem. §§ 27, 34 SGB VIII in einem Heim (Heimerziehung als Hilfe zur Erziehung) untergebracht. Kann das Jugendamt die leistungsfähige Großmutter zur Erstattung eines Teils der Heimkosten heranziehen?

Fall 6: Unterhaltsvorschuss

Die ledige Friederike aus Magdeburg hat ein dreijähriges Kind Elke. Der Vater des Kindes, Klaus, ist unbekannten Aufenthalts. Die Vaterschaft ist noch nicht anerkannt worden. Als gesetzliche Vertreterin ihres Kindes möchte Friederike Ansprüche nach dem Unterhaltsvorschussgesetz (UVG) geltend machen.

Lösungshinweise

Fall 1.1: Unterhaltsverzicht; Freistellungsvereinbarung

Gemäß § 1614 I kann für die Zukunft nicht auf den Unterhalt der minderjährigen Kinder verzichtet werden. Paulas Erklärung wäre daher gem. § 134 unwirksam, da sie gegen ein zwingendes gesetzliches Verbot gehandelt hat.

Eine andere Beurteilung wäre dann geboten, wenn die Eltern Paula und Karl eine *Freistellungsvereinbarung* getroffen hätten (Palandt, Rn. 21 zu § 1606). Durch eine solche Vereinbarung kann sich ein Elternteil zum Beispiel im Scheidungsvergleich verpflichten, den anderen Elternteil von Unterhaltsansprüchen des Kindes freizuhalten. In unserem Fall wäre Karl der Begünstigte bei einer Freistellungsvereinbarung; er brauchte nicht mehr für den Kindesunterhalt aufzukommen.

Zwar dürfen solche Abreden auch mit Sorgerechtsvorschlägen der Eltern verbunden werden, allerdings ist der Frage der Sittenwidrigkeit (§ 138) besondere Aufmerksamkeit zu schenken. Eine wegen Sittenwidrigkeit unwirksame Abrede läge zum Beispiel dann vor, wenn als Gegenleistung für die Freistellung von Unterhaltsansprüchen des Kindes auf das Umgangsrecht verzichtet werden soll oder die Zustimmung des anderen Elternteils zur Sorgerechtsübertragung erkauft werden soll. Letzteres ist hier der Fall; Paula soll unter Druck dazu veranlasst werden, Karl von Unterhaltsanprüchen der Kinder freizustellen, um seine Zustimmung zur angestrebten Sorgerechtsregelung gem. § 1671 I Nr. 2 zu erhalten. Damit wäre auch eine Freistellungsvereinbarung wegen Verstoßes gegen die guten Sitten nichtig. Den Kindern steht trotz der getroffenen Unterhaltsvereinbarung Anspruch auf Unterhalt gegen Karl zu.

Fall 1.2: Vereinfachtes Verfahren zur Festsetzung des Unterhalts; Kindergeldanrechnung

Durch das Kindesunterhaltsgesetz wurde mit Wirkung vom 1.7.98 ein vereinfachtes Verfahren zur Festsetzung des Unterhalts minderjähriger unverheirateter Kinder (oder ihnen gleichgestellter volljähriger Schüler, § 1603 II 2) eingeführt. Die nicht mit dem Vater in einem Haushalt zusammenlebenden Kinder können also einen monatlichen Unterhalt bis max. 150 % des Regelbetrags nach § 1 der Regelbetrag-VO verlangen. Die Regelbeträge für beide Kinder sind unterschiedlich, da der 5-jährige Peter der ersten Altersstufe angehört, die 6-jährige Heike der zweiten, vgl. § 1612 a III. Die Regelbeträge werden im Abstand von 2 Jahren dynamisch durch Rechtsverordnung angepasst, § 1612 a IV; die letzte Änderung erfolgte ab 1.7.99. Bei der Anrechnung von Kindergeld gilt bei der Auszahlung an vorrangig Berechtigte (hier die Mutter bei der vorliegenden Konstellation, dass diese als nicht erwerbstätige Hausfrau den Unterhalt nicht bar leistet, sondern ihrer Unterhaltspflicht durch die Versorgung der Kindes nachkommt, § 1606 III 2) der »Halbteilungsgrundsatz«; d.h. das auf das jeweilige Kind entfallende Kindergeld ist gem. § 1612 b I *zur Hälfte* auf den Unterhalt anzurechnen. Für das erste und zweite Kind beträgt das Kindergeld gem. § 66 I EinkommenStG 154 Euro monatlich ab 1.1.02. Demnach sind also für beide Kinder je 77 Euro abzusetzen. Bei sogenannten »Mangelfällen«, die allerdings in der überwiegenden Zahl der Fälle vorliegen dürften, erfolgt die Anrechnung erst, wenn der Regelunterhalt zu 135 % gesichert ist, § 1612 b V. Das bedeutet, dass der gering verdiendende Unterhaltsschuldner in vielen Fällen nicht (mehr) vom Halbteilungsgrundsatz profitiert, sondern den vollen Regelbetrag ohne Kindergeldanrechnung zahlen muss.

Abänderungsverfahren: Nach Festsetzung des Unterhalts im vereinfachten Verfahren wie oben dargelegt können Änderungen wie folgt durchgesetzt werden: Durch Abänderungsklage kann Erhöhung oder Herabsetzung des Unterhalts gem. § 654 ZPO verlangt werden. Eine Veränderung bei der Anrechnung des Kindergeldes (z.B. dadurch, dass ein weiteres Kind hinzutritt oder ein Kind nunmehr bei Dritten aufwächst) kann auf Antrag gem. § 655 ZPO zu einer Abänderung des geschuldeten Regelbetragsunterhalts im vereinfachten Verfahren gem. führen oder später im Wege der Abänderungsklage gem. § 656 ZPO weiter verfolgt werden. Auf Einzelheiten kann an dieser Stelle nicht eingegangen werden.

Fall 2: Rangverhältnis der Unterhaltsansprüche; Leistungsfähigkeit

1. Da die geschiedene Ehefrau und minderjährige Kinder gem. § 1609 II im Range gleichstehen, kann die Geburt eines weiteren Kindes tatsächlich zu Veränderungen führen, da das für Unterhaltszahlungen zur Verfügung stehende Einkommen dann unter drei und nicht mehr wie bisher unter zwei Personen aufzuteilen wäre. Schon vor der Geburt des Kindes könnte Wilma durch einstweilige Verfügung gegen Kurt die Sicherstellung des Kindesunterhalts für die ersten drei Monate erreichen, § 1615 o.
Bei der Berechnung ist grundsätzlich zu beachten, dass dem Unterhaltsschuldner ein sogenannter »Selbstbehalt« zur Verfügung stehen muss, im Verhältnis zu minderjährigen Kindern der »notwendige« Selbstbehalt (§ 1603 II), im Verhältnis zum Ehegatten der »angemessene« Selbstbehalt (§ 1603 I; etwas mehr als der notwendige Selbstbehalt. Vgl. Palandt Rn. 32, 33 zu § 1603).
2. Bei einer Heirat des Kurt mit Wilma träte diese als weitere Unterhaltsberechtigte hinzu (wenn man den befristeten und gegenüber der geschiedenen Ehefrau und

sämtlichen minderjährigen Kindern nachrangigen Unterhaltsanspruch der Mutter aus Anlass der Geburt gem. § 1615 l einmal außer Betracht läßt). Gem. § 1582 ginge ihr aber die geschiedene Ehefrau Alma im Range vor, das heißt, Wilma ginge evtl. leer aus, und zwar auch dann, wenn sie wie die geschiedene Ehefrau für ein minderjähriges Kind zu sorgen hätte.

Der Verlust des Arbeitsplatzes führt wahrscheinlich dazu, dass Kurt wenn überhaupt, dann nur noch in wesentlich geringerem Umfang seinen gesetzlichen Unterhaltsverpflichtungen nachkommen kann. Seine Leistungsfähigkeit ist zumindest beeinträchtigt, wenn nicht gar aufgehoben. Sofern die Zwangsvollstreckung aus dem Prozeßvergleich droht, wäre dem Kurt zu empfehlen, wegen wesentlicher Änderung der Verhältnisse gem. § 323 der Zivilprozeßordnung (ZPO) Abänderungsklage zu erheben mit dem Ziel, eine Änderung des Schuldtitels zu erreichen.

Anders als die Abänderungsklage gem. § 654 ZPO dient die Abänderungsklage gem. § 323 ZPO dazu, *wesentliche* individuelle Veränderungen wie Einkommensminderungen durch den Verlust des Arbeitsplatzes, aber auch erhebliche Einkommenssteigerungen auf Seiten des Unterhaltsgläubigers wie des -schuldners zu berücksichtigen. Voraussetzung ist das Vorliegen eines Unterhaltsurteils oder eines Prozessvergleichs. Eine Abänderung des Kindesunterhalts im vereinfachten Verfahren gem. § 655 ZPO scheidet hier aus, weil die Kinder keine Regelbeträge gem. § 1612 a sondern »Individualunterhalt« erhalten. (Zum vereinfachten Verfahren und zur Abänderung von Unterhaltstiteln in einem solchen Verfahren vgl. auch oben Fall 1.2).

Fall 3: Kindesunterhalt bei alleinigem Sorgerecht der Mutter; Beratung durch das Jugendamt
Bei der Geltendmachung von Unterhaltsansprüchen vertritt die gem. § 1626 a II allein sorgeberechtigte Mutter das Kind, sofern keine Beistandschaft gem. § 1712 ff. besteht. Das Jugendamt hat auch bei der Forderung von Unterhalts- oder Unterhaltsersatzansprüchen des Kindes die Mutter zu beraten und zu unterstützen, § 18 I SGB VIII.

Fall 4: Einstweilige Anordnung
Um ihren Unterhalt und den der Kinder rasch sicherzustellen, kann die Ehefrau *eine einstweilige Anordnung gem. § 644 ZPO* beim Familiengericht beantragen. Bei der einstweiligen Anordnung handelt es sich um einen eiligen Rechtsbehelf, um den Unterhaltsgläubigern, der Ehefrau und den Kindern, rasch einen vollstreckbaren Schuldtitel zu verschaffen. In Bezug auf die Kinder kann allerdings auch auf das vereinfachte Verfahren gem. §§ 645 ff. ZPO zurückgegriffen werden (s. oben Fall 1.2).

Der Anordnungsantrag gem. § 644 ZPO ist zulässig, sobald eine Unterhaltsklage oder ein Antrag auf Prozesskostenhilfe für eine solche eingereicht ist. Für den Erlass der Anordnung reicht die Glaubhaftmachung der materiell-rechtlichen Unterhaltsvoraussetzungen. Die getrennt lebende Ehefrau ist berechtigt, für die in ihrer Obhut lebenden Kinder Unterhaltsansprüche im eigenen Namen geltend zu machen, §§ 1629 II 2, 1629 III 1. Erläßt das Gericht auf ihren Antrag mit oder ohne mündliche Verhandlung die einstweilige Anordnung, so enthält diese eine Verurteilung zu vorläufiger Zahlung.

Eine einstweilige Anordnung ist somit auch zulässig, solange noch keine Ehesache anhängig ist. Sollte sich die Ehefrau jedoch entschließen, zunächst einen Scheidungsantrag einzureichen, kann Unterhalt für sie selbst und die Kinder nur noch im Wege der *einstweiligen Anordnung gem. § 620 I Nr. 4, 6 ZPO* beantragt werden. Dadurch könnte der Unterhalt für die Dauer des Scheidungsverfahrens erst einmal sichergestellt werden.

Udo ist verpflichtet, durch Arbeitsleistung sicherzustellen, dass die Unterhaltsberechtigten befriedigt werden. Gegenüber den minderjährigen Kindern obliegt ihm eine gesteigerte Unterhaltspflicht. Er ist verpflichtet, »alle verfügbaren Mittel« zu seinem Unterhalt und dem der minderjährigen Kinder »gleichmäßig« zu verwenden, § 1603 II, selbst dann, wenn er seinen eigenen »angemessenen« Unterhalt dadurch gefährden würde, § 1603 I (siehe auch oben Fall 2 zum »notwendigen« Selbstbehalt des Unterhaltsschuldners gegenüber den minderjährigen Kindern). Weder die Ehefrau noch die Kinder brauchen den Kauf des Sportwagens oder die Einkommensminderung durch geringere Arbeitsleistung des Schuldners gegen sich gelten zu lassen. Zwar sind die sonstigen Verpflichtungen des Unterhaltsschuldners bei der Beurteilung seiner Leistungsfähigkeit grundsätzlich zu berücksichtigen, vgl. auch § 1603 I. Es geht aber nicht an, dass der Unterhaltsschuldner einen besonders kostspieligen Lebensstil zum Nachteil der Unterhaltsberechtigten pflegt.

Bei der Zwangsvollstreckung gelten in Bezug auf die gesetzlichen Unterhaltsansprüche der Ehefrau und der Kinder besondere Regelungen, die sicherstellen sollen, dass andere Gläubiger nicht auf Kosten der Unterhaltsberechtigten die Zwangsvollstreckung betreiben, vgl. §§ 850 c, d ZPO. So gelten z.B. die üblichen Pfändungsfreigrenzen bei einer Pfändung wegen der gesetzlichen Unterhaltsansprüche nicht. Sollten Udos Anstrengungen, sich vor den Unterhaltszahlungen zu drücken, noch zunehmen, so dass der Lebensbedarf der Unterhaltsberechtigten gefährdet ist bzw. der Sozialhilfeträger für die Familie aufkommen muss, ist an eine Strafanzeige wegen Verletzung der Unterhaltspflicht gem. § 170 I des Strafgesetzbuchs (StGB) zu denken. Dann droht Freiheitsstrafe bis zu drei Jahren oder Geldstrafe.

Fall 5.1: Andere unterhaltspflichtige Verwandte
In diesem Fall könnte Hennings Großmutter als andere unterhaltspflichtige Verwandte in gerader Linie herangezogen werden, §§ 1603 II 3, 1601, da die Eltern nicht imstande sind, ohne Gefährdung ihres eigenen angemessenen Unterhalts für Hennings Lebensbedarf aufzukommen, zu dem gem. § 1610 II die Internatskosten als »Kosten der Erziehung« gehören.

Fall 5.2: Hilfe zur Erziehung; Heranziehung durch Jugendhilfeträger
Sven ist auf Antrag der personensorgeberechtigten Eltern in einem Jugendheim (nicht Internat) untergebracht worden (Hilfe zur Erziehung durch das Jugendamt

gem. §§ 27, 34 SGB VIII). Das Jugendamt übernimmt die Heimkosten, §§ 39, 92 SGB VIII. Gem. § 91 I Nr. 4 c werden das Kind und dessen Eltern zu den Kosten herangezogen. Soweit es den Eltern zuzumuten ist, haben sie im Rahmen der sogenannten »häuslichen Ersparnis« gem. § 94 II SGB VIII zu den Kosten beizutragen, sofern sie vor der Unterbringung des Kindes mit diesem vor Beginn der Hilfe zusammenlebten. Die Heranziehung erfolgt durch Erhebung eines Kostenbeitrags mittels Leistungsbescheid, § 93 I SGB VIII. In Härtefällen soll von der Heranziehung ganz oder teilweise abgesehen werden, § 93 VI S. 2 SGB VIII. Ein solcher Härtefall könnte hier vorliegen. Dennoch kann der Jugendhilfeträger nur das Kind oder den Jugendlichen und dessen Eltern zu den Kosten heranziehen, nicht aber leistungsfähige entferntere und nach bürgerlichem Recht unterhaltspflichtige Verwandte wie hier die Großmutter.

Fall 6: Unterhaltsvorschuss
Unterhalts- und Unterhaltsersatzansprüche des Kindes Elke aus Magdeburg sind von der gemäß § 1626 a II sorgeberechtigten Mutter geltend zu machen. Gemäß §§ 1 I, 3 UVG steht einem Kind, welches das zwölfte Lebensjahr noch nicht vollendet hat, für längstens 72 Monate eine Unterhaltsleistung (Unterhaltsvorschuss) zu, sofern es bei einem seiner Elternteile lebt, der ledig, verwitwet oder geschieden ist oder dauernd von seinem Ehegatten getrennt lebt. Außerdem darf das Kind nicht oder nicht regelmäßig Unterhalt vom anderen Elternteil erhalten. Diese Voraussetzungen sind hier erfüllt, da das dreijährige Kind bei seiner ledigen Mutter lebt, der Vater unbekannten Aufenthalts ist und keinen Unterhalt zahlt. Die Unterhaltsleistung wird in Höhe der Regelbeträge für Kinder der ersten oder zweiten Altersstufe nach der Regelbetrag-Verordnung gezahlt, vgl. § 2 UVG. Sie mindert sich um die Hälfte des an die Mutter zu zahlenden Kindergeldes.
Der Umstand, dass weder ein Titel (vollstreckbares Urteil, Prozessvergleich, vollstreckbare Urkunde) über den Unterhalt vorliegt, noch überhaupt die Vaterschaft des Klaus gem. § 1592 Nr. 2 oder 3 feststeht, ist unerheblich. Allerdings hat Elke bei der Feststellung der Vaterschaft und des Aufenthalts des anderen Elternteils mitzuwirken, § 1 III UVG. Tut sie das nicht, und verschweigt sie beispielsweise den ihr bekannten Namen des Kindesvaters, würden dem Kind keine Ansprüche nach dem UVG zustehen.

12.2 Unterhaltsansprüche volljähriger Kinder

Die fünf **Fälle** behandeln folgende **Problemkreise**:
- Finanzierung eines Studiums des Arbeiterkindes (Fall 1);
- Unterhalt für Zweitausbildung (Fall 2);
- Ausbildungsfinanzierung ohne Ende (Fall 3);
- Mangelberechnung und Rangfolge der Unterhaltsbedürftigen (Fall 4);
- das Unterhaltsbestimmungsrecht der Eltern bei unverheirateten Kindern (Fall 5).

Fälle

Fall 1: Unterhaltsanspruch eines Studenten

Klaus, 22, studiert nach bestandenem Abitur im 1. Semester Architektur. Sein Vater, der VW-Arbeiter Hans und seine Mutter, Hausfrau, weigern sich, ihm Unterhalt zu zahlen und das Studium zu finanzieren, mit der Begründung, Klaus sei alt genug, sich selbst zu unterhalten – dies hätten sie in seinem Alter auch tun müssen. Bekommt Klaus Unterhalt?

Fall 2: Unterhalt für Zweitausbildung

Jan, 25, hat nach vier Semestern Politologie sein Studium abgebrochen, danach eine Lehre zum Versicherungskaufmann gerade erst erfolgreich abgeschlossen und beginnt nun das Studium der Betriebswirtschaft. Er verlangt Unterhalt von seinem Vater Fritz. Muss Fritz Unterhalt zahlen?

Fall 3: Ausbildungsfinanzierung ohne Ende

Kai studiert im 14. Semester Pädagogik. Er begehrt weiterhin Unterhalt von seinem Vater Hermann. Dieser verlangt zuvor von Kai Nachweise der Universität über die erfolgreiche Teilnahme an für dieses Studium üblichen Studienleistungen, die Kai nicht beibringt. Mit Recht?

Fall 4: Mangelberechnung; Rangfolge der Unterhaltsbedürftigen

Peter, 18, ist Schüler im 13. Schuljahr. Er wohnt zusammen mit seinen zwei jüngeren Geschwistern bei seiner Mutter Else, die von Jörg, dem Vater der Kinder, geschieden und nun wiederverheiratet ist. Jörg verdient als angestellter Koch monatlich durchschnittlich 2.200 DM netto. Er muss an die zwei kleinen Geschwister Peters Unterhalt zahlen; zu Unterhaltszahlungen an Peter ist er nicht mehr bereit. Die Mutter bezieht das Kindergeld für alle drei Kinder. Bekommt Peter Kindesunterhalt? Peter ist nun 22 Jahre alt und als Student ohne Einkommen. Hat er noch Chancen, Unterhalt von Jörg zu bekommen?

Fall 5: Unterhaltsbestimmungsrecht

Manfred, 20, beginnt an der Fachhochschule Braunschweig sein Studium. Er zieht aus dem Elternhaus aus, nimmt sich ein Zimmer und verlangt 950 DM Kindesunterhalt von seinen auch in Braunschweig lebenden Eltern, Hans und Ida, die beide über ein gutes Einkommen als Beamte verfügen. Beide erklären sich nicht bereit, ihrem Sohn den geforderten Barunterhaltsbetrag zu zahlen und sie verlangen, dass Manfred in sein Zimmer in ihrem Einfamilienhaus in Braunschweig zurückkehrt. Dort könne er wieder kostenlos wohnen, bekomme Essen und ein angemessenes Taschengeld. Geht das?

Lösungshinweise

Fall 1: Unterhaltsanspruch eines Studenten

Nach § 1610 II umfasst der Unterhaltsanspruch den gesamten Lebensbedarf, so auch die Kosten einer angemessenen Berufsausbildung. Angemessen ist eine Berufsausbildung, die der Begabung und den Fähigkeiten des Kindes, seinem Leistungswillen und seinen beachtenswerten Neigungen am besten entspricht, und deren Finanzierung sich in den Grenzen der wirtschaftlichen Leistungsfähigkeit der Eltern hält (BGH FamRZ 77,629). Auf den Beruf und die wirtschaftliche Stellung der Eltern kommt es nicht an (BGH FamRZ 81, 344).

Klaus hat das Abitur bestanden und damit die Voraussetzungen für ein Studium geschaffen. Wenn sein Vater nicht weitere (vorrangige) Unterhaltsverpflichtungen, etwa gegenüber minderjährigen Geschwistern des Klaus hat, wird er als VW-Arbeiter in der Lage sein, das Studium zu finanzieren. Mit der Begründung, sie hätten sich im Alter des Klaus auch selbst unterhalten müssen, können die Eltern die Unterhaltsforderung des Klaus nicht ablehnen.

Fall 2: Unterhalt für Zweitausbildung

Grundsätzlich endet die Unterhaltsverpflichtung der Eltern, wenn sie dem Kind eine angemessene Berufsausbildung gewährt haben (BGH FamRZ 77,629), gleichgültig, ob diese Ausbildung den Eltern Kosten verursacht, eine weitere Ausbildung nach BAföG-Richtlinien gefordert werden könnte, oder das Kind die formelle Berechtigung für die Zweitausbildung (etwa Abitur im 2. Bildungsweg) erlangt hat (BGH a.a.O.).

In jüngster Zeit hat der BGH jedoch – unter teilweiser Aufgabe seiner bisherigen Rechtsprechung – einem Kind, das bereits eine praktische Ausbildung (z.B. Lehre) erlangt hat, einen Anspruch auf Finanzierung eines anschließenden Hochschulstudiums zuerkannt, wenn dieses Studium mit der vorangegangenen Ausbildung in einem engen zeitlichen und sachlichen Zusammenhang steht und die Kosten hierfür den Eltern zumutbar sind (Abitur-Lehre-Studium: BGH FamRZ 89,853).

Hierbei ist der in der Ausbildung stehende Unterhaltsberechtigte gehalten, seine Ausbildung zielstrebig zu betreiben (BGH FamRZ 84,777).

Jan hat das Politologie-Studium nach vier Semestern abgebrochen, wohl gerade noch rechtzeitig, denn von einer »nachhaltigen« Verletzung seiner Pflicht, die Ausbildung zielstrebig zu betreiben, kann hier wohl noch nicht die Rede sein (siehe auch BGH FamRZ 87,470 – Fall des »Bummelstudiums«). Die anschließende abgeschlossene Lehre beendet die Unterhaltspflicht des Vaters nicht, wenn das Studium der Betriebswirtschaft sich unmittelbar anschließt und auf der Lehre aufbaut (mit ihr in sachlichem Zusammenhang steht), wovon hier auszugehen ist.

Fall 3: Ausbildungsfinanzierung ohne Ende

Wie bereits im Fall 1 erörtert, gehören nach § 1610 II zum Unterhaltsanspruch auch die Kosten einer angemessenen Ausbildung zu einem Beruf. Angemessen ist eine Berufsausbildung unter anderem, die den Fähigkeiten des Kindes und seinem Leistungswillen am besten entspricht. Hierbei obliegt es dem in der Ausbildung stehenden Unterhaltsberechtigten, diese Ausbildung zielstrebig zu betreiben (BGH FamRZ 84,777). Von einem »zielstrebigen« Studium kann in der Regel nicht gesprochen werden, wenn die vorgegebene Regelstudienzeit für ein Studienfach weit überschritten wird, ohne dass hierfür besondere Gründe (Erkrankung, Schwangerschaft o.ä.) vorliegen.

Kai befindet sich im 14. Semester seines Pädagogikstudiums. Die Regelstudienzeit von 6 bis höchstens 8 Semestern ist deutlich überschritten. Sein Vater verlangt Nachweise über erfolgreich abgelegte Studienleistungen, die Kai nicht beibringt. Kai ist, wenn er weiterhin Unterhalt von Hermann verlangt, verpflichtet, die von ihm behauptete Unterhaltsbedürftigkeit zu beweisen. Diesen Beweis wird er nur führen können, wenn er die Gründe für sein überlanges Studium schlüssig darlegt, also z.b. vorträgt und durch geeignete Unterlagen belegt, dass er längere Zeit durch Erkrankung gehindert war, sein Studium fortzusetzen. Aus der Tatsache, dass er noch nicht einmal die geforderten Belege über erfolgreiche Studienleistungen vorlegt, ist zu schließen, dass er diesen Beweis für seine anhaltende Unterhaltsbedürftigkeit nicht erbringen kann. Er hat seine Verpflichtung, die Ausbildung zielstrebig zu betreiben, verletzt und damit keinen weiteren Anspruch auf Ausbildungsunterhalt. Er kann von Hermann darauf verwiesen werden, seinen Lebensbedarf durch eigene Erwerbstätigkeit selbst zu verdienen (BGH FamRZ 87, S. 470, 471).

Fall 4: Mangelberechnung; Rangfolge der Unterhaltsbedürftigen

Jörg beruft sich auf seine Leistungsunfähigkeit. Nach § 1603 I ist derjenige nicht unterhaltspflichtig, der bei Berücksichtigung seiner sonstigen Verpflichtungen außerstande ist, ohne Gefährdung seines (eigenen) angemessenen Unterhalts den Unterhalt zu gewähren.

Aber: ohne Rücksicht auf die Gefährdung ihres eigenen angemessenen Unterhalts haben Eltern alle verfügbaren Mittel gleichmäßig zum eigenen und zum Unterhalt der minderjährigen unverheirateten Kinder zu verwenden (§ 1603 II: die »gesteigerte Unterhaltsverpflichtung gegenüber minderjährigen Kindern«). Peter ist aber nicht mehr minderjährig. Dennoch gehört er noch zu den nach § 1603 II privilegierten Unterhaltsberechtigten, denn den minderjährigen unverheirateten Kindern stehen volljährige unverheiratete Kinder bis zur Vollendung des 21. Lebensjahres gleich, solange sie im Haushalt der Eltern oder eines Elternteils leben und sich in der allgemeinen Schulausbildung befinden (§ 1603 II S.2). Jörg verfügt über ein Nettoeinkommen von 2.200 DM. Ihm müssen selbst zur Sicherung seines eigenen notwendigen Bedarfs mindestens 1.500 DM monatlich verbleiben (s. auch Düsseldorfer Tabelle, Stand 1.7.99, abgedruckt in FamRZ 99 S.766: notwendiger Eigenbedarf des erwerbstätigen Unterhaltsverpflichteten: 1.500 DM). Als Verteilungsmasse für alle drei gleichrangig unterhaltsberechtigten Kinder stehen dann nur noch 700,– DM zur Verfügung, zu wenig, um den Unterhaltsbedarf aller Kinder zu decken. Es ist die verbleibende Verteilungsmasse auf die Unterhaltsberechtigten im Verhältnis ihrer jeweiligen Bedarfssätze gleichmäßig zu verteilen. Die jeweiligen Bedarfssätze richten sich (neben der Höhe des Einkommens des Unterhaltspflichtigen) nach dem

Alter der Kinder. Peters Geschwister sind 14 und 10 Jahre alt. Nach der Düsseldorfer Tabelle, unterste Einkommensgruppe – entsprechend dem Regelbetrag nach der Regelbetrag-Verordnung in der ab 1.7.99 geltenden Fassung (s. § 1612 a und Regelbetrag-VO) – stehen diesen Geschwistern 510,– bzw. 431,– DM monatlich zu, Peter selbst monatlich 589,– DM, zusammen danach insgesamt 1530,– DM. Da nur 700,– DM zur Verfügung stehen, ist der Kindesunterhalt anteilig wie folgt zu kürzen:

Peter: 589 x 700 : 1530 = 269,48 DM

Kind 2: 510 x 700 : 1530 = 233,33 DM

Kind 3: 432 x 700 : 1530 = 197,19 DM.

Die Anrechnung des von Peters Mutter bezogenen Kindergeldes unterbleibt, da Jörg außerstande ist, den Unterhalt in Höhe von 135 % des Regelbetrages zu leisten (§ 1612b V).

Die Düsseldorfer Tabelle Stand 1.7.2001 und die ab 1.1.2002 anzusetzenden Euro-Beträge sind abgedruckt in FamRZ 2001 S. 806 ff., 810 ff.

Wäre Peter bereits 22 Jahre alt und noch unterhaltsbedürftig (Student), würde er nicht mehr zu den nach § 1603 II privilegiert Unterhaltsberechtigten gehören. Bei gleichen Einkommensverhältnissen des Jörg bekäme Peter nun keinen Unterhalt mehr. Entscheidend ist nun die Rangfolge der Unterhaltsbedürftigen. Nach § 1609 I sind zunächst die Unterhaltsanprüche der minderjährigen unverheirateten Kinder und die ihnen gleichgestellten – s.o. – zu befriedigen, erst danach die der übrigen Kinder, danach die der übrigen Abkömmlinge usw.; der Ehegatte steht den minderjährigen unverheirateten Kindern gleich (§ 1609 II). Er geht anderen Kindern und den übrigen Verwandten vor. Jörg hat also zunächst den Unterhalt der zwei Geschwister des Peter zu leisten – Peter selbst geht leer aus, denn mit den ihm verbleibenden monatlichen 1259 DM nach Zahlung der Tabellensätze für die beiden minderjährigen Geschwister Peters liegt Jörg weit unter seinem Existenzminimum (s.o.).

Fall 5: Unterhaltsbestimmungsrecht

Grundsätzlich ist der Unterhalt durch Entrichtung einer Geldrente zu gewähren (§ 1612 I 1). Doch das gilt nicht uneingeschränkt. Nach § 1612 II können Eltern gegenüber einem unverheirateten – also auch volljährigen – Kind bestimmen, in welcher Art und für welche Zeit im voraus der Unterhalt gewährt werden soll. Hierbei haben sie auf die Belange des Kindes die gebotene Rücksicht zu nehmen (§1612,II,1). Soweit das Kind minderjährig ist, ist das unproblematisch, ja die Regel. Dies gilt aber auch für volljährige (unverheiratete) Kinder, also für Kinder, die nicht mehr dem elterlichen Erziehungsrecht unterstehen. Diesen Kindern können Eltern Unterhalt in Form von »Naturalunterhalt« (Wohnraum im Elternhaus, Verpflegung) zur Verfügung stellen und damit ihre Unterhaltsverpflichtung erfüllen (BGH FamRZ 81, S.250). Haben Eltern – wie in unserem Fall – diese Bestimmung getroffen, kann das Kind keinen Barunterhalt verlangen; diese Bestimmung der Eltern gilt auch gegenüber dem Träger der Ausbildungsförderung, auf den der Unterhaltsanspruch des Kindes nach § 37 BAföG übergegangen ist (BGH a.a.O.).

Geht Manfred nun leer aus? Zunächst schon, wenn er sich weigert, in das Elternhaus zurückzukehren. Allerdings kann Manfred nach § 1612 II 2 eine Änderung der elterlichen Bestimmung »aus besonderen Gründen« durch einen Antrag beim Familiengericht verlangen. Ist z.B. (ohne Verschulden des Kindes) zwischen ihm und den Eltern eine Entfremdung eingetreten, wird das Familiengericht die Bestimmung ändern, und die Eltern wären wieder barunterhaltspflichtig. Eine derartige Bestimmung der Eltern ist im übrigen unwirksam, wenn sie aus tatsächlichen oder rechtlichen Gründen undurchführbar ist (BGH a.a.O.); in diesen Fällen bedarf es keiner Entscheidung des Familiengerichts, weil nur eine wirksame Bestimmung abgeändert werden kann (Bay ObLG FamRZ 90, S. 905). D.h. Manfred wird sich dem elterlichen Unterhaltsbestimmungsrecht wohl beugen und in das elterliche Haus zurückkehren müssen, um Unterhalt zu bekommen, wenn die vorstehenden Voraussetzungen für eine Änderung des Bestimmungsrechts durch das Familiengericht nicht vorliegen.

13. Elterliche Sorge

13.1 Überblick über Bedeutung und Inhalt der elterlichen Sorge

Einführung

Der Aufbau dieses Kapitels ist wie folgt: Zunächst sollen sich Bedeutung und Inhalt des Rechts der elterlichen Sorge durch die Beschäftigung mit ausgewählten Fällen erschließen (13.1). Danach lernen die Bearbeiter, die in der Praxis wichtige Frage nach der »Person des Sorgeberechtigten« (beide Eltern, ein Elternteil oder ein Dritter als Vormund oder Pfleger?) zu klären (13.2). (Dieser Aspekt wird später in Kap. 14 »Vormundschaft und Pflegschaft für Minderjährige« vertieft.) Schließlich wird der Sorgerechtsentzug in Kap. 13.3 ausführlich behandelt.

Gem. § 1626 ist die Sorge für die Person des minderjährigen Kindes (Personensorge) von der Sorge für das Vermögen des minderjährigen Kindes (Vermögenssorge) zu unterscheiden. Diese elterliche »Sorge« (früher – d.h. immerhin bis 1980 – elterliche »Gewalt«!) ist sowohl Pflicht als auch Recht der Eltern (vgl. auch Art. 6 GG). Die Eltern haben eine Verantwortung, der sie sich nicht entziehen dürfen.

Einzelne Bestandteile der Personensorge (Erziehung und Pflege des Kindes, Recht und Pflicht zur Beaufsichtigung und Bestimmung des Aufenthalts des Kindes usw.) sind im Gesetz besonders erwähnt (vgl. z.B. §§ 1631, 1632 I, II). Bei der Vermögenssorge haben die Eltern das ihrer Verwaltung unterliegende Geld des Kindes nach den Grundsätzen einer wirtschaftlichen Vermögensverwaltung anzulegen, § 1642. Ferner gibt es weitere Beschränkungen: Die Eltern dürfen beispielsweise nicht nach Belieben Grundstücke im Namen des Kindes kaufen oder im Namen des Kindes einen Kredit aufnehmen, sondern müssen in diesen wie auch in anderen bestimmten Fällen eine Genehmigung des Familiengerichts einholen (vgl. § 1643 i.V. mit § 1821 Nr. 1, § 1822 Nr. 8).

Beide Eltern üben gemeinsam zum Wohle des Kindes die elterliche Sorge aus (§ 1627). Bei Meinungsverschiedenheiten müssen sie grundsätzlich versuchen, sich zu einigen; nur ausnahmsweise ist es ihnen bei mangelnder Einigung gestattet, das Familiengericht einzuschalten (§ 1628). Sind die Eltern nicht miteinander verheiratet, so steht der Mutter gem. § 1626 a II allein die elterliche Sorge zu, sofern nicht beide Eltern gem. § 1626 I Nr. 1 eine gemeinsame Sorgeerklärung abgegeben haben. Dieser Ausschluss des Vaters vom gemeinsamen Sorgerecht verstößt nach Auffassung einiger Gerichte gegen die Verfassung (vgl. OLG Stuttgart Fam RZ 2000, S. 632 f.; Vorlagebeschlüsse des AG Groß-Gerau und des AG Korbach an das Bundesverfassungsgericht, FamRZ 2000, S. 629 ff.)

Bei gemeinsamer elterlicher Sorge obliegt beiden Eltern auch die »gesetzliche Vertretung« des Kindes gem. § 1629. Das bedeutet aber nicht, dass sie in jedem Fall gemeinsam handeln müssen; die Praxis begnügt sich häufig mit der alleinigen Vertretung durch einen Elternteil. Wenn es um grundsätzliche Entscheidungen für das Kind geht wie z.b. bei wichtigen Fragen der Ausbildung, der Religion oder der Gesundheit, müssen beide Eltern das Kind vertreten. Auch bei nicht nur vorübergehendem Getrenntleben der Eltern ist in den Angelegenheiten, deren Regelung für das Kind von erheblicher Bedeutung ist, ihr gegenseitiges Einvernehmen erforderlich. Der Elternteil, bei dem sich das Kind aufhält, hat die Befugnis zur alleinigen Entscheidung in Angelegenheiten des täglichen Lebens (§ 1687 I, § 1687 a). Lebt ein Kind in Familienpflege oder ist es im Heim untergebracht, entscheidet die Pflegeperson oder der verantwortliche Heimerzieher in Angelegenheiten des täglichen Lebens (§ 1688 I, II).

Geben die Eltern Willenserklärungen als gesetzliche Vertreter im Namen des Kindes (§§ 164 ff.) ab, oder handeln sie rechtsgeschäftlich zugunsten ihres Kindes, so werden sie entweder im Rahmen der rechtlichen Personensorge oder der rechtlichen Vermögenssorge tätig. Davon ist das rein tatsächliche Handeln der Eltern zu unterscheiden, d. h. die tatsächliche Personensorge oder die tatsächliche Vermögenssorge.

Manchmal sind Eltern von der Wahrnehmung der elterlichen Sorge ausgeschlossen (z.B. geschäftsunfähige Elternteile), oder sie sind nur eingeschränkt sorgeberechtigt (z.B. minderjährige Elternteile) oder z.b. wegen Abwesenheit verhindert, die elterliche Sorge auszuüben. Dann muss ggf. ein Dritter – Vormund oder Pfleger – die elterliche Sorge oder Teile derselben wahrnehmen.

Die Reform durch das Kindschaftsrechtsreformgesetz (KindRG) mit Wirkung zum 1.7.98 hat umfangreiche Veränderungen herbeigeführt: Die wichtigsten sind:
- Zuständigkeit des Familiengerichts anstelle des Vormundschaftsgerichts in fast allen Bereichen;
- Beibehaltung der gemeinsamen elterlichen Sorge auch nach der Scheidung ohne Gerichtsentscheidung;
- Keine Unterscheidung mehr zwischen ehelichen und nichtehelichen Kindern;
- Möglichkeit gemeinsamer elterlicher Sorge von Eltern, die nicht miteinander verheiratet sind;
- Umgangsrecht des Kindes mit beiden Elternteilen; Umgangsrechte beider Eltern nach der Trennung (auch des nicht mit der Mutter verheirateten Vaters);
- Umgangsrecht der Großeltern, Geschwister, Stiefeltern und Pflegeeltern, wenn dies dem Wohl des Kindes dient;
- Durch mitwirkungsbereiten Dritten begleiteter Umgang bei Kindeswohlgefährdung möglich;
- Bestellung eines Verfahrenspflegers für das Kind, sofern dies zur Wahrnehmung seiner Interessen erforderlich ist z.B. wegen eines Interessengegensatzes zwischen Eltern und Kind;
- Stärkere Verzahnung zwischen Justiz und Jugendhilfe

Die **Fälle** behandeln folgende **Problemkreise**:
- Aufteilung der elterlichen Sorge; Züchtigungsrecht (Fall 1);
- Meinungsverschiedenheiten zwischen Eltern (Fall 2);

- Vertretung des Kindes bei zusammen lebenden und bei getrennt lebenden Elternteilen (Fall 3);
- Herausgabeverlangen der Eltern (Fälle 5 – 8);
- Aufsichtspflicht (Fälle 9, 10);
- Umgangsrechte;»Parental Alienation Syndrome« (PAS) (Fall 11);
- minderjährige Mutter (Fall 13);
- Ausübung elterlicher Sorge durch Pflegeeltern/Heimerzieher (Fälle 14, 15);
- Amtsvormundschaft, Einzelvormundschaft (Fälle 16, 17);
- verheiratete Minderjährige (Fall 18);
- Betreuungsmaßnahme für Minderjährige/Sterilisation (Fall 19);
- geschlossene Unterbringung Minderjähriger (Fall 20);
- Ausbildung, Beruf (Fall 21).

Weitere Fälle zum Sorgerecht/Umgangsrecht/Verfahrenspflegschaft – insbesondere im Zusammenhang mit der Gewährung von Jugendhilfeleistungen nach dem SGB VIII finden Sie in dem Buch *Fricke/Söchtig/Kunkel:* Kinder – und Jugendhilferecht – Fälle und Lösungen, Baden-Baden 2000 *(Nomos)*.

Fälle

Fall 1: Rechtliche Einordnung von Sorgerechtsmaßnahmen
Die Eltern »sorgen« für ihr minderjähriges Kind Sabine im Laufe der Zeit in folgender Weise:
1.1: Wahl des Kindergartens,
1.2: Anmeldung des Kindes beim Sportverein,
1.3: Kleidung, Ernährung,
1.4: Vermittlung ethischer Werte,
1.5: religiöse Erziehung,
1.6: Abschluss eines Lehrvertrages,
1.7: Verwaltung eines Lottogewinns,
1.8: geschlechtliche Aufklärung,
1.9: Einsperren des Kindes,
1.10: Taschengeldentzug,
1.11: körperliche Züchtigung.
Wie sind die Maßnahmen rechtlich einzuordnen?

Fall 2: Elternstreit
Die Eheleute Klaus und Mathilde zanken sich ständig über Erziehungsfragen. Sie streiten unter anderem darüber, ob der 7-jährige Sohn Udo
2.1: eine Waldorfschule besuchen soll oder nicht,
2.2: eine Tetanusimpfung erhält,
2.3: die Ferien bei der Großmutter verbringen soll,
2.4: einen Teil seines Taschengeldes auf ein Sparkonto einzahlen soll,

2.5: Umgang mit dem gleichaltrigen Kevin, einem »Schuleschwänzer«, haben darf.

In Bezug auf die 16-jährige Petra bestehen Meinungsverschiedenheiten über folgende Punkte:

2.6: Wahl der Ausbildungsstelle,

2.7: Schwangerschaftsabbruch bei der Minderjährigen.

Wie ist der Konflikt zu lösen, wenn die Eltern sich nicht einigen können?

Fall 3.1: Vertretung des Kindes bei zusammen lebenden Eltern

Beide Eltern leben mit dem Kind zusammen; die Personensorge steht beiden zu. Ihr 16-jähriger Sohn Rolf hat von seinem Nachbarn eine Ohrfeige einstecken müssen. Kann ein Elternteil allein einen Strafantrag stellen?

Fall 3.2: Strafantrag; Offizialdelikt

Die Mutter ist davon überzeugt, dass der Vater das Kind sexuell missbraucht. Wer ist berechtigt, einen Strafantrag zu stellen?

Fall 3.3: Vertretung des Kindes bei getrenntlebenden Eltern

Die Eltern, denen die elterliche Sorge gemeinsam zusteht, leben nicht nur vorübergehend getrennt. Der Vater, bei dem das Kind lebt, bringt dieses ins Krankenhaus, da es sich das Schlüsselbein gebrochen hat.

3.4:

Die Mutter, bei der das Kind lebt, veranlasst, dass dem 5-jährigen Sohn Christian im Krankenhaus die Mandeln herausgenommen werden.

3.5:

Die Mutter, bei der das dreijährige Kind lebt, möchte mit diesem eine zweiwöchige Urlaubsreise nach Ägypten unternehmen. Der Vater ist dagegen. Wer setzt sich durch?

Fall 4: *Aufgehoben*

Fall 5.1: Herausgabeverlangen; 17-jähriges Kind

Bisher wohnte die 17-jährige Charlotte mit Einwilligung ihrer Eltern bei ihrer Tante Klara. Nunmehr ändern die Eltern ihre Meinung und bestehen auf Charlottes Rückkehr ins Elternhaus; Charlotte weigert sich. Mit Recht?

Fall 5.2: Herausgabeverlangen; Pflegschaft mit Aufenthaltsbestimmungsrecht

Fall wie vorstehend, aber das Jugendamt hat als Pfleger das Aufenthaltsbestimmungsrecht für Charlotte.

Fall 6.1: Herausgabeverlangen bei Internatserziehung

Der 12-jährige Michael lebt im Internat. Die Eltern wollen die Internatserziehung beenden und Michael nachhause holen.

Fall 6.2: Herausgabeverlangen bei Heimerziehung (Hilfe zur Erziehung gem. SGB VIII)
Michael lebt im Kinderheim (Hilfe zur Erziehung gem. §§ 27, 34 SGB VIII). Die Eltern erscheinen, um ihn wieder zu sich zu nehmen.

Fall 7: Herausgabeverlangen bei Vollzeitpflege
Seit ihrem 1. Lebensjahr befindet sich die 3-jährige Bettina bei Pflegeeltern. Sie nennt diese »Mama« und »Papa«. Die Mutter, welche Bettina bisher nur unregelmäßig in der Pflegestelle besucht hat, möchte das Kind zu sich nach Hause zurückholen und damit die Vollzeitpflege (§ 33 SGB VIII) beenden. Müssen sich die Pflegeeltern dem Herausgabeanspruch der allein sorgeberechtigten Mutter beugen? Welches Verfahren ist zu beachten?

Fall 8.1: Herausgabeverlangen; Umgangsrecht nach Scheidung
Der geschiedene Vater Bodo darf seinen Sohn Erik am Wochenende von Freitag bis Sonntag zu sich nehmen. Am Montag ist der 6-jährige Sohn immer noch bei seinem Vater. Erik weigert sich, zur gem. § 1671 allein sorgeberechtigten Mutter zurückzukehren, da er deren neuen Freund nicht mag. Auch Bodo will Erik erst einmal bei sich behalten. Was kann die Mutter Hanna unternehmen?

Fall 8.2: Herausgabeverlangen; Umgangsrecht nach Trennung der nicht miteinander verheirateten Eltern
Der Fall entspricht dem vorhergehenden mit dem Unterschied, dass Bodo und Hanna nicht miteinander verheiratet sind; Bodo hatte die Vaterschaft gem. § 1592 Nr. 2 anerkannt. Gibt es einen eiligen Rechtsbehelf?

Fall 9: Aufsichtsführung; älterer Minderjähriger
Der 17-jährige arbeitslose Klaus wohnt zwar noch bei seinen Eltern, läßt sich aber von diesen nichts mehr sagen. Abends besucht er Gaststätten und verbraucht dort sein Taschengeld. Eines Tages verletzt er betrunken den Gast Paul mit einem Bierglas. Paul fordert Schmerzensgeld von Klaus' Eltern und behauptet, diese hätten ihre Aufsichtspflicht dadurch verletzt, dass sie ihrem Sohn den Besuch von Gaststätten erlaubten. Mit Recht?

Fall 10: Aufsichtsführung über nichteheliches Kleinkind durch Vater/Tagesmutter
Während der berufsbedingten Abwesenheit der Mutter kümmert sich der Vater/die Tagesmutter um die 3-jährige Tochter Marion. Die Eltern des Kindes sind nicht verheiratet; die Mutter hat gem. § 1626 a II die elterliche Sorge inne. In Folge einer Unaufmerksamkeit des Vaters/der Tagesmutter kommt es zu einem Dreiradunfall des Kindes, bei dem dieses verletzt wird. Zwar kommt die Krankenkasse des Kindes für die Kosten der ärztlichen Behandlung auf; sie verlangt die Kosten jedoch
10.1:
von dem Vater,

10.2:
von der Tagesmutter
zurück. Ist die Krankenkasse hierzu berechtigt?

Fall 11:   Umgangsrecht bei Trennung, Scheidung
Prüfen Sie, ob in den folgenden Fällen ein Umgangsrecht gegeben ist:
11.1:
Nach der Trennung von seiner Freundin Monika möchte Rudolf das gemeinsame
Kind, die 1-jährige Katharina, besuchen. Es gibt immer noch unbewältigte Kon-
flikte zwischen den Eltern; die Mutter Monika ist gegen einen Umgang des Vaters
mit dem Kind.
Umgangsrecht des Vaters?
Können die Eltern gezwungen werden, zur Aufarbeitung ihrer Konflikte eine Erzie-
hungsberatungsstelle aufzusuchen?
Kommt es in diesem Fall darauf an, ob eine gemeinsame Sorgeerklärung in Bezug
auf das Kind vorliegt oder nicht?
11.2:
Erwin und Maria sind geschiedene Eheleute. Die Mutter Maria hat gem. § 1671 II
Nr. 1 die alleinige elterliche Sorge für die gemeinsame Tochter Tina übertragen erhalten. Darf Erwin seine Tochter besuchen?
11.3:
Petra lebt bei Pflegeeltern in Dauerpflege (Vollzeitpflege gem. § 33 SGB VIII).
Dürfen die Eltern täglich unangemeldet in der Pflegestelle zu Besuch kommen und
ständig mit Petra telefonieren?
11.4:
Janine lebt seit längerem bei Familie Beier in Vollzeitpflege (§ 33 SGB VIII). Der
geschiedene Vater Fritz möchte das Kind in der Pflegestelle besuchen; Janine, der
Mutter und den Pflegeeltern ist das nicht recht. Die Mutter und die Pflegeeltern halten das Kindeswohl bei Besuchen des Vaters für gefährdet, da dieser früher das
Kind missbraucht habe. Fritz meint, es sei ihm nicht länger zuzumuten, weiterhin
auf den Umgang mit seinem Kind zu verzichten. Den Vorwurf des Missbrauchs
weist er zurück.
11.5:
Frau Freundlich ist Vormund des Kindes Kerstin geworden, nachdem der gem.
§ 1626 a II allein sorgeberechtigten Mutter Marion die elterliche Sorge gem. § 1666
vollständig entzogen worden war. Das Heim, in welchem das Kind untergebracht ist
(Hilfe zur Erziehung), fragt beim Jugendamt an, ob die alkoholkranke Mutter noch
ein Besuchsrecht habe.
11.6:
Der geschiedene ausländische Vater hat nach dem Vorbringen der Mutter damit ge-
droht, das Kind in seine Heimat zu entführen. Kann dennoch ein Umgang des Vaters
mit seinem Kind stattfinden?
In welchen Fällen ordnet das Familiengericht häufig einen Umgang in Anwesenheit
eines Dritten an?

Können Streitigkeiten zwischen Eltern über den Umgang eines Elternteils mit dem Kind dazu führen, dass ein Verfahrenspfleger gem. § 50 FGG bestellt wird?
Unter welchen Voraussetzungen führt das Familiengericht gem. § 52 a FGG ein Umgangsvermittlungsverfahren durch?

11.7:
Das Kind weigert sich nach Auffassung des von der Mutter getrenntlebenden Vaters grundlos, den Umgang mit ihm zu pflegen. Der Vater beruft sich auf das »Parental Alienation Syndrome – PAS«.
Was ist unter PAS zu verstehen?
Kann das Kind zum Umgang mit seinem Vater gezwungen werden?
Kann die Mutter gezwungen werden, ihre Abneigung gegen den Umgang des Kindes mit dem Vater aufzugeben und das Kind zum Umgang mit seinem Vater anzuhalten?

11.8:
Der 8-jährige Bernd leidet darunter, dass ihn sein getrennt lebender Vater Holger seit einem Jahr nicht mehr besucht hat. Kann der Vater zum Umgang mit dem Kind mit Gewalt oder mit anderen Zwangsmitteln gezwungen werden?

Fall 12: *Gestrichen*

Fall 13: Meinungsverschiedenheit zwischen minderjähriger Mutter und Vormund
Die 17-jährige ledige Helga ist Mutter der einjährigen Ulrike. Beide leben bei Helgas Eltern. Helga möchte jetzt eine Lehre beginnen und das Kind im Rahmen von Hilfe zur Erziehung mit Hilfe des Jugendamts in einer Vollzeitpflegestelle oder bei einer Tagesmutter unterbringen. Der Vormund des Kindes ist strikt dagegen und möchte erreichen, dass sich Helga weiterhin persönlich um das Kind kümmert. Die Großeltern des Kindes sind wegen ihrer Berufstätigkeit nicht bereit, ihr Enkelkind Ulrike zu versorgen und Helga zu entlasten. Wie ist die Rechtslage?

Fall 14: Befugnisse der Pflegeperson
Der 10-jährige Stefan lebt seit längerem in Vollzeitpflege bei dem Ehepaar Klug. Die Pflegemutter möchte wissen, ob sie gem. § 1688 I berechtigt ist, die Zeugnisse des Kindes zu unterschreiben.

Fall 15: Befugnisse der Heimerzieher/der Heimleitung
Der 13-jährige Peter lebt im Heim. Welche Angelegenheiten der elterlichen Sorge werden gem. § 1688 II von »der Person, die im Rahmen der Hilfe nach § 34 SGB VIII (Heimerziehung) die Erziehung und Betreuung übernommen hat«, wahrgenommen?

Fall 16: Aufgaben des Vormunds
Der 15-jährige Achim steht unter der Amtsvormundschaft des Jugendamts. Welche Aufgaben hat der Vormund wahrzunehmen?

Fall 17.1:   Der Einzelvormund bzw.

Fall 17.2:   Der Amtsvormund
möchte für sein minderjähriges Mündel Herbert einen Lehrvertrag über 3 Jahre abschließen. Ist in beiden Fällen das Vormundschaftsgericht einzuschalten?

Fall 18:   Verheiratete Minderjährige; Ausbildungsvertrag, Mietvertrag, Umzug
Die 17-jährige verheiratete Sigrid kündigt schriftlich ihren Ausbildungsvertrag. Sie zieht von Braunschweig nach Frankfurt und unterschreibt dort den Mietvertrag.
18.a:
Ist die Kündigung wirksam?
18.b:
Darf Sigrid gegen den Willen ihrer Eltern umziehen und einen neuen Wohnsitz begründen?
18.c:
Ist sie berechtigt, alleine wirksam den Mietvertrag abzuschließen?

Fall 19:   Sterilisation, Betreuungsmaßnahme; Verhütung einer Schwangerschaft
Die geistig behinderte 17-jährige Tina lebt im Heim. Sie hat sexuelle Kontakte zu ihrem Freund Falko. Um eine Schwangerschaft der Minderjährigen zuverlässig zu verhüten, planen die Eltern, eine Sterilisation bei Tina durchführen zu lassen. Ist das möglich?

Fall 20.1:   Geschlossene Unterbringung in Behinderteneinrichtung
Die Eltern der schwer geistig behinderten Katja wollen ihr Kind in der geschlossenen Abteilung einer Behinderteneinrichtung unterbringen. Ist das möglich?

20.2:   Geschlossene Unterbringung im Erziehungsheim
Auf Antrag der sorgeberechtigten Mutter hat das Jugendamt in Oldenburg die 14-jährige Katharina in einem Heim in Göttingen untergebracht (§§ 27, 34 SGB VIII). Die Heimleitung erwägt eine befristete geschlossene Unterbringung der Minderjährigen im Rahmen der Heimerziehung wegen ihrer Aggressionen und Weglauftendenzen. Welche Voraussetzungen müssen erfüllt sein, und wie ist das Verfahren geregelt?

20.3:   Geschlossene Unterbringung in Jugendschutzstelle
Die 15-jährige Ausreißerin Petra ist verstört und selbstmordgefährdet. Sie ist vor den Zudringlichkeiten ihres Stiefvaters geflohen und vom Jugendamt in einer Jugendschutzstelle vorläufig untergebracht worden. Petras Mutter widerspricht der Inobhutnahme. Das Jugendamt möchte Petra geschlossen unterbringen. Rechtsgrundlage?

Fall 21.1: Abitur statt Lehre;

Der 17-jährige Markus berichtet der Sozialpädagogin, er wolle gern die Schule weiter besuchen, um das Abitur zu machen und später zu studieren. Seine Eltern seien dagegen. Sie wollten ihn dazu zwingen, eine Kfz-Lehre zu machen. Sie haben Markus bereits von der Schule abgemeldet und einen Lehrvertrag für ihn abgeschlossen. Was ist zu tun?

21.2: Sonderschule statt Grundschule

Der 10-jährige Frank soll nach dem Willen seiner Lehrerin Lisa die Grundschule verlassen und eine Sonderschule für Lernbehinderte besuchen. Die Eltern sind strikt dagegen, obwohl das Kind in der Grundschule aufgrund ständiger Überforderung neurotische Symptome zeigt: Es stört den Unterricht, schlägt andere Schüler und fehlt häufig. Die Eltern reagieren mit Strenge. Sie zwingen das Kind zu stundenlangen Schularbeiten und bestrafen es bei jeder Gelegenheit mit Taschengeldentzug und Schlägen. Wie ist die Rechtslage?

Lösungshinweise

Fall 1: Rechtliche Einordnung von Sorgerechtsmaßnahmen
1.1:
Wahl des Kindergartens – tatsächliche Personensorge (Erziehung; § 1631 I);
1.2:
Anmeldung des Kindes beim Sportverein – rechtliche Personensorge (Erziehung);
1.3:
Kleidung, Ernährung – tatsächliche Personensorge (Pflege, § 1631 I);
1.4:
Vermittlung ethischer Werte – tatsächliche Personensorge (Erziehung);
1.5:
religiöse Erziehung – tatsächliche Personensorge (besondere Regelung im Gesetz über religiöse Kindererziehung);
1.6:
Abschluss eines Lehrvertrages – rechtliche Personensorge (Erziehung);
1.7:
Verwaltung eines Lottogewinns – tatsächliche oder rechtliche (Geldanlage!) Vermögenssorge; bei der Vermögenssorge unterliegen die Eltern gem. §§ 1638 ff. Beschränkungen und bedürfen bei bestimmten Rechtsgeschäften einer familiengerichtlichen Genehmigung (§ 1643);
1.8:
geschlechtliche Aufklärung – tatsächliche Personensorge; die individuelle Sexualerziehung gehört in erster Linie zu dem natürlichen Erziehungsrecht der Eltern im Sinne des Art 6 II GG (BVerfG in NJW 78,S. 807);
1.9:
Einsperren des Kindes – tatsächliche Personensorge (Erziehung); kann im Einzelfall

eine gem. § 1631 II geächtete entwürdigende Maßnahme darstellen (in Form einer »seelischen Verletzung«);
1.10:
Taschengeldentzug – tatsächliche Personensorge (Erziehung); vgl. auch »Taschengeldparagraph« § 110;
1.11:
Die körperliche Züchtigung eines Kindes durch seine Eltern wurde bis zum Inkrafttreten des »Gesetzes zur Ächtung der Gewalt in der Erziehung und zur Änderung des Kindesunterhaltsrechts« vom 2. 11. 2000 (BGBl I S. 1479) überwiegend als gewohnheitsrechtlich legitimiertes Elternrecht verstanden, als Ausübung der »tatsächlichen Personensorge« (Erziehung). Durch die Änderung des § 1631 II wurde nunmehr zweifelsfrei ein Recht der Kinder auf gewaltfreie Erziehung festgeschrieben. Körperliche Bestrafungen, seelische Verletzungen und andere entwürdigende Erziehungsmaßnahmen sind somit unzulässig. Zur Begründung des Gesetzentwurfs vgl. Kind-Prax 2000 S. 23 f; zum Gesetz selbst Heger/Schomburg Kind-Prax 2000 S. 171 ff., Baltz in ZfJ 2000 S. 210. Palandt/Diederichsen (Bürgerliches Gesetzbuch 60. Aufl. 2001 § 1631 Rn. 11) halten allerdings daran fest, dass »sicher nicht alle körperlichen Erziehungsmaßnahmen geächtet seien, wohl aber alle, die zugleich für das Kind entwürdigend seien, die also das Kind dem Gespött oder der Verachtung anderer Personen aussetzen oder auf andere Art seine Selbstachtung und sein Ehrgefühl in unverhältnismäßiger Weise verletzen. Die Entwürdigung könne in der Art der Strafe begründet sein (Nacktausziehen, Fesseln) oder in dem Ausmaß und ihrer Dauer (Einsperren im Dunkeln). Nach dieser Auslegung des Gesetzes wäre ein bloßer Klaps auf das Hinterteil eines Kindes erlaubt. Dieser Auffassung ist zu widersprechen. Durch körperliche Bestrafung vergreift sich ein »starker« Erwachsener an einem »schwachen« Kind – allein hierin liegt die »Entwürdigung« für das Kind. Jede körperliche Gewalt ist als solche geächtet (so auch Heger/Schomburg a.a.O. unter Hinweis auf Bussmann: Verbot familialer Gewalt gegen Kinder, Köln 2000). Sonst wäre wieder eine Differenzierungsdebatte um »erlaubte« und »nicht erlaubte« Körperstrafen unumgänglich; dies ist umso weniger einzusehen, als eine Sanktion bis hin zum Sorgerechtsentzug durch das Familiengericht erst bei bei erheblichen Eingriffen in die körperliche Unversehrtheit und daraus folgender Kindeswohlgefährdung i.S. § 1666 möglich ist.

Fall 2: Elternstreit
In bestimmten Fällen kann gem. § 1628 das Familiengericht eingeschaltet werden, sofern sich die Eltern »in einer einzelnen Angelegenheit oder in einer bestimmten Art von Angelegenheiten, deren Regelung für das Kind von erheblicher Bedeutung ist«, nicht einigen können. Das Familiengericht kann dann auf Antrag eines Elternteils die Entscheidung einem Elternteil übertragen; das Gericht trifft nicht selbst die Sachentscheidung. Zu diesen wichtigen Angelegenheiten gehören die Bestimmung des Religionsbekenntnisses, die Art der Ausbildung, die Aufenthaltsbestimmung, insbesondere bei Trennungsabsicht eines Elternteils, die Namensgebung und die Anlegung des Kindesvermögens, wenn dieses einen größeren Umfang hat (vgl. auch

Palandt, Rn. 1 – 5 zu § 1628). Bei der Beurteilung der erheblichen Bedeutung der Regelung der Angelegenheit ist die Wirkung der Uneinigkeit der Eltern auf das Kind zu berücksichtigen. Bei unwichtigen Angelegenheiten wird das Familiengericht eine Entscheidung darüber ablehnen. Unter Berücksichtigung dieser Grundsätze wird das Familiengericht in den folgenden Fällen einem Elternteil die Entscheidung übertragen:

2.1: Schulbesuch: ja; »bestimmte Art von Angelegenheiten« (vgl. Palandt § 1628 Rn. 3);

2.2: Tetanusimpfung: nein; – andere Beurteilung denkbar, insbesondere wenn die Impfung anläßlich einer aktuellen Verletzung erfolgen soll; »einzelne Angelegenheit«;

2.3: Ferienaufenthalt: vermutlich nein. Andere Entscheidung aber dann möglich, wenn der *Umgang* des Kindes mit der Großmutter während der Ferien von dieser gewünscht wird, seinem Wohl dient und im Interesse des Kindes nicht von einem Elternteil unterbunden werden darf, §§ 1685 I, III i.V. m. § 1684 II. In letzterem Fall geht es im Ergebnis um eine »als dauerhaft geplante Regelung« d.h. nicht mehr um eine einzelne Angelegenheit, sondern um den Umgang mit den Großeltern als nahen Bezugspersonen gem. § 1685 und damit um eine »bestimmte Art von Angelegenheiten« (so Palandt § 1628 Rn. 3).

2.4: Verwendung des Taschengeldes: nein, über die Verwendung seines Taschengeldes darf Udo hier allein entscheiden; – siehe auch »Taschengeldparagraph«, § 110, der lediglich zuläßt, dass der gesetzliche Vertreter bei der Überlassung der Mittel (nicht im nachhinein!) eine derartige »Zweckbestimmung« trifft. Bei (vorheriger) Uneinigkeit über die »Zweckbestimmung« ist dennoch keine wichtige Angelegenheit betroffen.

2.5: Umgang mit »Schuleschwänzer«: nein; eine andere Beurteilung u.U. denkbar, wenn Udo mit Billigung eines Elternteils zusammen mit Kevin die Schule schwänzt;

2.6: Wahl der Ausbildungsstelle: ja, aber eine Berücksichtigung des Kindeswillens ist gem. § 1626 II geboten; möglicherweise entscheidet das Familiengericht gem. § 1666, sofern sich die Eltern über Eignung und Neigung des Kindes hinwegsetzen und dadurch das Kindeswohl gefährden, vgl. auch Fall 21.

2.7: Schwangerschaftsabbruch: Streitig ist, ob bei entsprechender Reife die Entscheidung in das Selbstbestimmungsrecht der schwangeren Minderjährigen fällt und in diesem Fall die elterliche Zustimmung zum Schwangerschaftsabbruch nicht erforderlich ist (zum Meinungsstand Palandt Rn. 16 zu § 1626 m.w. Nachweisen). Auf jeden Fall kommt es bei einer »Unreife« der schwangeren Minderjährigen, d.h., wenn diese die Bedeutung und Tragweite des Abruchs nicht überblicken kann, auf die Entscheidung ihrer Eltern an, wobei die »moralische Grundhaltung« des Elternteils, der gegen den Abbruch ist, zu prüfen ist. Dies obliegt dem Familiengericht, das bei einer Gefährdung des Kindeswohls gem. § 1666 (vom Jugendamt, § 50 III SGB VIII) einzuschalten ist, um notfalls von Amts wegen eine Maßnahme zu treffen (vgl. auch Moritz, Bedeutung des Elternvotums für den Abbruch der Schwangerschaft Minderjähriger, ZfJ 99, S. 92 ff.).

Fall 3.1:   Vertretung des Kindes bei zusammen lebenden Eltern; Strafantrag – Antragsdelikt

Die elterliche Sorge umfasst die gemeinschaftliche Vertretung des Kindes durch die sorgeberechtigten Eltern, § 1629. Auch hier haben die Eltern zum Wohle des Kindes zu handeln, § 1627. Bei Gefahr im Verzug ist jeder Elternteil dazu berechtigt, alle Rechtshandlungen vorzunehmen, die zum Wohl des Kindes notwendig sind; der andere Elternteil ist unverzüglich zu unterrichten (Beispiel: Krankenhausunterbringung des Kinder im Notfall; wegen der Einzelheiten vgl. die folgenden Fälle). Die Eltern können sich untereinander in Sorgerechtsangelegenheiten bevollmächtigen. Häufig wird eine Befugnis zur Einzelvertretung dann angenommen, wenn die Eltern eine»Funktionsteilung« vorgenommen haben (Einzelheiten vgl. Palandt/Diederichsen, Rn. 10 zu § 1629).

Bei der (einfachen) Körperverletzung handelt es sich um ein sogenanntes Antragsdelikt, d. h. der Verletzte kann innerhalb von 3 Monaten einen Strafantrag stellen, §§ 230 I, 77 I, 77 b I StGB. Der Strafantrag ist eine Voraussetzung für die Strafverfolgung. Da der verletzte Minderjährige gem. § 106 BGB beschränkt geschäftsfähig ist, sind die personensorgeberechtigten Eltern gem. § 77 III StGB berechtigt, den Strafantrag zu stellen. Es reicht aus, dass einer von ihnen im Einverständnis mit dem anderen den Antrag stellt oder der andere zustimmt.

3.2:   Strafantrag – Offizialdelikt

Beim sexuellen Missbrauch von Schutzbefohlenen, zu denen die eigenen Kinder gem. § 174 I Nr. 3 StGB zählen, handelt es sich – anders als bei der einfachen Körperverletzung (Fall 3.1) – nicht um ein sogenanntes Antragsdelikt. Jeder ist berechtigt, eine Strafanzeige zu erstatten. Auch die Mutter, das Kind selbst oder ggf. das Jugendamt könnten sich an die Strafverfolgungsbehörden wenden und ein Verfahren in Gang bringen. Das Jugendamt hätte gem. § 50 III SGB VIII zu prüfen, ob eine Strafanzeige zum Schutz des Kindes geboten ist. Dabei ist der Sozialdatenschutz zu beachten, §§ 64 II, 65 SGB VIII, d.h. der Erfolg einer zu gewährenden Jugendhilfemaßnahme darf nicht in Frage gestellt werden, und der besondere Vertrauensschutz in Beratungssituationen ist zu wahren.

3.3:   Vertretung des Kindes bei getrenntlebenden Eltern; medizinischer Notfall

Obwohl die Eltern getrennt leben, steht ihnen die elterliche Sorge gemeinsam zu. Entscheidungen in Angelegenheiten, deren Regelung für das Kind von erheblicher Bedeutung ist, sind im gegenseitigen Einvernehmen zu treffen; der Vater, bei dem sich das Kind mit Einwilligung der Mutter gewöhnlich aufhält, entscheidet dagegen in Angelegenheiten des täglichen Lebens allein, § 1687 I. Bei der Notfallversorgung des Kindes im Krankenhaus liegt jedoch keine alltägliche Angelegenheit vor. § 1629 I S. 4 gilt jedoch bei getrenntlebenden Elternteilen entsprechend. Daher ist bei Gefahr im Verzug jeder Elternteil berechtigt, alle zum Wohl des Kindes notwendigen Rechtshandlungen vorzunehmen. Der Vater darf also allein den Krankenhausaufnahmevertrag abschließen und der medizinischen Versorgung des Kindes zustimmen.

3.4: Getrenntlebende Eltern; Operation
Bei der Operation des Kindes handelt es sich nicht um eine Routineangelegenheit des täglichen Lebens. Da hier kein Notfall gegeben ist, darf die Operation nur im Einverständnis beider Eltern erfolgen, § 1687 I.

3.5: Getrenntlebende Eltern; Urlaubsreise nach Ägypten
Die Urlaubsreise nach Ägypten mit dem dreijährigen Kind gehört nicht zur »Alltagssorge«, sie stellt keine Angelegenheit des täglichen Lebens dar, sondern eine solche, deren Regelung für das Kind von erheblicher Bedeutung ist (so auch Palandt Rn. 10, 22 zu § 1687). Die Mutter darf hierüber nicht allein entscheiden.

Fall 4: *Aufgehoben*

Fall 5.1: Herausgabeverlangen; 17-jähriges Kind
Die Eltern könnten gem. § 1632 I die Herausgabe ihrer Tochter von Tante Klara verlangen, sofern diese ihnen das Kind »widerrechtlich vorenthält«. Widerrechtliches Vorenthalten geschieht durch denjenigen, der das Kind ohne rechtfertigenden Grund in seiner Gewalt hat und die Wiederholung durch den Berechtigten verhindert (Palandt/Diederichsen, Rn. 5, 6 zu § 1632). Hier weigert sich Charlotte, zurückzukehren. Die Tante verhält sich passiv, ein Herausgabeanspruch gegen die Tante ist daher nicht gegeben (LG Köln, FamRZ 72, 376).
§ 1632 richtet sich nicht gegen das Kind, sondern gegen Dritte oder den anderen Elternteil. Dem Kinde gegenüber wirkt die elterliche Sorge unmittelbar; »das kleine Kind wird zurückgetragen, das ältere zurückgeführt« (Beitzke a.a.O. S. 309). Ist das ältere Kind, wie hier, nicht rückkehrwillig, gibt es Probleme. Beitzke schreibt: »Gegenüber dem älteren Kind wirkt das Aufenthaltsbestimmungsrecht praktisch nicht mehr. Gegen ›Weglaufen‹ würde nur Einsperren helfen; das ist aber eine entwürdigende Erziehungsmaßnahme. In einer solchen, heute gar nicht so seltenen Krisenlage, die physische Gefährdungen des Kindes einschließt und Elternverantwortung als nicht mehr erträglich erscheinen läßt, versagen die letztlich immer auf Zwang angewiesenen Rechtsschutzformen. Erforderlich ist (ein) behutsamer erzieherischer Einfluß, möglichst durch Dritte. §§ 27 – 31, 35 f. SGB VIII schaffen hierfür den institutionellen Rahmen« (Beitzke, S. 310).

5.2: Herausgabeverlangen; Pflegschaft mit Aufenthaltsbestimmungsrecht
Hier scheitert das Herausgabeverlangen auch deswegen, weil den Eltern das Aufenthaltsbestimmungsrecht nicht zusteht. »Widerrechtliches Vorenthalten« liegt nicht vor, wenn, wie hier, der Pfleger mit Aufenthaltsbestimmungsrecht (Jugendamt) zu Recht Charlottes Aufenthalt bei Tante Klara bestimmt hat.

Fall 6.1: Herausgabeverlangen bei Internatserziehung

Es handelt sich bei der Internatserziehung um eine privatrechtliche Maßnahme der Eltern. Diese können den Internatsvertrag mit sofortiger Wirkung kündigen und ihr Kind herausverlangen, § 1632 I. Weigert sich die Internatsleitung, das Kind herauszugeben, so liegt ein widerrechtliches Vorenthalten vor. Der Herausgabeanspruch der Eltern kann notfalls auf Antrag eines Elternteils vor dem Familiengericht durchgesetzt werden, § 1632 III. Einen Schutz des Kindes vor einer das Kindeswohl gefährdenden Herausnahme zur Unzeit nach langem Aufenthalt in einer Einrichtung entsprechend § 1632 IV gibt es nicht; ggf. ist § 1666 zur Vermeidung einer Herausnahme zu prüfen. Bei einer überstürzten Herausnahme des Kindes zur Unzeit könnte die Internatsleitung also das Kind »vorenthalten« und zugleich das Familiengericht anrufen, um durch eine einstweilige Anordnung gem. § 1666 den Verbleib des Kindes im Internat zu erreichen.

6.2: Herausgabeverlangen bei Heimerziehung (Hilfe zur Erziehung gem. SGB VIII)

Die Heimerziehung wird hier vom Jugendhilfeträger gewährt und durchgeführt (Hilfe zur Erziehung, §§ 27, 34 SGB VIII). In diesem Fall liegt ein widerrechtliches Vorenthalten nicht vor, wenn die Heimleitung die Herausgabe des Kindes verweigert. Michael bleibt im Heim. Die Eltern können aber eine sofortige Aufhebung der freiwilligen Maßnahme »Hilfe zur Erziehung« beim Jugendhilfeträger durchsetzen und anschließend ihr Kind aus dem Heim holen (ausführlich dazu der folgende Fall 7). In einem solchen Fall könnte die Heimleitung oder ggf. das Jugendamt beim Familiengericht gem. § 1666 eine einstweilige Anordnung mit dem Ziel beantragen, den Verbleib des Kindes im Heim vorläufig anzuordnen, um eine akute Kindeswohlgefährdung zu vermeiden. Diese Kindeswohlgefährdung müsste allerdings vom Antragsteller durch Tatsachen belegt und glaubhaft gemacht werden.

Fall 7: Herausgabeverlangen bei Vollzeitpflege

Das Kind befindet sich aufgrund eines öffentlich-rechtlichen Verwaltungsaktes (Hilfe zur Erziehung, §§ 27 ff. SGB VIII) in der Vollzeitpflegestelle. Diese Hilfe zur Erziehung wurde den Eltern als Personensorgeberechtigten mit ihrem Einverständnis als Leistung gewährt. Grundsätzlich scheidet die Widerrechtlichkeit eines Vorenthaltens bei dieser Hilfe aus (Palandt, Rn. 6 zu § 1632). Andererseits wird gerade im Zusammenhang mit der Unterbringung des Kindes in einer Pflegestelle häufig betont, dass die Eltern die Maßnahme jederzeit beenden und ihr Kind gem. § 1632 I von Pflegeeltern herausverlangen dürften. Nach dieser Meinung würde die Weigerung der Pflegeeltern, das Kind herauszugeben in diesem Fall als widerrechtliches Vorenthalten gewertet. Nach der jetzigen formalen Ausgestaltung der Hilfe zur Erziehung, insbesondere durch die §§ 36, 37 SGB VIII (Teamentscheidung durch Fachkräfte im Jugendamt, Aufstellung eines Hilfeplans, Möglichkeit der Fortschreibung/Abänderung desselben, Zusammenarbeit zwischen Pflegeperson und Eltern), ist jedoch festzustellen, dass das Vorenthalten erst dann widerrechtlich ist, wenn zuvor die Maßnahme »Hilfe zur Erziehung« formell durch das Jugendamt beendet wurde. Diese Beendigung kann die Mutter allerdings jederzeit durch Erklärung gegenüber dem Jugendamt erreichen. Sobald ihr Einverständnis für die freiwillige Maßnahme »Hilfe zur Erziehung« nicht mehr vorliegt, ist der Verwaltungsakt mit Wirkung für die Zukunft aufzuheben (§ 48 I SGB X).

Ist danach das Vorenthalten des Kindes durch Pflegeeltern widerrechtlich und grundsätzlich eine Herausgabepflicht gegeben, so können die Pflegeeltern dennoch bei einer Integration des Kindes in die Pflegefamilie infolge längerer Dauer der Familienpflege gem. § 1632 IV das Familiengericht anrufen. Dieses kann auf ihren Antrag bzw. auf Anregung des Jugendamts auch von Amts wegen anordnen, dass das Kind bei der Pflegeperson verbleibt,»wenn und solange das Kindeswohl durch die Wegnahme gefährdet würde.« Damit ist ein Schutz vor einer Beendigung einer langfristigen Familienpflege, die auch starke emotionale Bindungen des Kindes an die Pflegeperson bewirkt hat (»faktische Elternschaft«) gegeben, da es lediglich auf das Kindeswohl (hier seelisches Kindeswohl) ankommt, das bei einer erneuten Verpflanzung des Kindes stark gefährdet wäre. Ein solcher Fall liegt hier vor. Das Kind Bettina hat die längste Zeit seines Lebens bei Pflegeeltern verbracht. Eine Rückführung des Kindes zu den Eltern würde nach den Erkenntnissen der Entwicklungspsychologie mit Sicherheit eine Schädigung des Kindeswohls herbeiführen. Auf Antrag der Pflegeeltern wird das Familiengericht hier daher eine Verbleibensanordnung aussprechen. Im Verfahren nach § 1632 IV sind gem. §§ 50 a ff. FGG die Eltern, das Kind sowie die Pflegeeltern vom Richter anzuhören. Außerdem hört das Familiengericht das Jugendamt an, § 49 a Nr. 6 FGG; weitere Ausführungen zu dieser Problematik bei Fallösung 11.3 am Ende.

Gem. § 50 I, II Nr. 3 FGG ist dem Kind in derartigen Fällen »in der Regel« ein Verfahrenspfleger für das familiengerichtliche Verfahren zu bestellen, dazu BayObLG FamRZ 2000, S. 633f.; OLG Köln ebenda S. 635 f.

Fall 8.1: Herausgabeverlangen; Umgangsrecht nach Scheidung
Hanna stützt ihr Verlangen auf § 1632 I, da »jeder«, also auch ein Elternteil, das Kind dem Personensorgeberechtigten herausgeben muss, wenn er es ihm widerrechtlich vorenthält. Die Weigerung des Vaters, das Kind der gem. § 1671 sorgeberechtigten Mutter zu überlassen, ist als widerrechtliches Vorenthalten zu bewerten, da dem Vater Bodo lediglich ein Besuchsrecht (»Umgangsrecht«) zusteht, das am Montag »abgelaufen« ist. Kommt es in der Folgezeit nicht zur gütlichen Einigung zwischen den Eltern, trifft das Familiengericht auf Antrag eines Elternteils gem. § 1632 III eine Entscheidung. Das Gericht wird auf ein Einvernehmen der Beteiligten hinwirken und diese an Beratungsstellen der Jugendhilfe verweisen, § 50 FGG. Außerdem ist zu prüfen, ob die Voraussetzungen für ein gerichtliches Umgangsvermittlungsverfahren gem. § 52 a FGG vorliegen und dieses von einem Elternteil beantragt werden sollte. Sofern gerichtliche »Mediation« (Vermittlung) scheitert und sogar eine Gefährdung des Kindes droht, die hier allerdings kaum gegeben sein dürfte, ist eine vorläufige Anordnung möglich und das Kind ggf. kraft gerichtlicher Anordnung sofort an die Mutter herauszugeben.

Eine Entscheidung des Gerichts, die Elternteile zu »Siegern« oder »Besiegten« in einem Rechtsstreit macht, sollte aber im Interesse des Kindes (»Kindeswohl« sollte im Vordergrund stehen) möglichst vermieden werden.

Kommt es zur Einschaltung des Familiengerichts, wird das Gericht folgende Fragen zu klären haben:

- Geht es wirklich nur um eine Herausgabe gem. § 1632 I oder ist
- evtl. an eine Abänderung der früheren Sorgerechtsentscheidung zugunsten des Vaters gem. §§ 1696, 1671 zu denken, weil nur so das seelische Kindeswohl gewährleistet werden kann? Hierfür spricht einiges, z.b. der geäußerte Wille des 6-jährigen Kindes (der Richter hat das Kind anzuhören, § 50 b FGG), sowie möglicherweise eine stärkere Bindung des Kindes an den Vater.
- Denkbar ist auch, dass dem Vater ein großzügigeres Umgangsrecht als bisher vom Familiengericht eingeräumt werden muss (§ 1634 II).

In allen diesen Fällen wäre außer dem Kind und den Eltern auch das Jugendamt vom Familiengericht anzuhören, § 49 a I Nr. 6, 7, 9 FGG. Eine einstweilige Anordnung kann bei Gefahr im Verzuge auch ohne vorherige Anhörung des Jugendamts getroffen werden, §§ 49 a II, 49 IV FGG. Die Anhörung ist dann unverzüglich nachzuholen. In schwierigen streitigen Sorgerechtsverfahren sollte ein psychologisches Gutachten vom Gericht eingeholt werden.

Die Vollstreckung eines Herausgabebeschlusses des Gerichts richtet sich nach § 33 II FGG. Die Anwendung unmittelbaren Zwangs (Wegnahme des Kindes) ist selten. Vielmehr wird durch die Verhängung von Zwangsgeld auf den Herausgabepflichtigen eingewirkt.

8.2: Herausgabeverlangen, Umgangsrecht; nicht miteinander verheiratete Eltern

Bei dieser Fallvariante sind und waren Eriks Eltern nicht miteinander verheiratet. Auch hier verlangt die gem. § 1626 a II allein sorgeberechtigte Mutter das Kind von dem Vater heraus. Seine Weigerung, das Kind der Mutter zu überlassen, stellt ein widerrechtliches Vorenthalten dar. Zur Durchsetzung ihres Herausgabeanspruchs kann die Mutter das Familiengericht einschalten. Im übrigen gilt das unter 8.1 Ausgeführte entsprechend.

Fall 9: Aufsichtsführung; älterer Minderjähriger

Ein ähnlicher Fall ist vom Bundesgerichtshof (NJW 1980, 1044) entschieden worden: Zu prüfen war, ob der Gast gem. § 832 I wegen Verletzung der den Eltern nach § 1631 I obliegenden gesetzlichen Aufsichtspflicht von diesen Ersatz seines Schadens (Schmerzensgeld, § 847) verlangen konnte. Die Frage wurde verneint. Das Gericht stellte fest, dass die Eltern den Nachweis einer »gehörigen« Aufsichtsführung erbracht hätten. (Vgl. Wortlaut des § 832 I; die Aufsicht wird »gehörig« geführt, wenn das getan wird, was »verständige Eltern nach vernünftigen Anforderungen in der konkreten Situation an erforderlichen und zumutbaren Maßnahmen treffen müssen, um Schädigungen Dritter durch ihr Kind zu verhindern« (BGH NJW 93, S. 1003)). In diesem Fall betonte das Gericht, dass über einen fast Volljährigen die Aufsicht in anderer Weise zu führen sei, als es beim jüngeren Kind angezeigt ist (Heranziehung der in § 1626 II aufgeführten Erziehungsgrundsätze bei der Bestimmung des Inhalts der Aufsichtspflicht: Berücksichtigung der größeren Selbständigkeit und wachsenden Einsicht des älteren Kindes/Jugendlichen). Das Gericht ging auch auf die Frage der Zumutbarkeit der Aufsichtsführung bei älteren Minderjährigen ein und stellte sich gegen die Auffassung, eine Taschengeldkürzung oder das Verbot des Besuchs von Gaststätten seien von den Eltern hier zu erwarten gewesen.

Das Urteil ist auch für die Jugendhilfe von Bedeutung, soweit Sozialarbeiter oder Sozialpädagogen durch Vertrag (§ 832 II) die Aufsichtsführung über Minderjährige übernommen haben, und sie insoweit das zu tun haben, was von »vernünftigen Eltern« in der gleichen Situation verlangt werden kann.

Fall 10.1: Aufsichtsführung durch Vater; Regress
In diesem Fall geht es um die Folgen, die eine Aufsichtspflichtverletzung haben kann, wenn dadurch ein Kind zu Schaden kommt, das im Haushalt des Schädigers (Aufsichtspflichtigen) lebt. Der Vater des Kindes hat zwar keine Aufsichtspflicht kraft Gesetzes, da er nicht Inhaber der elterlichen Sorge ist. Es ist aber von einer – zumindest stillschweigend erfolgten – vertraglichen Übernahme der Aufsichtspflicht durch den Vater auszugehen. Für die schuldhafte (fahrlässige) Verletzung dieser Aufsichtspflicht hat der Vater einzustehen.

Gehen wir zunächst davon aus, dass eine gesetzliche Krankenversicherung des Kindes besteht: Die gesetzliche Krankenkasse ist Sozialleistungsträger gem. §§ 4, 21 SGB I. § 116 I SGB X regelt einen gesetzlichen Forderungsübergang eines Schadensersatzanspruchs auf die Krankenkasse als Versicherungsträger, soweit diese aufgrund eines Schadensereignisses Sozialleistungen zu erbringen hat. Hiernach kann die Krankenkasse also grundsätzlich sog. »Regress« vom Schädiger (hier Vater) verlangen. Da der mit der Mutter und dem Kind in häuslicher Gemeinschaft zusammenlebende Vater jedoch »Familienangehöriger« ist, gilt § 116 VI SGB X, wonach in einem solchem Fall ein Übergang von Schadensersatzansprüchen ausgeschlossen ist. Die Vorschrift ist Ausdruck eines allgemeinen Rechtsgedankens (Palandt/Heinrichs Rn. 159 Vorbemerkung vor § 249) und bezweckt, durch den Ausschluss des Forderungsübergangs in der derartigen Fällen den Familienfrieden (hier: Erziehung des Kindes) nicht zu stören. Ergebnis: Die Krankenkasse des Kindes kann nicht Ersatz der Kosten der ärztlichen Behandlung vom Vater verlangen.

Bei einer privaten Krankenversicherung gilt das Versicherungsvertragsgesetz (VVG). § 67 II VVG schließt ebenfalls den Rückgriff auf Familienangehörige aus. Das Ergebnis wäre hier also dasselbe.

10.2: Aufsichtsführung durch Tagesmutter; Regress
Verlangt die Krankenkasse Ersatz von der Tagesmutter, so könnte bei nicht vorsätzlicher (fahrlässiger) Schädigung das unter 10.1 Ausgeführte entsprechend gelten, sofern auch die Tagesmutter Familienangehörige des versicherten Kindes ist, solange sich dieses in ihrer Obhut befindet.

Die Beziehung des Kindes zur Tagesmutter ist aber nicht so eng, als dass Tagespflegeperson und Pflegekind als Familienangehörige miteinander verbunden sind. Das Pflegekindverhältnis ist nicht auf Dauer angelegt und nicht mit genügender Intensität ausgestattet. Anders kann die Situation beim Vollzeit-Pflegekind sein. In einer Entscheidung vom 13.08.92 hat das Oberlandesgericht Stuttgart festgestellt (OLG Stuttgart, ZfJ 93, 8): »Ein Pflegekind, das erst seit fünf Monaten bei Pflegeeltern wohnt, gilt als ein in häuslicher Gemeinschaft mit dem Schädiger lebender Familienangehöriger im Sinne des § 116 VI SGB X, soweit die weiteren Umstände (Aufenthalt der Mutter unbekannt, Vater beruflich im Ausland) für ein auf Dauer angelegtes Pflegekind-Verhältnis sprechen.« Diese Voraussetzungen sind bei der Tagespflegestelle in unserem Fall jedoch nicht gegeben. Somit kann die Krankenkasse wegen einer fahrlässigen Aufsichtspflichtverletzung durch die Tagesmutter Ersatz von dieser verlangen.

Um Haftungsansprüche wegen einer sogenannten unerlaubten Handlung gegen Aufsichtspflichtige oder gegen das Kind selbst zu vermeiden (vgl. §§ 823 I; Haftung des Kindes selbst möglich, sofern dieses mindestens 7 Jahre alt und damit bedingt deliktfähig ist, 828 II), ist der Abschluss einer Familienhaftpflichtversicherung angezeigt. Pflegeeltern sollten sich beim Jugendamt diesbezüglich beraten lassen; evtl. gewährt das Jugendamt selbst den Betroffenen (auch Tagespflegeperson) Schutz z.B. durch den Abschluss von Versicherungen.

Fall 11:   Umgangsrecht bei Trennung, Scheidung
Fall 11.1:
Gemäß § 1684 I ist der Vater zum Umgang mit seinem Kind verpflichtet und berechtigt. Der Umgang mit dem Vater gehört in der Regel zum Wohl des Kindes, § 1626 III S. 1. Die Eltern sind »zu wechselseitigem loyalen Verhalten« (Palandt/ Diederichsen § 1684 Rn. 11) verpflichtet, § 1684 II 1, und haben alles zu unterlassen, was das Verhältnis des Kinde zum jeweils anderen Elternteil beeinträchtigt oder die Erziehung erschwert. Die Mutter hat also die Pflicht, die Kontakte des Kindes zum Vater aktiv zu fördern und diese nicht nur zu dulden oder sogar zu hintertreiben. Sie hat im vorliegenden Fall die während des Zusammenlebens mit dem Vater gewachsenen Bindungen des Kindes zu diesem zu berücksichtigen.

Das Jugendamt wird bei Uneinigkeit der Eltern zu vermitteln versuchen und gem. § 17 I Nr. 3 SGB VIII Beratung anbieten, sofern Hilfe gewünscht wird. Sofern diese Vermittlungsversuche fehlschlagen, und die Eltern sich nicht einigen, bleibt Rudolf nur der Weg, das Familiengericht anzurufen. § 1684 III S. 2 gibt dem Familiengericht die Möglichkeit, die Beteiligten durch konkrete Anordnungen zur Einhaltung der Wohlverhaltenspflicht anzuhalten. Die Entscheidung kann gem. § 33 FGG durchgesetzt werden. Das OLG Braunschweig hat eine Anordnung des Familiengerichts gebilligt, wonach die Eltern Kontakt zu einer Beratungsstelle aufzunehmen haben, um einen abgebrochenen Kontakt zwischen nichtehelichem Vater und Kind wieder anzubahnen (FamRZ 99, 185 f.).

Außerhalb eines Gerichtsverfahrens besteht keine Verpflichtung, eine Beratungsstelle aufzusuchen.

Unerheblich ist der Umstand, ob lediglich die Mutter die elterliche Sorge innehat oder ob eine gemeinsame Sorgeerklärung gem. § 1626 a I abgegeben wurde.

11.2:
Gem. § 1684 I behält der Vater Erwin, dem die Personensorge nach der Scheidung gem. § 1671 nicht zusteht, das Recht zum Umgang mit dem Kind.

11.3:
Die Eltern haben ein Umgangsrecht gem. § 1684 I. Somit dürfen die Eltern grundsätzlich ihr Kind in der Pflegestelle (Vollzeitpflege gem. §§ 27, 33 SGB VIII) besuchen und auch sonst schriftlich oder fernmündlich Kontakt mit ihm aufnehmen. Einzelheiten des Umgangs werden zweckmäßigerweise im Einverständnis aller Beteiligten im Hilfeplan gem. § 36 SGB VIII geregelt.

Unangemeldete häufige Besuche und andere Versuche der Kontaktaufnahme »stören« die Erziehung des Kindes in der Pflegefamilie. Sofern eine Abänderung des Hilfeplans nicht in Betracht kommt oder nicht einvernehmlich erreicht werden kann, kommt eine Beendigung der Hilfe zur Erziehung durch den Jugendhilfeträger in Betracht.

Das uneinsichtige Verhalten der Eltern kann aber auch für das Jugendamt Anlass sein, eine Entscheidung des Familiengerichts zur Umgangsregelung gem. § 1684 III anzuregen, damit die »Leistung« Vollzeitpflege weiterhin pädagogisch sinnvoll erbracht werden kann. Bevor das Jugendamt in diesem Zusammenhang personenbezogene Daten an das Familiengericht weitergibt, hat es den »Übermittlungsvorbehalt« des § 64 II und des § 65 SGB VIII zu prüfen. Bei einer *Kindeswohlgefährdung* gem. § 1666 besteht unter Umständen gem. § 50 III SGB VIII sogar die *Verpflichtung* des Jugendamts, das Familiengericht einzuschalten. Voraussetzung hierfür ist, dass die Besuche der Eltern einen Missbrauch der elterlichen Sorge darstellen und das Kindeswohl erheblich gefährden; ferner, dass die Eltern nicht bereit oder in der Lage sind, ihr Verhalten zu ändern. Das Familiengericht trifft dann aufgrund der Intervention des Jugendamts gem. § 1684 III Entscheidungen, die das »Besuchsrecht« der Eltern einschränken oder sogar zeitweilig oder auf Dauer ausschließen – einschließlich Regelung des Telefonverkehrs.

11.4:
Gem. § 1684 I hat der geschiedene Vater ein Besuchsrecht auch dann, wenn sich das Kind in einer Pflegestelle befindet. Das Familiengericht kann die Ausgestaltung des Umgangs gem. § 1684 III regeln und den Umgang somit auch einschränken und vorübergehend ausschließen. Bei einer Familienpflege von längerer Dauer ist ggf. zu prüfen, ob eine »Verbleibensanordnung« des Familiengerichts gem. § 1632 IV von Amts wegen oder auf Antrag der Pflegeperson mit einer Umgangsregelung verbunden werden sollte (so BayObLG FamRZ 2000 S. 633 ff. (635)). Durch eine Umgangsregelung kann bei einer *Kindeswohlgefährdung* auch von Amts wegen oder auf Antrag angeordnet werden, dass der Vollzug des Umgangsrechts *für längere Zeit oder auf Dauer* eingeschränkt oder ausgeschlossen wird, § 1684 IV S. S. 2. (Zur Anzeigepflicht des Jugendamts gem. § 50 III SGB VIII vgl. oben Fall 11.3). Auch ein Umgang in Anwesenheit eines zur Mitwirkung bereiten Dritten ist möglich,

§ 1684 IV S. 3. Dritter kann auch ein Träger der Jugendhilfe sein, der dann eine Einzelperson zur Wahrnehmung der Aufgabe bestimmt, § 1684 IV S. 4.

Bereits der bloße »*Verdacht des sexuellen Missbrauchs*« kann Auswirkungen auf das Umgangsrecht haben. Vor dem »Missbrauch mit dem Missbrauch« durch haltlose Verdächtigungen kann der Vater versuchen, sich durch strafrechtliche und/oder zivilrechtliche Schritte mittels Strafanzeige bzw. Unterlassungs- oder Schadensersatzklage zu schützen. Immerhin kommt es in der Praxis bei bloßem *Missbrauchsverdacht*, der nicht bewiesen zu sein braucht und durch strafrechtliche Ermittlungenng nicht erhärtet sein muss, häufig zu einem »betreuten Umgang« gem. § 1684 III S. 3. Erst dann, wenn der – glaubhaft dargelegte – Verdacht des Missbrauchs zur Überzeugung des Familienrichters ausgeräumt ist, kann die Einschränkung des Umgangsrechts durch »betreuten Umgang« später wieder aufgehoben werden.

Bei seiner Beweiswürdigung ist der Familienrichter nicht an eine Beurteilung des Strafrichters gebunden. Kommt es zur Verurteilung des Vaters wegen Missbrauchs durch das Strafgericht und wird in der Folge zur Überzeugung des Familienrichters durch dessen eigene Ermittlungen – hierzu gehört die Beiziehung der Strafakte – der auf dem Vater lastende Verdacht erhärtet, müsste dieser mit einem vollständigen Ausschluss des Umgangs rechnen.

Generell ist in Fällen der Umgangsbegleitung durch Dritte zu bedenken, dass »betreuter Umgang« nur eine Übergangslösung darstellen sollte. Nach »Bewährung« des Besuchselternteils sollte die Einschränkung allmählich abgebaut werden und »normaler« unbegleiteter Umgang stattfinden, der schließlich ohne gerichtliche Unterstützung von den Eltern zu regeln wäre. Zur – nachträglichen – Abänderung der Sorge – /Umgangsrechtsentscheidung vgl. den folgenden Fall 11.5. Das Argument des Vaters in unserem Fall, es sei ihm nicht länger zuzumuten, sein Kind nicht zu sehen, überzeugt nicht und führt nicht dazu, dass ein uneingeschränktes Umgangsrecht ausgeübt werden darf. Maßgeblich ist das Kindeswohl. Das Interesse des Kindes hat Vorrang vor den Interessen der Eltern (BVerfG FamRZ 89, 31).

Die Pflegeeltern können gegen eine ablehnende Entscheidung des Familiengerichts, durch die dem Vater trotz des vorliegenden Missbrauchsverdachts ein uneingeschränktes Besuchsrecht zugebilligt wird, Beschwerde einlegen.

11.5:

Das Jugendamt wird antworten, dass der Mutter ein Besuchsrecht gem. § 1684 I zusteht, obwohl sie die elterliche Sorge nicht mehr hat, und diese allein Frau Freundlich als Vormund zusteht (vgl. auch Fall 11.1). Gleichzeitig wird das Jugendamt gem. § 50 III SGB VIII zu prüfen haben, ob Marion nach dem Entzug der elterlichen Sorge gem. §§ 1666, 1666 a das Besuchsrecht gem. § 1684 III auch noch vom Familiengericht entzogen werden sollte und zu diesem Zweck das Gericht anzurufen ist. Voraussetzung ist, dass durch die Besuche der Mutter eine akute Kindeswohlgefährdung droht. Evtl. ist bei Gefahr im Verzug eine Eilentscheidung, eine einstweilige Anordnung des Familiengerichts, geboten. Die Anordnung sollte konkret sein, die Ausschließung des persönlichen Umgangs möglichst auf kurze Zeit beschränkt. Ergeht eine solche Gerichtsentscheidung, so ist diese später zu ändern und für die Zukunft ggf. aufzuheben, wenn die Kindeswohlgefährdung nicht mehr besteht, § 1696 I, II.

11.6:

Ein »beschützter Umgang« in Anwesenheit eines »mitwirkungsbereiten Dritten« gem. § 1684 IV S. 3, 4 ist grundsätzlich möglich. In derartigen Fällen kommt es häufiger zur Anordnung des begleitenden Umgangs durch das Familiengericht. Andere häufige Fälle sind: Geistig behinderte Elternteile, Elternteile die über längere Zeit keinen Kontakt zum Kind hatten oder sogar das Kind noch nie gesehen haben, ferner Elternteile, die im Verdacht stehen, das Kind misshandelt oder sexuell missbraucht zu haben. Gleiches gilt gem. § 1685 III i.V. § 1684 IV für Großeltern und Stiefelternteile, Geschwister und Pflegeeltern, die mit dem Kind in häuslicher Gemeinschaft gelebt haben.

Streit zwischen Eltern über die Ausübung des Umgangsrechts kann sich jahrelang hinziehen und sich nachteilig auf das (seelische) Kindeswohl auswirken. Das Interessen des Kindes könnte dabei missachtet werden. Die Wahrnehmung der Interessen des Kindes, entweder mit beiden Eltern Umgang zu haben oder auf Umgangsausschluss, könnte die Bestellung eines Verfahrenspflegers gem. § 50 I FGG erforderlich machen.

Ein Umgangsvermittlungsverfahren gem. § 52 a FGG setzt voraus, dass eine gerichtliche Verfügung über den Umgang mit dem gemeinschaftlichen Kind durch einen Elternteil vereitelt oder erschwert wurde. Das Verfahren setzt den Antrag eines Elternteils auf gerichtliche Vermittlung voraus, § 52 a I FGG. Die gesetzliche Regelung ist im einzelnen kompliziert (vgl. § 52 a II – V).

11.7:

- Der Begriff »Parental-Alienation-Syndrome (PAS)« wurde von dem amerikanischen Kinderpsychiater R.A. Gardner 1992 eingeführt. Gemeint ist die »Entfremdung« von Kindern infolge stetiger Beeinflussung (»Gehirnwäsche«) des Kindes durch einen Elternteil. Dadurch wird ein psychischer Prozess in Gang gesetzt, dessen Konsequenz der Abbruch jeglicher Beziehung zu dem – ohnehin nur besuchsweise erlebten – anderen Elternteil ist. (Einzelheiten vgl. P. Ward/C. Harvey in ZfJ 98, S. 237 ff.)

- Der gerichtlich angeordnete Umgang eines Elternteils mit seinem Kind wird gem. § 33 FGG durch Festsetzung von Zwangsgeld, § 33 I FGG, oder mit Gewalt, § 33 II FGG, vollstreckt. Jedoch darf eine Gewaltanwendung gegen das Kind selbst nicht zugelassen werden, wenn das Kind herausgegeben werden soll, um das Umgangsrecht auszuüben, §§ 33 II S. 2 FGG.

- Gemäß § 1684 III S. 2 kann das Familiengericht die Beteiligten durch Anordnungen zur Erfüllung der in Abs. 2 geregelten »Wohlverhaltensklausel« anhalten. Eine allgemeine Anordnung, in irgendeiner Weise anders als bisher auf ein möglicherweise schon PAS-geschädigtes Kind einzuwirken, erscheint problematisch. Die Befolgung der Anordnung dürfte sich kaum überprüfen lassen; damit gehen Vollstrekkungsmaßnahmen ins Leere.

11.8:

Gemäß § 1684 I ist der Vater zum Umgang mit seinem Sohn verpflichtet und berechtigt. Die Ausübung des Besuchsrechts kann vom Familiengericht im einzelnen geregelt werden. Das Jugendamt, das im Gerichtsverfahren gem. § 49 a I Nr. 7 FGG vor der Entscheidung anzuhören ist, könnte auf die Ausgestaltung der Umgangskontakte Einfluss nehmen. Diese Regelung ist gem. § 33 FGG durch Anordnung von Zwangsgeld oder mit Gewalt (!) grundsätzlich vollstreckbar – eine durch Vollstreckungsmaßnahmen erzwungene Umgangsausübung dürfte aber kaum längerfristig dem Kindeswohl dienen (siehe auch oben Fall 11.7). Auf ein Einvernehmen der Beteiligten gem. § 52 FGG sollte daher in jeder Lage des Verfahrens, selbst noch im Vollstreckungsverfahren, hingewirkt werden.

Nur bei näherer Betrachtung des Einzelfalls ließe sich abschließend beurteilen, ob hier vorab »flankierende Maßnahmen« der Jugendhilfe in Form von Beratung/Anleitung zur Umgangsausübung/Hilfe bei der Kontaktanbahnung zwischen Vater und Sohn, ggf. die Regelung von »Holen und Bringen« des Kindes angeordnet werden sollten.

Fall 12: *Gestrichen*

Fall 13: Meinungsverschiedenheit zwischen Mutter und Vormund
Neben dem Jugendamt als Vormund (gesetzliche Amtsvormundschaft gem. § 1791 c bei der Geburt des nichtehelichen Kindes der beschränkt geschäftsfähigen Mutter) hat die Mutter die tatsächliche Personensorge (vgl. Fall 1). Daher bestimmt auch die Mutter den Aufenthalt und die Erziehung des Kindes. Sie setzt sich bei Meinungsverschiedenheiten gegen den Vormund durch, § 1673 II 2.

Bei der angestrebten Vollzeitpflege gem. §§ 27, 33 SGB VIII geht es aber nicht nur um die Ausübung der tatsächlichen Personensorge für das Kind Ulrike. Die Vollzeitpflege ist rechtlich nach dem SGB VIII als »Leistung« ausgestaltet, die dem Personensorgeberechtigten (nicht dem Kind!) auf dessen Antrag gewährt wird. Erforderlich ist also eine Verfahrenshandlung des Personensorgeberechtigten (Antragstellung beim Jugendamt), die grundsätzlich unbeschränkte Geschäftsfähigkeit des Antragstellers gem. § 11 I Nr. 1 SGB X voraussetzt. Zwar darf eine mindestens 15 Jahre alte Minderjährige, also auch die 17-jährige Helga, selbständig Sozialleistungen wie Hilfe zur Erziehung gem. SGB VIII für ihr Kind beantragen und damit das Verfahren vor dem Jugendamt in Gang bringen (§ 11 I Nr. 2 SGB X); die gesetzlichen Vertreter (Helgas Eltern) könnten aber jederzeit Helgas Handlungsfähigkeit einschränken und die Maßnahme beenden, § 36 SGB I. Daher ist eine Antragstellung durch den Vormund hier geboten, um eine kontinuierliche Erziehung des Kindes zu gewährleisten. Der Vormund muss sich Helgas Willen beugen und als Personensorgeberechtigter Hilfe zur Erziehung beantragen, damit das Kind beim Vorliegen der Voraussetzungen gem. §§ 27, 33 SGB VIII in einer Vollzeitpflegestelle untergebracht werden kann.

Fall 14: Befugnisse der Pflegeperson
Lebt das Kind wie hier für längere Zeit in Familienpflege, so ist die Pflegeperson gem. § 1688 I BGB berechtigt, in Angelegenheiten des täglichen Lebens zu ent-

scheiden sowie den Inhaber der elterlichen Sorge in solchen Angelegenheiten zu vertreten (Einzelheiten vgl. Fricke, ZfJ 92, S. 306 f.). Somit darf Stefans Pflegemutter im Zusammenhang mit dem Besuch der Schule die Zeugnisse des Kindes unterschreiben.

Fall 15: Befugnisse der Heimerzieher/Heimleitung

Der in § 1688 I genannten Pflegeperson steht gem. § 1688 II die Person im Heim gleich, die »die Erziehung und Betreuung eines Kindes übernommen hat«. Offen bleibt, welche Person dies jeweils ist. Maßgeblich ist die pädagogische Kompetenzaufteilung in der Einrichtung. Für bestimmte Teilbereiche (Angelegenheiten des täglichen Lebens, Schulbesuch) obliegt einem Erzieher insoweit die Wahrnehmung der Personensorge. Für andere Teilbereiche (Sozialleistungen/Unterhaltsansprüche) kann die Leitung der Einrichtung verantwortlich sein (Münder, Frankfurter Kommentar zum KJHG, 2. Aufl. 1993, Rn. 9 zu § 38 SGB VIII). Somit sind Heimerzieher/Heimleitung wie die Pflegeperson (vgl. oben Fall 14) bei der Vollzeitpflege insbesondere berechtigt,

- in Angelegenheiten des täglichen Lebens zu entscheiden und das Kind zu vertreten. Es handelt sich hier u.a. um Geschäfte, mit denen der tägliche Bedarf abgedeckt wird, einschließlich der medizinischen Versorgung;
- den Arbeitsverdienst des Jugendlichen zu verwalten;
- Nr.3: Unterhalts-, Versicherungs- und Versorgungs- und sonstige Sozialleistungen für das Kind geltend zu machen und zu verwalten;
- bei Gefahr im Verzug alle zum Wohl des Kindes erforderlichen Rechtshandlungen vorzunehmen, § 1629 I S. 4 entspr. Hierunter fällt beispielsweise die unaufschiebbare Operation.

Fall 16: Aufgaben des Vormunds

Gem. § 1793 hat der Vormund die gleichen Aufgaben wie Eltern, d. h., er hat das Recht und die Pflicht, für die Person und das Vermögen des Mündels zu sorgen, insbesondere den Mündel zu vertreten. Der Vormund übt seine Tätigkeit in eigener Verantwortung und grundsätzlich selbständig aus (Palandt/Diederichsen, Rn. 1 zu § 1793). (Durch das KindRG wurde § 1793 I S. 3 eingefügt).

Fall 17.1: Genehmigung des Vormundschaftsgerichts

Zu einem Lehrvertrag, der für längere Zeit als ein Jahr geschlossen wird, bedarf Herberts *Einzelvormund* gem. § 1822 Nr. 6 einer Genehmigung des Vormundschaftsgerichts.

17.2:

Das Jugendamt als *Amtsvormund* bedarf zu einem Lehrvertrag, der für längere Zeit als ein Jahr geschlossen wird, gem. § 56 II 2 SGB VIII keiner Genehmigung des Vormundschaftsgerichts.

Fall 18: Verheiratete Minderjährige; Ausbildungsvertrag, Mietvertrag, Umzug

Gem. § 1633, der die Rechtsstellung verheirateter Minderjähriger betrifft, ist die 17-jährige Minderjährige durch die Eheschließung nicht »mündig« geworden. Ihre Eltern sind Sorgerechtsinhaber geblieben. Keinesfalls hat der Ehemann Angelegenheiten der elterlichen Sorge für Sigrid wahrzunehmen. Die Eltern als Sorgerechtsinhaber haben die Personensorge sowie die Vermögenssorge und die gesetzliche Vertretung. Lediglich die tatsächliche Personensorge (vgl. Fall 1) steht nicht mehr den Eltern zu. In diesem Bereich ist Sigrid frei und kann machen, was sie will. Die im Fall angesprochenen Handlungen der Minderjährigen sind im folgenden gesondert zu betrachten.

18.a: Kündigung des Ausbildungsvertrages

Da Sigrid unter elterlicher Sorge steht, bedürfen ihre Rechtshandlungen zu ihrer Wirksamkeit der Zustimmung der Eltern, §§ 107 f. Bei einseitigen Willenserklärungen wie hier (Kündigung) muss die Zustimmung sogar vor Abgabe der Willenserklärung vorliegen. Ohne diese Einwilligung ist die Willenserklärung unwirksam, d. h. unbeachtlich, § 111. Sigrids Kündigung ihres Ausbildungsvertrages entfaltet daher keine Rechtswirkung. Sigrid ist noch Auszubildende. Erst ein von den Eltern unterschriebenes Kündigungsschreiben beendet das Ausbildungsverhältnis.

18.b: Umzug, Wohnsitzbegründung

Bewerkstelligt Sigrid den Umzug allein, d. h., ohne ein Transportunternehmen etc. zu beauftragen, so ist in dem Umzug lediglich ein tatsächliches Verhalten zu sehen. Diesen faktischen Aufenthaltswechsel darf Sigrid ohne Zustimmung der Eltern vornehmen. Es geht hier um die tatsächliche Personensorge (Recht der Aufenthaltsbestimmung). In diesem Bereich ist Sigrid frei. Sonst könnte sie auch die Verpflichtung gem. § 1353 aus der Ehe gegenüber ihrem Ehemann (Verpflichtung zur häuslichen Gemeinschaft mit dem Ehegatten) nicht erfüllen. Von dem Aufenthaltswechsel als einem rein tatsächlichen Verhalten ist die Wohnsitzbegründung in Frankfurt durch die Minderjährige zu unterscheiden, vgl. § 7 I:»Wer sich an einem Orte ständig niederläßt, begründet an diesem Orte seinen Wohnsitz.« Wohnsitzbegründung erfordert nicht nur einen rein tatsächlichen Aufenthaltswechsel, sondern auch einen sog. Wohnsitzbegründungswillen. Geschäftsunfähige oder in der Geschäftsfähigkeit beschränkte Minderjährige können ohne den Willen ihres gesetzlichen Vertreters keinen Wohnsitz begründen, § 8 I. Hiervon macht § 8 II eine Ausnahme: Ein verheirateter Minderjähriger kann selbständig einen Wohnsitz begründen und aufheben. Sigrid ist also berechtigt, auch gegen den Willen ihrer Eltern einen neuen Wohnsitz in Frankfurt zu begründen.

18.c: Unterschreiben des Mietvertrages

Diese Willenserklärung bedarf zu ihrer Wirksamkeit der vorherigen Einwilligung oder der nachträglichen Genehmigung der Sorgeberechtigten. Sigrid ist nicht berechtigt, ohne die Zustimmung ihrer Eltern den Mietvertrag zu unterschreiben. (Bei Meinungsverschiedenheiten mit den Eltern sollte ggf. entweder der Ehemann allein als Mieter unterschreiben).

Fall 19: Sterilisation, Betreuungsmaßnahme; Verhütung einer Schwangerschaft

§ 1631 c verbietet die Sterilisation einer Minderjährigen. Weder die Eltern, noch das Kind selbst, noch ein Ergänzungspfleger können in die Sterilisation einwilligen. § 1908 a gestattet jedoch die *Einleitung* einer Betreuungsmaßnahme für eine Minderjährige, die wie Tina mindestens 17 Jahre alt ist. Die Maßnahme wird dann mit der Volljährigkeit wirksam. Unter den außerordentlich strengen Voraussetzungen des § 1905 könnte dann bei der *Volljährigen* eine Sterilisation durchgeführt werden, wenn diese dem Willen der Betreuten nicht widerspricht, § 1905 I Nr. 1 (Verbot der Zwangssterilisation) und die weiteren Voraussetzungen gegeben sind. Die bloße Möglichkeit einer Schwangerschaft bei einem Unterbleiben der Sterilisation würde jedoch nicht genügen, um den ärztlichen Eingriff einer Sterilisation im Rahmen einer vom Vormundschaftsgericht angeordneten Betreuung durchzuführen. Ergebnis im vorliegenden Fall: Auch nach Tinas Volljährigkeit dürfte eine Sterilisation nicht durchgeführt werden.

Fall 20.1: Geschlossene Unterbringung in Behinderteneinrichtung

Geschlossene Unterbringung des schwer geistig behinderten Kindes: Wegen des Vorrangs der Eingliederungshilfe vor Jugendhilfemaßnahmen gem. §§ 39, 100 BSHG bei wesentlicher geistiger Behinderung (§ 10 II 2 SGB VIII) handelt es sich bei der Unterbringung des Kindes Katja nicht um eine Jugendhilfemaßnahme, sondern um eine Unterbringung nach dem BSHG.

Während die Eltern in anderen Fällen frei über den Aufenthalt ihres Kindes bestimmen dürfen, ist nach § 1631 b eine Unterbringung des Kindes, die mit *Freiheitsentziehung* verbunden ist, nur mit Genehmigung des Familiengerichts zulässig. Die Vorschrift ist Ausdruck des in Art. 104 GG enthaltenen Rechtsgedankens, wonach eine Freiheitsentziehung nur aufgrund eines förmlichen Gesetzes mit richterlicher Genehmigung erfolgen darf.

Die Eltern müssen also eine Genehmigung des Familiengerichts einholen. Das Verfahren ist in § 70 FGG geregelt. Soweit es zur Wahrnehmung der Interessen des betroffenen Kindes erforderlich ist, bestellt das Gericht einen Verfahrenspfleger, § 70 b FGG. Vor seiner Entscheidung hört das Familiengericht u. a. auch das Jugendamt gem. § 49 a I Nr. 5 FGG an.

Unter »geschlossener Unterbringung« wird eine freiheitsentziehende Maßnahme verstanden, bei der die Heiminsassen auf einem bestimmten beschränkten Raum festgehalten werden, ihr Aufenthalt ständig überwacht und die Aufnahme von Kontakten außerhalb des Raumes durch Sicherungsmaßnahmen verhindert wird. Dies sei in der Regel nur bei einer Unterbringung in einem geschlossenen Heim oder einer geschlossenen Anstalt oder in der geschlossenen Abteilung eines Heims oder einer Anstalt der Fall. (Palandt/Diederichsen, Rn. 2 zu § 1631 b). Freiheitsbeschrän-

kungen (z.b. beschränkte Ausgehzeiten, Abschluss des Hauses oder Gebäudetrakts während der Nachtstunden) reichen nicht aus (Wiesner, SGB VIII – Kinder – und Jugendhilfe, 2. Aufl. 2000 § 42 Rn. 46).
Die Unterbringung in einer geschlossenen Abteilung einer Behinderteneinrichtung gehört hierzu. In bezug auf Kinder wären allerdings Definitionen vorzuziehen, die den Erziehungsgedanken stärker betonen. (Näheres hierzu im folgenden Fall 20.2). Im Gegensatz zu der oben wiedergegebenen Definition wäre der Pflege von Außenbeziehungen trotz der geschlossenen Unterbringung besondere Aufmerksamkeit zu widmen. Geschlossene Unterbringung darf keinen Strafcharakter haben. Sie soll möglichst wenig weitere Einschränkungen mit sich bringen.

20.2: Geschlossene Unterbringung im Erziehungsheim
Die geschlossene Unterbringung der Jugendlichen im Rahmen der Heimerziehung (Hilfe zur Erziehung) nach dem SGB VIII ist nicht dort, sondern ebenfalls im BGB, in § 1631 b, geregelt. (Eine Ausnahme bildet lediglich die Inobhutnahme gem. § 42 SGB VIII; vgl. § 42 III SGB VIII – s.u. Fall 20.3). Auch im Rahmen der Jugendhilfe handelt es sich insoweit um die Ausübung des Personensorgerechts (Aufenthaltsbestimmung) in einem Sonderfall. Die personensorgeberechtigte Mutter muss eine familiengerichtliche Genehmigung zur geschlossenen Heimunterbringung einholen. Stimmt sie lediglich der Hilfe zur Erziehung zu, ohne aber eine notwendige familiengerichtliche Genehmigung zur geschlossenen Unterbringung einzuholen, ist ggf. gem. § 1666 die Entziehung eines Teils der elterlichen Sorge angezeigt. Das Familiengericht würde einen Pfleger bestellen, der nun anstelle der Mutter die familiengerichtliche Genehmigung gem. § 1631 b beantragt. Anderer Lösungsansatz: Das Jugendamt schaltet gem. § 50 III SGB VIII das Familiengericht ein; dieses erteilt die Genehmigung gem. § 1631 b. (Palandt/Diederichsen, Rn. 1 zu § 1631 b: »Das Jugendamt erzwingt über § 1666 die richtige elterliche Entscheidung . . . zur Einholung der familiengerichtlichen Genehmigung zu einer Unterbringung des Kindes durch die Eltern«.) Das Verfahren vor dem Familiengericht ist in den §§ 70 ff. FGG geregelt. Ein Verfahrenspfleger für das Kind wäre zu bestellen (s.o. Fall 20.1). Vielfach wird aufgrund der inzwischen existierenden Alternativen (Rechtsgrundlage z.B. § 35 SGB VIII; intensive sozialpädagogische Einzelbetreuung) die umstrittene geschlossene Unterbringung als pädagogisches Mittel abgelehnt (Fieseler/Herborth a.a.O., S. 195).

20.3: Geschlossene Unterbringung in Jugendschutzstelle
Bei der Unterbringung der 15-jährigen Petra in einer Jugendschutzstelle handelt es sich um eine vorläufige Maßnahme zum Schutze der Jugendlichen gem. § 42 SGB VIII. Gem. § 42 III hat das Jugendamt Petra untergebracht, da infolge der Zudringlichkeiten ihres Stiefvaters und ihrer Selbstmordgefährdung eine dringende Gefahr für das Wohl der Jugendlichen vorlag, und aus diesem Grunde eine Inobhutnahme erfolgen musste. Freiheitsentziehende Maßnahmen sind gem. § 42 III 2 SGB VIII zulässig, wenn und soweit sie erforderlich sind, um eine Gefahr für Leib und Leben der Jugendlichen abzuwenden. Diese Voraussetzung wäre bei einer akuten Selbst-

mordgefährdung zu bejahen. Die Gefahr für Leib und Leben der Jugendlichen rechtfertigt also sowohl ihre Unterbringung in der Jugendschutzstelle als auch eine vorübergehende geschlossene Unterbringung. Auf den Widerspruch der Mutter hin hat das Gericht über die Fortdauer der Inobhutnahme und über die Fortdauer einer geschlossenen Unterbringung über den Ablauf des Tages nach ihrem Beginn hinaus zu entscheiden. (Zur Fortsetzung der geschlossenen Unterbringung auch ohne gerichtliche Entscheidung über die Frist hinaus vgl. z.B. Wiesner SGB VIII § 42 Rn. 50; vgl. im übrigen zu Problemen bei der Inobhutnahme Czerner ZfJ 2000, S. 372 ff.)

In der Stellungnahme ihres Vorstands hat sich die Internationale Gesellschaft für erzieherische Hilfen (IGfH) ablehnend zum »Interventionsprogramm der Jugendhilfe (Erzieherische Hilfen) für hochgradig delinquente und/oder deviante Kinder« des Landes Niedersachsen und zu den geplanten »Clearingstellen für massiv-dissoziale und kriminell auffällige Kinder« des Freistaats Bayern geäußert. Sowohl beim niedersächsischen Programm als auch bei dem bayrischen Projekt einer »Clearingstelle« geht es um eine Sofortunterbringung von Kindern unter Einbeziehung strafunmündiger Kinder ab 10 Jahren verbunden mit freiheitsentziehenden Maßnahmen. Die Stellungnahme ist im Internet unter www.igfh.de/clearing.htm abrufbar.

Fall 21.1: Abitur statt Lehre

Das Verhalten der Eltern, ihren 17-jährigen Sohn in ein ungeliebtes Ausbildungsverhältnis zu drängen, könnte einen Missbrauch der elterlichen Sorge darstellen, der nach der Reform des Kindschaftsrechts nicht mehr speziell in § 1631 a II geregelt ist, sondern unter § 1666 fällt. Danach entscheidet das Familiengericht wie bisher in solchen Fällen, in denen die Eltern offensichtlich keine Rücksicht auf Eignung und Neigung des Kindes nehmen und dadurch die Besorgnis begründet wird, dass die Entwicklung des Kindes nachhaltig und schwer beeinträchtigt wird. In unserem Fall ist ggf. unter Einschaltung eines Lehrers, dessen Rat bei Zweifeln gem. § 1631 I S. 2 eingeholt werden soll, zu überprüfen, ob der Ausbildungswunsch des Jugendlichen realistisch ist und auch seiner Eignung und Neigung entspricht. Ist dies zu bejahen, wird das Familiengericht weiterhin abzuwägen haben, ob der Abschluss »Kfz-Mechaniker« im Vergleich zu dem Abschluss »Abitur« eine nachhaltige und schwere Beeinträchtigung des Kindes darstellen würde. Dies dürfte ebenfalls zu bejahen sein, da das Abitur Markus die Möglichkeit eines Studiums eröffnet. Der Familienrichter kann die Eltern ermahnen oder einen Pfleger mit dem Wirkungskreis »Regelung des Schulbesuchs/der Ausbildung« bestellen oder gem. § 1666 III Erklärungen der Eltern ersetzen,. d.h. Markus wieder bei der Schule anmelden und den Lehrvertrag kündigen.

21.2: Sonderschule für Lernbehinderte statt Grundschule

Im Fall geht es nicht um die berufliche Ausbildung des Kindes, welche die Eltern in Ausübung ihrer Personensorge anstreben, sondern nur um den Schulbesuch. In diesem Bereich kann es Fälle von Unterforderung und Überforderung eines Kindes geben. Hier liegt eine Überforderung des Kindes vor, das von seinen Eltern gezwungen wird, eine Schulform zu besuchen, der es nicht gewachsen ist. Gegebenenfalls ließe sich hier eine nachhaltige und schwere Beeinträchtigung der geistigen und seelischen Entwicklung des Kindes auch mit Hilfe von Sachverständigengutachten nachweisen. Im übrigen ist auf die Ausführungen zu Fall 21.1 zu verweisen; das Familiengericht ist gem. § 1666 einzuschalten. Dieses kann die Entscheidung der Eltern ersetzen und anordnen, dass das Kind einen Schulwechsel in die geeignete Schulform vollzieht (An- und Abmeldung von der Schule durch den Richter nach entsprechender Aufklärung des Sachverhalts gem. § 12 FGG).

13.2 Person des Sorgeberechtigten

Einführung

In diesem Abschnitt wird der Frage nachgegangen, wer im Einzelfall Sorgeberechtigter ist. Überschneidungen mit Teil 13.1 und Teil 13.2 sowie mit dem nachfolgenden Kapitel 14 (Vormundschaft und Pflegschaft) werden aus didaktischen Gründen in Kauf genommen.

Folgende **Problemkreise** werden in den **Fällen** behandelt:
• Wer ist jeweils Sorgerechtigter? (Fälle 1.1 – 1.17);
• Gemeinsame elterliche Sorge nicht miteinander verheirateter Eltern (Fall 2).

Fälle

Fall 1: Person des Sorgeberechtigten
Wem steht in den folgenden Fällen jeweils die elterliche Sorge zu?

1.1:
Die Eheleute Max und Katharina leben getrennt. Sie haben ein gemeinschaftliches Kind Ina.
1.2:
Katharina hat eine Tochter Rita aus ihrer geschiedenen ersten Ehe. Das Kind lebt bei ihr. Es hat keinen Kontakt mehr zum leiblichen Vater. Katharina ist in zweiter Ehe mit Kurt verheiratet.
1.3:
Birgit hat ein nichteheliches Kind Gerd.
1.4:
Die ledige Johanna hat in die Adoption ihres Kindes Wolfgang eingewilligt.
1.5:
Nach der Scheidung von Franz und Irma war der Mutter die elterliche Sorge über das gemeinsame Kind Heinz zugesprochen worden. Irma stirbt. Franz verbüßt eine mehrjährige Haftstrafe.

1.6:
Die 16-jährige Waise Ursula lebt mit ihrem nichtehelichen Kind Hartmut im Heim.
Wer hat die elterliche Sorge
1. für Ursula,
2. für Hartmut?

1.7: *Aufgehoben.*

1.8: *Aufgehoben.*

1.9:
In einer Zeitungsanzeige steht: »Meine Eltern, Helga Fröhlich und Johannes Klein,
haben heute, am 11.04. 2000, geheiratet. Clarissa«.

1.10: *Aufgehoben.*

1.11:
Die Mutter Michaela beantragt beim Jugendamt Hilfe zur Erziehung (Erziehung in
einer Tagesgruppe, §§ 27, 32 SGB VIII) für das eheliche Kind Martin. Ihr Ehemann
Kurt ist
1. geschäftsunfähig,
2. längerfristig abwesend – auf Montage im Ausland.

1.12:
Die gem. § 1626 a II sorgeberechtigte nicht verheiratete Mutter Mirjam des Kindes
Julia hat ihre Tochter einer Nachbarin anvertraut und ist dann mit unbekanntem Ziel
verschwunden. Die Nachbarin fühlt sich rasch überfordert und wendet sich an das
Jugendamt. Das Kind Julia soll Heimerziehung erhalten (§§ 27, 34 SGB VIII). Wer
stellt als Personensorgeberechtigter den erforderlichen Antrag?

1.13:
Die 17-jährige Bettina hat ein 1-jähriges Kind Heike. Vater des Kindes ist Udo. Wer
hat die elterliche Sorge für Heike, wenn
1. Bettina ledig ist,
2. sie mit dem 19-jährigen Udo verheiratet ist,
3. Bettina bereits Witwe oder von Udo geschieden worden ist?

1.14:
Der Mutter des Kindes Carl (Eltern nicht miteinander verheiratet) ist das Aufenthaltsbestimmungsrecht für ihr Kind Tom vom Familiengericht entzogen worden
(§ 1666).

1.15:
Der gem. § 1626 a II sorgeberechtigten Mutter des Kindes ist das Personensorgerecht entzogen worden. Stehen ihr noch Bestandteile der elterlichen Sorge zu?

1.16:
Der Vater Erwin hat sein eheliches Kind Anna geschlagen und sexuell missbraucht.
Ihm ist die elterliche Sorge vom Familiengericht vollständig entzogen worden
(§ 1666). Wer ist nun Sorgerechtsinhaber?

1.17:
1. Die Mutter Margot des Kindes Kai (Eltern nicht miteinander verheiratet) hat in
ihrem Testament bestimmt, dass der Vater des Kindes Volker im Falle ihres Todes

Vormund des Kindes werden solle, §§ 1776 I, 1777 I. Bei einem Verkehrsunfall kommt Margot ums Leben.
2. Sachverhalt wie bei 1., aber Margot ist bei ihrem Tode erst 17 Jahre alt.

Fall 2: Sorgeerklärung nicht verheirateter Eltern
Gerd und Martina leben getrennt. Ihre dreijährige Tochter Lena lebt bei der Großmutter väterlicherseits. Die Eltern sind nicht miteinander verheiratet. Beide haben beim Jugendamt in öffentlich beurkundeter Form erklärt, dass sie die elterliche Sorge gemeinsam übernehmen wollen. Rechtsfolge dieser Erklärung?

Lösungshinweise

Fall 1: Person des Sorgeberechtigten
1.1:
Auch den getrennt lebenden Eheleuten Max und Katharina steht die gemeinsame elterliche Sorge gem. § 1626 zu. Unerheblich ist, bei welchem Elternteil sich das Kind aufhält. Die Ausübung der elterlichen Sorge ist in § 1687 geregelt (Genaueres in Kap. 13.1 Fälle 3.3 – 3.6).
1.2:
Sofern kein Antrag auf Übertragung der alleinigen elterlichen Sorge beim Familiengericht gem. § 1671 gestellt wird, bleibt es auch nach der Scheidung und bei der Wiederheirat eines Partners bei der gemeinsamen elterlichen Sorge. Wird dagegen von einem Elternteil ein Antrag auf Alleinsorge gestellt, so ergeht zusammen mit der Ehescheidung oder später ein Beschluss des Familiengerichts gem. § 1671 zur Regelung der elterlichen Sorge für die Tochter Rita. Der Antrag eines Elternteils wird abgewiesen, oder – beim Vorliegen der Voraussetzungen – ihm wird stattgegeben. Gem. § 1671 III ist dem Antrag nicht stattzugeben, soweit die elterliche Sorge auf Grund anderer Vorschriften abweichend geregelt werden muss (z.B. gem. § 1666). Das Familiengericht hätte somit der Mutter Katharina oder dem Vater des Kindes alleine die elterliche Sorge übertragen können.
Nach der Fallgestaltung ist davon auszugehen, dass das Familiengericht Katharina die elterliche Sorge übertragen hat. Vor seiner Entscheidung hörte das Familiengericht gem. § 49 a I Nr. 9 FGG das Jugendamt an sowie die Eltern und in der Regel auch das Kind selbst, siehe §§ 50 a, 50 b FGG.
Der Stiefvater Kurt hat keine Rechte und Pflichten in Bezug auf das Kind.
1.3:
Gem. § 1626 a II hat die nicht mit dem Vater des Kindes verheiratete Mutter Birgit die alleinige elterliche Sorge für ihr Kind Gerd. Das Jugendamt hat auch in den »alten« Bundesländern nicht mehr wie vor der Kindschaftsrechtsreform zum 1.7.98 als gesetzlicher *Amtspfleger* bestimmte Angelegenheiten der elterlichen Sorge in Bezug auf den Vater wahrzunehmen (z.B. Vaterschaftsfeststellung betreiben, Unterhalt für das Kind sichern). Nach der Einführung der Beistandschaft durch das Beistandschaftsgesetz wurde eine freiwillige Beistandschaft des Jugendamts auf Antrag der

Mutter zur Erledigung dieser Aufgaben eingeführt (vgl. Kapitel 15, »Beistand-schaft«).

1.4:

Mit der förmlichen Einwilligung in die Adoption ihres Kindes gem. § 1750 ruht gem. § 1751 I die elterliche Sorge der Mutter. Das Jugendamt ist gesetzlicher Amts-vormund geworden. Als solcher hat das Jugendamt die volle elterliche Sorge für Wolfgang wahrzunehmen.

1.5:

Bei ihrem Tode war Irma allein sorgeberechtigt gem. § 1671 I. Somit geht nach ih-rem Tode die elterliche Sorge nicht automatisch gem. § 1680 I auf den anderen Teil über, da die elterliche Sorge den Eltern nicht gemeinsam zustand. Vielmehr ist § 1680 II anwendbar: Das Familiengericht hat die elterliche Sorge auf den über-lebenden Elternteil zu übertragen, es sei denn, dass dies dem Wohle des Kindes widerspricht. Das Familiengericht hat demnach zu entscheiden, ob der überlebende Elternteil Franz die elterliche Sorge erhalten soll, oder ob dies wegen der von Franz noch zu verbüßenden Reststrafe mit dem Kindeswohl nicht zu vereinbaren ist. Zu diesem Punkt hört das Familiengericht vor seiner Entscheidung das Jugendamt gem. § 49 a I Nr. 11 FGG an.

1.6:

1. Da Ursula nicht unter elterlicher Sorge steht, war gem. §§ 1773 f. vom Vor-mundschaftsgericht ein Vormund für sie zu bestellen.

2. Für das Kind Hartmut gilt folgendes: Da seine 16jährige Mutter beschränkt ge-schäftsfähig ist, § 106, ruht ihre elterliche Sorge gem. § 1673 II. Sie ist nicht berech-tigt, das Kind zu vertreten. Somit bedarf Hartmut eines Vormunds gem. § 1773 I. Gem. § 1791 c wurde das Jugendamt in diesem Falle mit der Geburt des Kindes ge-setzlicher Amtsvormund und ist somit Inhaber der elterlichen Sorge. Neben dem Vormund hat Ursula die tatsächliche Personensorge, § 1673 II.

1.7: *Aufgehoben.*

1.8: *Aufgehoben.*

1.9:

Die elterliche Sorge steht im Zeitpunkt der Eheschließung gem. § 1626 a I Nr. 2 bei-den Eltern gemeinsam zu, sofern ihre Elternschaft feststeht. Bei Johannes Klein ist von einer Anerkennung der Vaterschaft gem. § 1592 Nr. 2 auszugehen; er ist Vater. Helga Fröhlichs Mutterschaft steht ebenfalls fest, da sie das Kind geboren hat, § 1591. Somit sind beide durch die Eheschließung gemeinsam Sorgerechtsinhaber geworden.

1.10: *Aufgehoben.*

1.11:

Gem. § 1678 I steht bei Verhinderung eines Elternteils

1. aus rechtlichen Gründen (Ruhen der elterlichen Sorge des Ehemannes Kurt wegen Geschäftsunfähigkeit gem. § 1673 I) oder

2. aus tatsächlichen Gründen (längerdauernde Abwesenheit des Ehemanns ohne die Möglichkeit, ihn bei Angelegenheiten von erheblicher Bedeutung an der Ausübung der elterlichen Sorge zu beteiligen; vgl. Kap. 13.1, Fall 3.3 – 3.5)

die elterliche Sorge dem anderen Elternteil Michaela zu. Dies gilt allerdings nur dann, wenn bisher beiden Eltern gemeinsam die elterliche Sorge zustand. Hilfe zur Erziehung ist nach dem SGB VIII allerdings als Rechtsanspruch nur eines Personensorgeberechtigten ausgestaltet. Somit würde in jedem Fall der Antrag der Mutter genügen.

1.12:

Obwohl nach Auffassung des Jugendamts die Voraussetzungen für eine Hilfe zur Erziehung in Form der Heimerziehung gem. §§ 27, 34 SGB VIII vorliegen, also insbesondere eine dem Wohl des Kindes entsprechende Erziehung z. Zt. nicht gewährleistet ist, wird das Jugendamt zunächst zu prüfen haben, ob hier die vorläufige Maßnahme der Inobhutnahme gem. § 42 SGB VIII für eine kurzfristige Unterbringung ausreicht. Auch bei einer Inobhutnahme durch das Jugendamt kann eine Unterbringung des Kindes in einer Einrichtung erfolgen, § 42 I Nr. 2. SGB VIII. Diese vorläufige Maßnahme ist dann angezeigt, wenn zu erwarten ist, dass die Mutter nur vorübergehend abwesend ist und in absehbarer Zeit zurückkehrt. Sollten die Ermittlungen des Jugendamts und Nachforschungen der Polizei dagegen ergeben, dass der Verbleib der Mutter nicht zu ermitteln ist und sie somit »auf längere Zeit die elterliche Sorge tatsächlich nicht ausüben kann«, könnte ein Antrag auf Ruhen gem. § 1674 I beim Familiengericht gestellt und das Ruhen angeordnet werden. Solange die elterliche Sorge ruht, ist die Mutter nicht berechtigt, diese auszuüben, § 1675. Soweit es dem Wohl des Kindes dient, ist die elterliche Sorge dem Vater des Kindes zu übertragen, § 1680 III i.V. § 1680 II 2. Andernfalls wäre ein Vormund gem. § 1773 f. vom Vormundschaftsgericht zu bestellen. Der Vater oder der Vormund würde dann als Personensorgeberechtigter bei der »Hilfe zur Erziehung« (der Heimerziehung nach SGB VIII) mitwirken. In der Zwischenzeit würde das Familiengericht bzw. vor Vormundbestellung das Vormundschaftsgericht einstweilige Maßregeln gem. § 1846 zu treffen haben. Es kommt hier die Bestellung eines Pflegers mit dem Aufgabenbereich »Antragstellung und Mitwirkung bei der Hilfe zur Erziehung gem. §§ 27 ff. SGB VIII« in Betracht. Der Pfleger könnte (als insoweit) Personensorgeberechtigter die Heimunterbringung beantragen. (zu § 1680 III s.a. unten 1.16)

1.13:

1. Heike steht unter der gesetzlichen Amtsvormundschaft des Jugendamts gem. § 1791 c. Neben dem Vormund übt die Mutter Bettina die tatsächliche Personensorge gem. § 1673 II aus. Bei Meinungsverschiedenheiten mit dem Vormund im Bereich der Personensorge setzt sich die Mutter durch. Die gesetzliche Vertretung, auch im Personensorgebereich, obliegt allein dem Amtsvormund (vgl. auch Fall 13 im ersten Teil dieses Kapitels 13.1). Der Vater Udo hat keine Rechte an dem Kind.

2. Auch in diesem Fall ruht die elterliche Sorge der Mutter Bettina gem. § 1673 II 1. Neben dem gesetzlichen Vertreter hat Bettina allerdings auch, wie oben unter 1., die tatsächliche Personensorge inne. Gesetzlicher Vertreter ist hier der 19-jährige Vater Udo. Bei Meinungsverschiedenheiten müssen der minderjährige und der volljährige Elternteil versuchen, sich zu einigen – wie Eheleute sonst auch, § 1673 II 3 i.V. § 1627 S. 2.

3. Sofern Bettina als Minderjährige bereits Witwe ist und damit die gesetzliche Vertretung des Kindes durch den Vater weggefallen ist (siehe oben 2.), muss wegen Ruhens der elterlichen Sorge der Mutter ein Vormund bestellt werden, § 1773. Die tatsächliche Personensorge steht Bettina neben dem Vormund auch weiterhin zu, § 1673 II.

Bei einer Scheidung kommt es darauf an, ob beiden Elternteilen weiterhin gemeinsam die elterliche Sorge zusteht bzw. welchem Elternteil auf Antrag die elterliche Sorge vom Familiengericht zugesprochen wurde. Sofern Udo die elterliche Sorge nach der Scheidung übertragen wurde, steht sie ihm allein zu. Sollte Bettina gem. § 1671 Sorgeberechtigte geworden sein, müsste ein Vormund für das Kind bestellt werden, § 1773 f., sofern Bettina dann immer noch minderjährig ist. Wenn Bettina 18 Jahre alt wird, fällt die Vormundschaft fort; die Mutter erhält dann automatisch die volle elterliche Sorge, vgl. auch Kap. 13. 1 Fall 13 zur elterlichen Sorge der minderjährigen Mutter.

1.14:

Der Mutter steht die elterliche Sorge mit Ausnahme des Aufenthaltsbestimmungsrechts zu, § 1626 a II. Diesen Teil der elterlichen Sorge darf sie nicht mehr ausüben. Infolgedessen ist ein Ergänzungspfleger mit dem Wirkungskreis »Aufenthaltsbestimmung« gem. § 1909 vom Vormundschaftsgericht zu bestellen. Lediglich der Pfleger, nicht aber die Mutter, entscheidet dann über diesen Teil der elterlichen Sorge, § 1630 I.

1.15:

Sofern der Mutter die gesamte Personensorge entzogen wurde (vgl. hierzu § 1666 a II), steht ihr immerhin noch die gesamte rechtliche und tatsächliche Vermögenssorge zu.

Das Vormundschaftsgericht (ggf. das Familiengericht, vgl. § 1697) bestellt einen Pfleger mit dem Wirkungskreis Personensorge (siehe auch oben Fall 1.14).

1.16:

Wird einem Elternteil, wie hier dem Vater Erwin, die elterliche Sorge vollständig entzogen, so steht gem. § 1680 III diese dem anderen Elternteil zu. Allerdings trifft das Familiengericht eine abweichende Entscheidung, wenn dies das Wohl des Kindes erfordert, § 1680 II 1. Dabei stehen dem Gericht sämtliche Maßnahmen der Personensorgeregelung wie der Regelung der Vermögenssorge zur Verfügung. Das Familiengericht kann nun auch dem anderen Elternteil (hier der Mutter) gem. § 1666 die elterliche Sorge ganz oder teilweise entziehen und gem. § 1697 einen Vormund oder einen Pfleger auswählen (siehe auch Einführung zu Kap. 13.3 »Entzug der elterlichen Sorge« und Kap. 14 »Vormundschaft und Pflegschaft«), sofern die Voraussetzungen vorliegen und ein »schuldloses Versagen« vorlag.

Hier sind Anhaltspunkte dafür gegeben, dass eine Sorgerechtsentscheidung notwendig ist und dass ein anderer mit der Wahrnehmung der Aufgaben der elterlichen Sorge betraut werden sollte, da es der in ehelicher Gemeinschaft mit dem Vater lebenden Mutter bisher nicht gelungen ist, das Kind zu schützen. Auch hier sind vor einer Entscheidung des Familiengerichts nicht nur die Eltern und das Kind, sondern

auch das Jugendamt gem. § 49 a I Nr. 12 FGG zu hören. Die anschließende Pfleger- oder Vormundbestellung durch das Vormundschaftsgericht kann (muss aber nicht) dazu führen, mit Hilfe des nunmehr Personensorgeberechtigten Jugendhilfemaß- nahmen einzuleiten, evtl. Hilfe zur Erziehung, §§ 27 ff. SGB VIII. Bis zur Vor- mund- oder Pflegerbestellung trifft das Vormundschaftsgericht gem. § 1846 die er- forderlichen Maßnahmen, vgl. auch oben Fall 1.12.
(Es ist zu überlegen, ob bei derartigen gravierenen Übergriffen eines Elternteils ge- gen das Kind die Maßnahme »Go-Order« gegen den Elternteil ergriffen werden sollte; vgl. in Kap. 13.3 Fall 10 zur Go-Order gegen Dritten. In den Empfehlungen des 10. DFGT (Deutschen Familiengerichtstags), abgedruckt in FamRZ 1994, S. 359 heißt es zum Vorwurf sexuellen Missbrauchs im Sorge- und Umgangsrechts- verfahren: »Bei diesem Vorwurf müssen vor allem Distanz und Besonnenheit ge- wahrt werden. Es darf weder zu voreiligen Maßnahmen – etwa Herausnahme des Kindes aus der Familie – noch zu nicht vertretbaren Verzögerungen bei akuter Ge- fährdung kommen. Der Schutz des Kindes hat in jedem Falle Vorrang . . .« Nimmt man diese Grundsätze ernst, wäre die Go-Order gegen den missbrauchenden Eltern- teil in vielen Fällen einer Fremdunterbringung des Kindes vorzuziehen.)
1.17:
1. Gem. §§ 1776 I, 1777 I ist der von der verstorbenen Mutter im Testament be- nannte Vater des Kindes vom Vormundschaftsgericht zum Vormund des Kindes zu bestellen. Die Ablehnungsgründe für die Bestellung sind abschließend in § 1778 aufgeführt.
2. In diesem Fall war das Jugendamt beim Tode der minderjährigen Mutter bereits gesetzlicher Amtsvormund gem. § 1791 c. Insofern ändert sich nichts. Wie bei 1. hat der von der Mutter mittels letztwilliger Verfügung als Vormund berufene Vater aber ein Recht auf Bestellung als Vormund (Palandt/Diederichsen, Rn. 2 zu § 1776). Mit seiner Bestellung durch das Vormundschaftsgericht endet die gesetzliche Amtsvormundschaft des Jugendamts, und der Vater ist dann allein für das Kind sorgeberechtigt.
Zu prüfen ist allerdings, ob das Testament gültig ist. Zwar war die 17jährige Mutter ab ihrem sechzehnten Lebensjahr »testierfähig«, § 2229 I; sie durfte aber nicht handschriftlich ein sog. »eigenhändiges Testament« errichten, § 2247 IV, sondern lediglich durch mündliche Erklärung zur Niederschrift eines Notars, § 2233 I. Nur durch ein Testament, das diesen Formvorschriften entspricht, konnte die minderjäh- rige Mutter wirksam den Vater des Kindes als Vormund »berufen«.

Fall 2: Gemeinsame Sorgeerklärung

Durch die Sorgeerklärung der nicht miteinander verheirateten Eltern erlangen diese die gemeinsame elterliche Sorge für ihre Tochter, § 1626 a I Nr. 1. Die Erforder- nisse an diese Erklärung ergeben sich aus den §§ 1626 b bis e. Auch vor dem Jugendamt kann die Erklärung (kostenfrei) in öffentlich beurkundeter Form abge- geben werden, § 59 I Nr. 8 SGB VIII.

13.3 Entzug des Sorgerechts

Einführung

In den folgenden Fällen geht es um Maßnahmen des Familiengerichts gem. §§ 1666, 1666 a gegen die Eltern, wenn diese durch ihr Verhalten (Tun oder Unterlassen) das körperliche, geistige oder seelische Kindeswohl oder das Vermögen des Kindes (erheblich) gefährden. Das im Grundgesetz in Art. 6 normierte »Elternrecht« gilt nicht schrankenlos; es wird begrenzt durch das sogenannte »Wächteramt des Staates«(Art. 6 II GG). Jugendamt (nach § 50 III SGB VIII) und Familiengericht (nach § 1666) haben einzuschreiten, wenn die Eltern ihr Sorgerecht nicht zum Wohle ihres Kindes ausüben, sondern im Gegenteil dem Kinde in einer Weise schaden, die von der staatlichen Gemeinschaft nicht mehr toleriert werden kann. Das Familiengericht kann gem. § 1666 IV auch Maßnahmen gegen einen Dritten ergreifen.

§ 1666 a enthält eine Sonderregelung für den Fall, dass durch einen Sorgerechtsentzug des Familiengerichts eine Trennung des Kindes von seiner Familie herbeigeführt werden soll: Der Grundsatz der Verhältnismäßigkeit muss 1.) bei einer Trennung des Kindes von der elterlichen Familie, 2.) bei der Entziehung der gesamten Personensorge gewahrt werden. »Öffentliche Hilfen« (zum Beispiel durch Bereitstellung eines Familienhelfers nach SGB VIII) haben Vorrang vor einer zwangsweisen Unterbringung in Heimen oder Pflegefamilien.

Die Maßnahmen des Familiengerichts reichen von einer Ermahnung der Eltern bis zu einem vollständigen Entzug der elterlichen Sorge mit anschließender Vormundbestellung. Oder es kommt zum Teilentzug der elterlichen Sorge und zur Übertragung von Bestandteilen der elterlichen Sorge auf einen Pfleger (»Ergänzungspflegschaft«, § 1909 BGB).

Stets muss bedacht werden, dass diese gerichtlichen Eingriffe nur das letzte Mittel darstellen, um akute Gefährdungen für das Kind abzuwenden und ggf. Leistungen der Jugendhilfe zu ermöglichen. Vorrangig müssen einverständliche Lösungen ohne gerichtlichen Eingriff in Zusammenarbeit mit den Eltern und Kindern angestrebt werden. Rechtzeitige Beratung durch das Jugendamt (vgl. § 17 I Nr.2 SGB VIII) soll helfen, schwere Konflikte und Krisen in der Familie zu verhüten bzw. diese zu bewältigen. Sind gerichtliche Schritte jedoch unvermeidlich, dürfen sie nicht unangemessen verzögert werden. Versagt die Entscheidung des Familiengerichts dem Kind den notwendigen Schutz, d.h. wird der beantragte Eingriff in das Elternrecht zu Unrecht abgewiesen, ist die Einlegung eines Rechtsmittels (Beschwerde nach FGG) in Betracht zu ziehen; dasselbe gilt natürlich auch für den Fall eines unverhältnismäßig weitreichenden Eingriffs in die elterliche Sorge.

Bei der Fallbearbeitung ist auf den Wortlaut der Bestimmungen zu achten. Die Tatbestandsmerkmale des § 1666 – »missbräuchliche Ausübung der elterlichen Sorge« oder »Vernachlässigung« oder »unverschuldetes Versagen« – der Eltern sind voneinander zu unterscheiden. Die »Gefährdung des Kindeswohls« kann in körperlicher, geistiger oder seelischer Hinsicht eingetreten sein und ist im Antrag an das Gericht darzulegen und glaubhaft zu machen. Auch eine seelische Kindeswohlgefährdung, die nicht wie eine körperliche Verletzung »sichtbar« ist, kann einen gerichtlichen Eingriff notwendig machen! Die begründete, gegenwärtige Besorgnis der Gefährdung des Kindeswohls ist unter Berücksichtigung des Milieus, in welches das Kind hineingeboren ist, zu prüfen. Eine kurz zurückliegende oder nahe bevorstehende Gefährdung ist genügend. Weiter ist die mangelnde »Bereitschaft oder Fähigkeit der Eltern zur Gefahrabwendung« zu prüfen.

Aufgrund dieser Faktoren kann ein Eingreifen des Familiengerichts notwendig werden. Somit erforderliche Maßnahmen zur Abwendung der Gefahr sind zum Beispiel Ermahnung, Entziehung des Aufenthaltsbestimmungsrechts, Ge- und Verbote sowie die Entziehung der Ausübung der Personensorge und Anordnung, dass sie dem anderen Elternteil allein zusteht (§ 1680). Sonst erfolgt die Übertragung auf einen nach § 1909 zu bestimmenden Pfleger. Bei notwendiger Fremdunterbringung des Kindes im Rahmen einer Hilfe zur Erziehung (§§ 27 ff. SGB VIII) empfiehlt sich eine »Entziehung (des Aufenthaltsbestimmungsrechts) und der Befugnis zur (Antrgstellung und) Mitwirkung bei der Hilfe zur Erziehung«, wenn die Personensorgeberechtigten einer notwendigen Maßnahme (Vollzeitpflege, Heimerziehung) nicht zustimmen und dadurch das Kindeswohl gefährden (Einzelheiten vgl. Fricke, ZfJ 93; 284 ff. und ZfJ 92, 509 ff.). Die Entziehung einzelner Bestandteile der elterlichen Sorge kann sich auch beziehen auf das Umgangsrecht oder die Vertretung der Person (§ 1629 I) beim Abschluß von Lehr- und Arbeitsverträgen usw. Dabei können vom Familiengericht Erklärungen der Eltern ersetzt werden, § 1666 III. Der Grundsatz der Verhältnismäßigkeit ist zu beachten, d.h. eine Entziehung des Sorgerechts insgesamt ist z.b. dann nicht zulässig, wenn der Entzug des Aufenthaltsbestimmungsrechts genügt. Es gilt der Grundsatz des geringsten Eingriffs.

Zum Verfahren: Das Familiengericht greift von Amts wegen, d.h. auch ohne Antrag, auf bloße Anregung hin ein. Zwingend vorgeschrieben ist die Anhörung von Eltern, Kind, Pflegeperson und Jugendamt durch das Familiengericht. Nach der Empfehlung des 10. DFGT (FamRZ 94, S. 359) soll der Vormundschaftsrichter (jetzt Familienrichter) grundsätzlich selbst betroffene Kinder über seine Entscheidung informieren und diese Entscheidung erläutern. Eventuell sind psychologische und psychiatrische Untersuchungen durch Sachverständige notwendig.

Vorläufige Anordnungen sind bei Gefahr im Verzuge möglich. Die Anhörung der Eltern und des Jugendamts ist erforderlich; musste sie unterbleiben, ist eine Nachholung nach Erlaß der Anordnung notwendig. Als Maßnahmen der vorläufigen Anordnung kommen z.B. in Betracht: Die Entziehung des Aufenthaltsbestimmungsrechts, aber auch die Entziehung der gesamten Personensorge.

Eine Beschwerde gegen die Endentscheidung des Familiengerichts in Sorgerechtsangelegenheiten können nach dem FGG (Gesetz über Angelegenheiten der freiwilligen Gerichtsbarkeit) Eltern, Kind (ab 14 Jahren), das Jugendamt, unter Umständen aber auch Pflegeeltern, Großeltern und andere Bezugspersonen des Kindes einlegen (vgl. § 57 I Ziff. 9 FGG). Über die Beschwerde, die binnen eines Monats eingelegt werden muss, entscheidet das Oberlandesgericht. Die Einlegung kann beim Familiengericht erfolgen (dieses kann seine Entscheidung abändern) oder direkt beim Oberlandesgericht. Auch bei Einlegung der Beschwerde ist die Entscheidung des Familiengerichts sofort vollziehbar. Die weitere Beschwerde beim BGH kann nur auf eine Verletzung des Gesetzes gestützt werden (z.B. unterlassene Aufklärung des Sachverhalts durch das Familiengericht, unterlassene Anhörung von Personen, deren Anhörung gem. §§ 50 ff. FGG vorgeschrieben war etc.) Häufig entscheidet das Beschwerdegericht nicht selbst in der Sache, sondern verweist die Angelegenheit an die Vorinstanz zurück (beispielsweise, um eine »vergessene« Anhörung des Kindes nachholen und dann eine abschließende Entscheidung treffen zu lassen). Eine Überprüfung und Abänderung der gerichtlichen Maßnahme erfolgt nach § 1696 aus »triftigen, das Kindeswohl nachhaltig berührenden Gründen«.

Folgende **Problemkreise** werden in den **Fällen** behandelt:
- Interpretation des § 1666; unterschiedliche Arten des Fehlverhaltens der Eltern (Fälle 1.1 – 1.7);
- Eingreifen des Familiengerichts (Fälle 2 – 10).

Fälle

Fall 1: Missbrauch, Vernachlässigung, unverschuldetes Versagen
Inwiefern liegt im folgenden (1.1 – 1.7) ein kindeswohlgefährdendes Verhalten (Missbrauch, Vernachlässigung oder unverschuldetes Versagen) der Eltern gem. § 1666 vor?
1.1:
Die Eltern misshandeln ihr Kind körperlich.
1.2:
Die Eltern weigern sich beharrlich, ihr Kind in die Schule zu schicken.
1.3:
Die Eltern wollen ihr Kind abrupt aus einem Pflegeverhältnis herausreißen.
1.4:
Eine alkoholsüchtige Mutter ernährt ihr elfmonatiges Kind nicht mehr.
1.5:
Die an einer schweren Neurose leidende alleinerziehende Mutter wechselt die Windeln ihres Säuglings nur unregelmäßig, tageweise überhaupt nicht.
1.6:
Die Eltern belassen das Kind bei der Pflegemutter, der das Jugendamt die Pflegeerlaubnis (§ 44 SGB VIII) verweigert.

Ist in den folgenden Fällen 2 – 9 ein Eingreifen des Familiengerichts wegen einer Gefährdung des Kindeswohls geboten?

Fall 2: Getrenntlebende Eheleute; Streit um Aufenthalt des Kindes
Der Ehemann lebt in Köln, die Ehefrau zusammen mit dem gemeinsamen Kind in
Magdeburg. Der Vater will das Kind gegen den Willen der Mutter auf Dauer zu sich
holen, da die Mutter sich berufsbedingt nicht um das Kind kümmere.

Fall 3: *Aufgehoben*

Fall 4: Maßnahme des Familiengerichts gegen einen Elternteil/beide Eltern
Die Mutter duldet aus Angst, dass der Vater das Kind ständig verprügelt.

Fall 5: Vermeidung der Fremdunterbringung durch »öffentliche Hilfe«
Eine kinderreiche Familie ist überlastet. Die Kinder werden nur unzureichend versorgt.

Fall 6: Verlassen der Kinder durch Eltern
Ein Ehepaar hat auf der Flucht vor Gläubigern die Ehewohnung verlassen und seine
drei Kinder zurückgelassen. Später wurde der Aufenthalt der beiden ermittelt. Diese
haben sich weiterhin nicht um ihre Kinder gekümmert und keinen Unterhalt gezahlt.

Fall 7: Pflicht, bei Rückführung der Kinder aus dem Heim mitzuwirken?
Die jungen Eltern haben sich aus dem Staub gemacht und ihre Kinder zurückgelassen. Diese wurden – zunächst vorläufig gem. § 42 SGB VIII – im Heim untergebracht. Später wurde vom Jugendamt Hilfe zur Erziehung in Form der Heimunterbringung gewährt, §§ 27, 34 SGB VIII. Die Eltern schicken Briefe, bezahlen Unter-
haltsbeiträge und besuchen die Kinder, behaupten aber, sie könnten sie zur Zeit
noch nicht bei sich aufnehmen, die Wohnung sei zu klein. Der Hilfeplan (§ 36 SGB
VIII) sieht eine Rückführung der Kinder zum jetzigen Zeitpunkt vor. Diese haben
sich gut im Heim eingelebt.

Fall 8: *Aufgehoben*

Fall 9: Missbräuchliche Ausübung des Umgangsrechts
Der Vater besucht dauernd in betrunkenem Zustand sein im Heim lebendes Kind.
Das Aufenthaltsbestimmungsrecht ist ihm bereits gem. § 1666 entzogen worden.

Fall 10: Verhalten eines Dritten
Der 9-jährige Jochen erhält Gitarrenunterricht von dem im gleichen Hause lebenden
und arbeitenden Musiklehrer Ferdinand. Während der Musikstunden nähert sich der
Lehrer dem Kind in unsittlicher Weise. Ferndinands Mutter schaltet das Familiengericht ein. Sie möchte erreichen, dass Ferndinand der Umgang mit ihrem Sohn verboten wird und dass er auszieht. Mit Recht?

Lösungshinweise

Fall 1:   Missbrauch, Vernachlässigung, unverschuldetes Versagen
1.1:
Das körperliche Wohl des Kindes ist gem. § 1666 gefährdet: Missbrauch der elterlichen Sorge liegt vor.
1.2:
Das geistige Kindeswohl ist gefährdet; Missbrauch der elterlichen Sorge gegeben.
1.3:
Das seelische Kindeswohl kann bei einer Herausnahme des Kindes aus der Pflegestelle gefährdet sein. Ist das Kind schon längere Zeit in Familienpflege, so kommt statt § 1666 die Regelung des § 1632 IV in Betracht. Die Eltern missbrauchen ihr Sorgerecht.
1.4:
Das BayObLG (FamRZ 84, 932) hat in diesem Fall eine Vernachlässigung des Kindes bejaht. Ob der Mutter ein Schuldvorwurf gemacht werden kann, spielt keine Rolle – »unverschuldetes Versagen« der Mutter liegt vor.
1.5:
Ebenfalls wie bei 1.4 unverschuldetes Versagen der Mutter gegeben (BayObLG 89, 421). (Fälle 1.1 – 1.5 in Anlehnung an D. Henrich, Familienrecht, Berlin, 4. Aufl. 1991, S. 256)
1.6:
Ein Sorgerechtsmissbrauch liegt nicht vor (LG Bln, FamRZ 85, 1075).

Fall 2:   Getrenntlebende Eheleute; Streit um Aufenthalt des Kindes
Bei Meinungsverschiedenheiten über den Aufenthalt des Kindes kann jeder der getrennt lebenden Elternteile gem. § 1671 beim Familiengericht in Magdeburg beantragen, dass ihm dieses einen Teil der elterlichen Sorge, nämlich das Aufenthaltsbestimmungsrecht, allein überträgt. Dem Antrag ist stattzugeben, soweit zu erwarten ist, dass die Aufhebung der gemeinsamen Sorge insoweit und die Übertragung des Aufenthaltsbestimmungsrechts auf den Antragsteller dem Wohl des Kindes am besten entspricht. Zur Frage des Kindeswohls enthält der Fall keine Angaben, somit erscheint hier zweifelhaft, ob ein Antrag des Vaters Erfolg hätte.
Dem Antrag ist auch dann nicht stattzugeben, soweit die elterliche Sorge auf Grund anderer Vorschriften – z.B. § 1666 – abweichend geregelt werden muss. Dafür sind ebenfalls keine Anhaltspunkte ersichtlich. Der Vorwurf des Vaters, die Mutter kümmere sich berufsbedingt nicht um das Kind, reicht für die Annahme einer Kindeswohlgefährdung durch die Mutter nicht aus.
(Anmerkung: Solange die Eltern noch nicht getrennt lebten, konnte bei Meinungsverschiedenheiten über das Aufenthaltsrecht eine Entscheidung des Familiengerichts gem. § 1628 eingeholt werden, vgl. dazu auch oben Kap. 13.1 Fall 2 und Ewers, FamRZ 99, S. 1122 f.)

Fall 3: *Aufgehoben*

Fall 4: Maßnahme des Familiengerichts gegen einen Elternteil/beide Eltern
Beim Vater liegt ein (schuldhafter) Missbrauch der elterlichen Sorge vor. Ein Teilentzug des Sorgerechts (Entzug der Personensorge) durch das Familiengericht kommt in Betracht. Auch der Mutter kann das Personensorgerecht wegen unverschuldeten Versagens entzogen werden. Dann ist die Personensorge auf einen Pfleger zu übertragen (vgl. auch oben Kap. 13. 2, Fall 1.16).

Fall 5: Vermeidung der Fremdunterbringung durch »öffentliche Hilfe«
Das Jugendamt wird den Eltern u.a. eine sozialpädagogische Familienhilfe als »Hilfe zur Erziehung« anbieten, §§ 27, 31 SGB VIII. »Öffentliche Hilfen«, die eine Fremdunterbringung des Kindes vermeiden helfen, müssen ermöglicht werden, § 1666 a. Der Staat ist verpflichtet, mit Haushaltshilfen bzw. sozialpädagogischer Familienhilfe nach SGB VIII einzuspringen, ehe die Kinder von den Eltern getrennt werden. Nur dann, wenn die Eltern diese angebotene Hilfe freiwillig nicht in Anspruch nehmen, ist an eine Einschaltung des Familiengerichts durch das Jugendamt zu denken, um weitergehende Schritte – notfalls gegen den Willen der Eltern – einzuleiten (Unterbringung des Kindes im Heim oder in der Pflegefamilie).

Fall 6: Verlassen der Kinder durch Eltern
Da der Aufenthalt des Ehepaares ermittelt wurde, und die Verbindung mit ihm hergestellt werden kann, ist kein Fall des Ruhens gegeben (§ 1674; Wirkung § 1675). Die Weigerung der Eltern, sich um ihre Kinder zu kümmern und Unterhalt zu zahlen, stellt einen Sorgerechtsmissbrauch dar, der zum Entzug der elterlichen Sorge führen kann. Evtl. ist eine Adoption auch gegen den Willen der Eltern anzustreben (im Adoptionsverfahren ist die Ersetzung der Einwilligung der Eltern durch das Vormundschaftsgericht notfalls wegen »Gleichgültigkeit« gem. § 1748 I, II möglich).

Fall 7: Pflicht, bei Rückführung der Kinder aus dem Heim mitzuwirken?
§ 1674 kommt nicht in Betracht, da der Aufenthalt der Eltern in der Bundesrepublik bekannt ist; § 1666 liegt ebenfalls nicht vor, da familiengerichtliche Maßnahmen hier unverhältnismäßig wären und gute Ansätze der Erziehung durch die Eltern zunichte machen würden. Das Jugendamt und die mit der Durchführung der Heimerziehung beauftragte Einrichtung sind verpflichtet, eine Rückführung behutsam zu planen und im Einverständnis mit Eltern und Kind vorzunehmen. Grundsätzlich sind die Absprachen im Hilfeplan für alle Beteiligten verbindlich, die Eltern müssen zum vereinbarten Zeitpunkt die Kinder wieder bei sich aufnehmen. Bei Undurchführbarkeit sind die Regelungen des Hilfeplans jedoch nachträglich abzuändern. Ein solcher Fall könnte hier vorliegen (vgl. im einzelnen § 36 SGB VIII).

Fall 8: *Aufgehoben.*

Fall 9:   Missbräuchliche Ausübung des Umgangsrechts
Obwohl dem Vater das Aufenthaltsbestimmungsrecht bereits gem. § 1666 vom Familiengericht entzogen wurde, steht ihm das Umgangsrecht zu. Übt er dieses allerdings zum Schaden seines Kindes aus (Gefährdung des Kindewohls), kann das Familiengericht sein Umgangsrecht zeitweilig oder auf Dauer aussetzen oder einschränkende Regelungen hinsichtlich der Besuche treffen; hinsichtlich der Einzelheiten vgl. § 1684 IV.

Fall 10:   Verhalten eines Dritten
§ 1666 I gewährt auch Schutz, wenn, wie hier, das Kindeswohl durch das Verhalten eines Dritten gefährdet wird. Das Familiengericht kann die erforderlichen Maßnahmen gegen einen Dritten treffen, sofern wie hier bloße Umgangsverbote des Personensorgeberechtigten selbst gem. § 1632 II oder des Familiengerichts gem. § 1632 III auf Antrag eines Elternteils nicht ausreichen.
Es gibt einzelne Gerichte, die bei derartigen gravierenden Vorfällen zu der Maßnahme »Go – Order« greifen: Dem Dritten wird durch Beschluß des Familiengerichts, der gem. § 33 FGG mit Zwangsgeldandrohung oder mit Gewalt durchgesetzt werden kann, aufgegeben, seine Wohnung und seinen Arbeitsplatz in unmittelbarer Nähe des Kindes aufzugeben und in einem bestimmten Mindestabstand eine neue Wohnung zu nehmen (vgl. z.B. OLG Zweibrücken, B. vom 5.11.1993, STREIT 94, S. 74 m.w.N).
Hinweis: Eine solche Maßnahme kann auch im Verhältnis Vater – Kind angewendet werden, wenn der Vater sein Kind misshandelt oder sexuell missbraucht hat, vgl. oben Kap. 13.2 Fall 1.16. Es ist zu erwarten, dass der Schutz von Frauen und Kindern vor Übergriffen gegen ihre körperliche Unversehrtheit im Zivilrecht und im öffentlichen Recht (Polizeirecht?) noch weiter in der Weise ausgebaut wird, dass dem »Täter« durch einstweilige Anordnung des Gerichts zugemutet wird, bei häuslicher Gemeinschaft mit dem Opfer die Wohnung für einen bestimmten Zeitraum zu verlassen und ggf. einen Mindestabstand zum »Opfer« einzuhalten und Kontaktaufnahmen zu unterlassen (vgl. auch das bisher nur als Gesetzentwurf der Bundesregierung vom 5.1.01 vorliegende »Gewaltschutzgesetz« – BR-Drucksache 11/01: Gesetz zur Verbesserung des gerichtlichen Schutzes bei Gewalttaten und Nachstellungen sowie zur Erleichterung der Überlassung der Ehewohnung bei Trennung).

14. Vormundschaft und Pflegschaft

Einführung

Durch die Vormundschaft oder Pflegschaft soll die Wahrnehmung von Aufgaben der elterlichen Sorge für Minderjährige durch Dritte (Jugendamt, Einzelperson) sichergestellt werden. Die Voraussetzungen für Pflegschaft und Vormundschaft für Minderjährige ergeben sich aus dem BGB; auch die Voraussetzungen für die gesetzliche Amtsvormundschaft und Amtspflegschaft des Jugendamts sind im BGB enthalten. Mit der Reform des Kindschaftsrechts wurde ab 1.7.98 anstelle der gesetzlichen Amtspflegschaft des Jugendamts für nichteheliche Kinder eine – freiwillige – Beistandschaft desselben auf Antrag der Mutter eingeführt.

Während der Vormund (bzw. Amtsvormund) bei einem Ausfall der Eltern (vgl. dazu § 1773) sämtliche Aufgaben der elterlichen Sorge für den Minderjährigen wahrzunehmen hat (§ 1793: Personensorge, Vermögenssorge, gesetzliche Vertretung), hat der Pfleger (bzw. Amtspfleger) nur einen bestimmten, fest umrissenen Aufgabenbereich wahrzunehmen.

Das SGB VIII enthält einen Abschnitt über Pflegschaft und Vormundschaft für Kinder und Jugendliche (§§ 53 ff. SGB VIII). Hier werden die Zusammenarbeit des Jugendamts in seiner Funktion als Pfleger oder Vormund mit dem Vormundschaftsgericht sowie Einzelheiten der Führung der Amtsvormundschaft bzw. Amtspflegschaft geregelt.

Eine *gesetzliche Amtvormundschaft* des Jugendamts tritt automatisch mit der Geburt des nichtehelichen Kindes einer minderjährigen Mutter ein, § 1791 c.

Bestellte Amtspflegschaft/Amtsvormundschaft des Jugendamts in anderen Fällen: Sofern die Pflegschaft oder Vormundschaft des Jugendamts auf einem Akt der Bestellung durch das Vormundschaftsgericht beruht, spricht man von bestellter Amtspflegschaft (§§ 1915 i.V. 1773 f.) bzw. bestellter Amtsvormundschaft (§ 1773 f.). So kommt es zur Amtspflegerbestellung nach *Teilentzug* der elterlichen Sorge – beispielsweise Entzug des Aufenthaltsbestimmungsrechts oder noch weitergehend der Personensorge. Der *vollständige Entzug* der elterlichen Sorge kann dagegen zur Bestellung des Jugendamts als Amtsvormund führen.

Unterscheiden Sie die Amtspflegschaft, Amtsvormundschaft des Jugendamts und die Einzelpflegschaft bzw. Einzelvormundschaft – bei letzterer wird eine Einzelperson zum Pfleger/Vormund bestellt. Nach Abschluss der Reform des Kindschaftsrechts soll das Vormundschafts- und Pflegschaftsrecht für Minderjähre reformiert werden.

Unter anderem werden folgende wichtige **Problemkreise** in den **Fällen** behandelt:
- Verschiedene Arten der Vormundschaft und Pflegschaft für Minderjährige (Fälle 1.6, 1.7);

- gesetzliche Amtsvormundschaft des Jugendamts mit der Geburt des Kindes einer minderjährigen Mutter, § 1791 c (Fall 1.1);
- Pflegschaft mit Wirkungskreis Heilbehandlung, einstweilige Anordnung (Fälle 2.1 und 2.2);
- Verbleiben der Kinder in der Familie trotz Pflegschaft mit dem Wirkungskreis Aufenthaltsbestimmung (Fall 3);
- Bestellte Ergänzungspflegschaft nach Teilentzug der elterlichen Sorge, §§ 1909, 1666 (Fälle 2.1, 3);
- Pflegschaft für die Leibesfrucht (Fall 4).

Weitere Fälle und Lösungen finden Sie in: Fricke/Söchtig/Kunkel: Kinder – und Jugendhilferecht, 2000, Übungsblatt 11 Seite 167 ff.

Fälle

Fall 1: Verschiedene Arten der Vormundschaft und Pflegschaft
1.1
Die ledige 16-jährige Mutter hat ein Kind Olaf. Wer vertritt das Kind?

1.2 – 1.5 aufgehoben!

1.6:
Jürgen ficht die Vaterschaft in Bezug auf seine Tochter Ina gem. §§ 1600, 1600 e durch Klage gegen das Kind an. Während des Rechtsstreits erkrankt Inas Mutter schwer (Gehirntumor). Bei Rechtskraft des Urteils, in dem festgestellt wird, dass Ina nicht von Jürgen abstammt, ist bereits eine erhebliche geistige Störung der Mutter eingetreten (Geschäftsunfähigkeit gem. § 104 Nr. 2).
1. Wer vertritt das Kind im Vaterschaftsanfechtungsprozess?
2. Wer vertritt das Kind nach erfolgreicher Anfechtung der Vaterschaft?
1.7:
Im Strafprozess gegen seinen Vater wegen Misshandlung soll das vom Vater ge- schlagene 7-jährige Kind als Zeuge aussagen. Wer entscheidet über die Ausübung des Zeugnisverweigerungsrechts?

Fall 2.1: Pflegschaft mit Wirkungskreis Heilbehandlung
Da das Ehepaar Huber die Schulmedizin ablehnt und die Zustimmung zu einer drin- gend notwendigen Operation seines Kindes nicht erteilt, ist den Eheleuten gem. § 1666 die elterliche Sorge vom Familiengericht teilweise entzogen worden. Der Facharzt Albert wurde zum Pfleger für das minderjährige Kind Elisabeth bestellt (Wirkungskreis: ärztliche Behandlung/Operation des Kindes). Die Operation wird mit Zustimmung des Pflegers durchgeführt. Wann endet die Pflegschaft?

2.2: Chemotherapeutische Behandlung des Kindes gegen Elternwillen
Die Eltern des Kindes Maria brechen die chemotherapeutische Behandlung ihres Kindes gegen ärztlichen Rat ab. Dem Kind droht nun eine unmittelbare Gefahr für Leib und Leben. Das Familiengericht wird eingeschaltet, um eine einstweilige Anordnung zu treffen. Ist eine Pflegerbestellung gem. §§ 1666, 1909 BGB notwendig?

Fall 3: Amtspflegschaft mit Aufenthaltsbestimmungsrecht
Das Jugendamt ist zum Pfleger mit Aufenthaltsbestimmungsrecht für die Kinder Petra und Jochen Meyer bestellt worden. Ein Vierteljahr später ist die Situation unverändert; die Kinder befinden sich noch in der Familie. Liegt ein pflichtwidriges Verhalten des Jugendamts vor?

Fall 4: Pfleger für die »Leibesfrucht«
Die schwangere Cäcilia geht zum Jugendamt und erklärt, ihr Freund Fred wolle sofort die Vaterschaft anerkennen, aber nicht vor dem Jugendamt. Ist das möglich? Muss ein Pfleger für die Leibesfrucht bestellt werden, damit eine Vaterschaftsanerkennung wirksam wird und zugleich der Unterhalt für die ersten 3 Monate nach der Geburt des Kindes gem. § 1615 o gesichert werden kann?

Lösungshinweise

Fall 1: Verschiedene Arten der Vormundschaft und Pflegschaft
1.1
Gemäß § 1791 c ist mit der Geburt des Kindes eine gesetzliche Amtsvormundschaft des Jugendamts eingetreten. Als Vormund hat das Jugendamt das Kind zu vertreten, § 1793. Außerdem hat es alle anderen Aufgaben der elterlichen Sorge wahrzunehmen.
Die elterliche Sorge der Mutter ruht gem. § 1673 II. Das bedeutet, dass die Mutter die elterliche Sorge gem. § 1675 nicht ausüben darf. Sie ist aber berechtigt, neben dem Jugendamt als Vormund Aufgaben der tatsächlichen Personensorge wahrzunehmen. Weitere Befugnisse stehen der minderjährigen Mutter nicht zu; insbesondere darf sie das Kind nicht vertreten und die Vermögenssorge nicht ausüben. Wird die Mutter volljährig, so fällt die Vormundschaft automatisch weg, die Mutter erhält die volle elterliche Sorge gem. §§ 1626 a II, 1882.

1.2-1.5 aufgehoben

1.6:
1. Ein bestellter Einzelpfleger oder (üblicherweise) das Jugendamt als vom Vormundschaftsgericht bestellter Amtspfleger vertritt das Kind im Vaterschaftsanfechtungsprozess, da den Eltern bei einem Rechtsstreit gegen ihr Kind die Vertretungsmacht nicht zusteht, §§ 1629 II i. V § 1795 I Nr. 3. Ergebnis: Jürgen führt als Kläger

den Rechtsstreit gegen sein Kind (Beklagten), das Kind wird vertreten durch einen bestellten Prozesspfleger.

2. Durch die erfolgreiche Anfechtung der Vaterschaft hat sich der Status der Tochter Ina geändert. Ina stammt nicht mehr von Jürgen ab, dieser ist nicht mehr gem. § 1629 vertretungsberechtigt. Die Mutter ist zur Vertretung des Kindes, die ihr nunmehr eigentlich als Sorgerechtsinhaberin gem. § 1626 a II zustünde, ebenfalls nicht mehr berechtigt, da sie gem. § 104 Nr. 2 geschäftsunfähig geworden ist. Wegen ihrer geistigen Erkrankung befindet sie sich in einem die freie Willensbestimmung ausschließenden Zustande, der nicht vorübergehender Natur ist. Die elterliche Sorge der Mutter ruht, § 1673 I, sie darf nicht aus ausgeübt werden, § 1675. Das Kind Ina bedarf somit eines Vormunds gem. § 1773 I. In einem solchen Fall tritt bereits mit Rechtskraft des Anfechtungsurteils die gesetzliche Amtsvormundschaft des Jugendamts gem. § 1791 c I 2 ein. Das Jugendamt ist hier also gesetzlicher Amtsvormund des Kindes geworden und vertritt als solcher das Kind. Der Vormund wird sich insbesondere um die Feststellung der Vaterschaft und um die Unterhaltssicherung für das Kind zu kümmern haben.

1.7:

§ 52 II 1 der Strafprozessordnung (StPO) bestimmt, dass der gesetzliche Vertreter des Kindes über die Ausübung des Zeugnisverweigerungsrechts in solchen Fällen entscheidet, in denen das Kind zwar aussagebereit ist, aber aufgrund seines Alters und seiner Reife noch nicht imstande ist, die Bedeutung des Zeugnisverweigerungsrechts zu verstehen. Dieses Zeugnisverweigerungsrecht steht dem Kind als Verwandtem in gerader Linie zu, § 52 I Nr. 3 StPO. Durch Ausübung des Zeugnisverweigerungsrechts kann der gesetzliche Vertreter – dies sind hier gem. § 1629 beide Eltern – die Aussage verhindern.

In unserem Fall ist beim 7-jährigen Kind von einer »mangelnden Verstandesreife« hinsichtlich der Bedeutung des Zeugnisverweigerungsrechts auszugehen. In ein Elternteil jedoch, wie hier der Vater, selbst Beschuldigter, so kann er nicht über die Ausübung des Zeugnisverweigerungsrechts entscheiden. Das gleiche gilt für den anderen Elternteil, die Mutter (§ 52 II 2 StPO). In diesem Fall kommt es zur Bestellung eines Ergänzungspflegers, § 1909 I, evtl. des Jugendamts als Amtspfleger. Der Amtspfleger ist berechtigt, anstelle des Kindes das Zeugnisverweigerungsrecht auszuüben. Vor jeder Vernehmung ist der Pfleger hierüber zu belehren.

Fall 2.1: Pflegschaft mit Wirkungskreis Heilbehandlung

Es handelt sich um eine Ergänzungspflegschaft gem. § 1909 für das minderjährige Kind Elisabeth. Diese Pflegschaft (Einzelpfleger ist der Facharzt Albert), die zur Besorgung einer einzelnen Angelegenheit bestellt worden ist, endet mit deren Erledigung, § 1918 III. Mit der Durchführung der Operation ist die Pflegschaft daher beendet.

2.2: Chemotherapeutische Behandlung des Kindes gegen Elternwillen

Die Voraussetzungen des § 1666 I sind erfüllt: Der Abbruch der Heilbehandlung des Kindes stellt einen schuldhaften Missbrauch der elterlichen Sorge dar. Die Eltern, die sich ärztlichem Rat widersetzen, sind nicht gewillt, die Gefahr abzuwenden, daher ist das Einschalten des Familiengerichts geboten. Die Maßnahme »Pflegerbestellung« als Eilmaßnahme (einstweilige Anordnung) ist zwar möglich; damit ist aber möglicherweise ein Zeitverlust verbunden. Außerdem ist durch die Pflegerbestellung nicht unbedingt gewährleistet, dass eine bestimmte Maßnahme (hier Fortsetzung der chemotherapeutischen Behandlung des Kindes) getätigt wird. Das Familiengericht soll sich bei der Entscheidung, ob etwas zu veranlassen ist, nicht an die Stelle des Pflegers oder Betreuers setzen. Mit der Bestellung des Pflegers bringt das Familiengericht also nicht zum Ausdruck, dass es eine bestimmte Maßnahme für erforderlich hält. Diese Frage prüft der Pfleger, nicht das Familiengericht (vgl. BT-Drucksache 12/7011, S. 19). Da das Familiengericht gem. § 1666 III Erklärungen der Eltern ersetzen kann, wäre zum Schutz des Kindes hier eine solche Ersetzung einer Pflegerbestellung gem. § 1909 vorzuziehen (vgl. auch Palandt, Rn. 25 zu § 1666). Die Entscheidung würde lauten: Ersetzung der elterlichen Einwilligung in ärztlichen Eingriff bzw. Zustimmung zur Fortsetzung der chemotherapeutischen Heilbehandlung des Kindes.

Fall 3: Amtspflegschaft mit Aufenthaltsbestimmungsrecht

Bereits im vorigen Fall (2. 2) ist ausgeführt worden, dass die Bestellung eines Pflegers nicht bedeutet, dass eine bestimmte Entscheidung (hier Wechsel des Aufenthaltsorts der Kinder Petra und Jochen) getroffen werden muss. Es mag Fälle geben, in denen sich nach der Entscheidung des Familiengerichts gem. § 1666 einen Teil der elterlichen Sorge zu entziehen, die Situation geändert hat, eine alsbaldige Jugendhilfemaßnahme mit Aufenthaltswechsel der Kinder (z.B. Vollzeitpflege gem. §§ 27, 33 SGB VIII) nicht mehr erforderlich ist und dennoch das Jugendamt als Pfleger die Rechtsmacht haben muss, als Pfleger die Jugendhilfemaßnahme sofort einzuleiten, um die Kinder aus der Familie herauszunehmen. Der Fall gibt keinen Anlaß, ein pflichtwidriges Verhalten des Jugendamts anzunehmen.

Fall 4: Pfleger für die »Leibesfrucht«

Gem. § 1594 IV ist die Anerkennung der Vaterschaft durch Fred bereits vor der Geburt des Kindes seiner Freundin Cäcilia zulässig. Die Anerkennungserklärung des Vaters kann in öffentlich beurkundeter Form, § 1597 I, außer vor der Urkundsperson beim Jugendamt (§ 59 I Nr. 1 SGB VIII) vor dem Notar (§ 20 BNotO), dem Amtsgericht (§ 58 BeurkG) oder dem Standesamt (§ 29 a I PStG) abgegeben werden. Allerdings ist zur Wirksamkeit der Vaterschaftsanerkennung noch erforderlich, dass gem. § 1595 I, III die öffentlich beurkundete Zustimmung der werdenden Mutter vorliegt; die Zustimmung eines Pflegers für das ungeborene Kind ist nicht erforderlich. Nach der Anerkennung der Vaterschaft durch Fred könnte sich die Mutter in diesem Falle auch um die Sicherung des dem Kinde für die ersten 3 Monate zu zahlenden Unterhalts kümmern, indem sie eine entsprechende einstweilige Verfügung gem. § 1615 o beim Amtsgericht beantragt. Diese Aufgabe – Sicherung des Unterhalts – könnte auch von einem für die Leibesfrucht bestellten Pfleger wahrgenommmen werden.

15. Beistandschaft

Einführung

Durch das Beistandschaftsgesetz vom 4.12.97 (BGBl. I S. 2942), in Kraft getreten am 1.7.98, wurde die bis dahin in den westlichen Bundesländern geltende gesetzliche Amtspflegschaft des Jugendamts für nichteheliche Kinder abgeschafft und stattdessen die freiwillige Beistandschaft des Jugendamts auf schriftlichen Antrag eines Elternteils eingeführt. Der Beistand des Kindes hat folgende Aufgaben: Feststellung der Vaterschaft und Geltendmachung von Unterhaltsansprüchen.
Die Voraussetzungen ergeben sich aus dem BGB (§§ 1712 – 1717), während sich das SGB VIII darauf beschränkt, die Ausübung der Pflichten des Jugendamts als Beistand, Vormund oder Pfleger eines Kindes zu regeln (§§ 55, 56 SGB VIII). Außerdem regelt das SGB VIII in § 52 a SGB VIII die Pflicht des Jugendamts, eine nicht mit dem Vater des Kindes verheiratete Mutter nach der Geburt ihres Kindes zu beraten, zu unterstützen und auf die Möglichkeit einer Beistandschaft hinzuweisen (zur Regelung im SGB VIII vgl. Übungsblatt 11 in Fricke/Söchtig/Kunkel, Kinder- und Jugendhilferecht – Fälle und Lösungen, Baden – Baden, 1. Aufl. 2000).
Die Beistandschaft neuen Rechts, die alle allein sorgeberechtigten Elternteile beantragen können, ersetzt auch die Beistandschaft des bisherigen Rechts (§§ 1685, 1690). Beistand ist – anders als früher – nur noch das Jugendamt, dem im Rahmen seiner Aufgaben auch die gesetzliche Vertretung des Kindes und Klagebefugnis zusteht. Auch eheliche Kinder mit einem allein sorgeberechtigten Elternteil können einen Beistand erhalten.

In den **Fällen** werden folgende **Problemkreise** behandelt:
* Beistandschaft bei gemeinsamer elterlicher Sorge? (Fall 1);
* Sachliche und örtliche Zuständigkeit des Jugendamts für Ausländer – Aufgaben der Beistandschaft (Fall 2);
* Eintritt und Ende der Beistandschaft; minderjährige Antragsteller (Fälle 3,4);
* Weitere Beendigungsgründe (Fälle 7,8);
* Beschränkung der Beistandschaft auf einzelne Aufgaben (Fall 5);
* Unterlassene Vaterschaftsfeststellung (Fall 9);
* Pflichtwidriges Verhalten des Beistands (Fall 10);
* Übergangsrecht: Umwandlung bestehender gesetzlicher Amtspflegschaft in Beistandschaft (Fall 6).

Fälle

Fall 1: Beistandschaft bei gemeinsamer elterlicher Sorge
Lisa lebt getrennt von ihrem geschiedenen Ehemann Michael. Beide haben eine Tochter Klara; das Sorgerecht steht ihnen gemeinsam zu. Lisa beantragt jetzt eine Beistandschaft für das Kind, da Michael den Unterhalt nur unregelmäßig zahlt. Sind die Voraussetzungen für den Eintritt einer Beistandschaft erfüllt?

Fall 2: Ausländisches Kind, Zuständigkeit des Jugendamts, Aufgaben der Beistandschaft
Die in Hamburg lebende berufstätige ledige Französin C ist schwanger. Sie bittet das Jugendamt in Hamburg um Beratung gem. § 52 a SGB VIII. Zur Geburt des Kindes fährt sie nach Paris, kehrt dann aber zusammen mit ihrem Kind nach Deutschland zurück. Ein Jahr später lebt sie mit ihrer Tochter in Braunschweig, wo sie Wohnung und Arbeit gefunden hat. C beantragt jetzt in Braunschweig eine Beistandschaft.
Welches Jugendamt ist sachlich und örtlich zuständig
2.a: für die Beratung und Unterstützung der werdenden Mutter?
2.b: für die Beistandschaft in diesem Fall?
2.c: Welches sind die Aufgaben der Beistandschaft?

Fall 3: Eintritt und Ende der Beistandschaft
Die 16-jährige Petra bekommt in Celle ein Kind. Sie beantragt beim Jugendamt eine Beistandschaft.
3.a: Ist die minderjährige Petra antragsberechtigt? Welche Rechtsfolge hat der Antrag?
3.b: Könnte Petras Mutter S Beistand werden?

Fall 4: Minderjährige schwangere Antragstellerin
Die 17 Jahre, 9 Monate alte Franziska ist im 3. Monat schwanger. Sie beantragt beim Jugendamt eine Beistandschaft.
4.a: Tritt die Beistandschaft ein?
4.b: Wenn ja: Endet die Beistandschaft mit Franziskas Volljährigkeit bzw. mit der Geburt ihres Kindes?

Fall 5: Beschränkung der Beistandschaft auf einzelne Aufgaben
Jasmin aus Schwerin hat als ledige Mutter eines Kindes, der die elterliche Sorge gem. § 1626 a II alleine zusteht, eine Beistandschaft des Jugendamts beantragt, diese jedoch auf die Feststellung der Vaterschaft beschränkt. Das Jugendamt versucht, den Vater M zur Anerkennung der Vaterschaft zu veranlassen. M reagiert nicht. Erst eine vom Jugendamt im Namen des Kindes erhobene Feststellungsklage gegen M ist erfolgreich. M wird vom Familiengericht als Vater festgestellt.
5.a: Wann endet die Beistandschaft des Jugendamts?
5.b: Wer hat sich um die Unterhaltszahlungen für das Kind zu kümmern?

144

Fall 6: Übergangsrecht

Im November 1998 fragt die Mutter Margrit im Jugendamt den ihr bekannten Herrn P, ob dieser noch Amtspfleger ihres Kindes Klaus sei. Das Kind war 1997 nichtehelich geboren worden; das Jugendamt war nach den damals gültigen §§ 1706, 1709 gesetzlicher Amtspfleger für das Kind geworden. (Die genannten Vorschriften wurden im Zuge der Kindschaftsrechtsreform 1998 aufgehoben). Die Anerkennung der Vaterschaft war ebenfalls im Jahre 1997 zusammen mit der Verpflichtung des Vaters V zur Unterhaltszahlung vom Jugendamt beurkundet worden.

6.a: Was wird Herr P Margrit antworten?

6.b: Was kann Margrit unternehmen, wenn sie eine Vertretung des Jugendamts als Beistand ihres Kindes in Zukunft ausschließen möchte?

Fall 7: Ende der Beistandschaft

Da Jugendamt ist Beistand für Petras Kind Britta geworden. Petra ist gem. § 1626 a II sorgeberechtigt. Anschließend wurde ihr die Personensorge für ihr Kind gem. § 1666 wegen Misshandlung des Kindes entzogen. Das Jugendamt ist nunmehr Pfleger mit dem Aufgabenkreis »Personensorge«. Besteht die Beistandschaft fort?

Fall 8: Ende der Beistandschaft – laufendes Vaterschaftsfeststellungsverfahren

Als Beistand des Kindes Kai versucht das Jugendamt dessen Vater Helmut vergeblich zur Anerkennung der Vaterschaft zu bewegen. Als das Jugendamt nunmehr Klage gegen Helmut erhebt, beantragt die Mutter Rita schriftlich beim Jugendamt die Aufhebung der Beistandschaft. Rechtslage?

Fall 9: Unterlassene Vaterschaftsfeststellung

Patrizias Sohn Patrick (die elterliche Sorge steht ihr alleine zu) ist einen Monat alt. Das Jugendamt hat Patrizia gem. § 52 a SGB VIII darüber beraten, dass sie eine Beistandschaft beantragen kann. Patrizia lehnt es ab, den Antrag auf Beistandschaft zu stellen; sie will auch selbst keine Schritte gegen den Vater einleiten. Dabei bleibt zunächst offen, ob sie aus Sorglosigkeit handelt, ob sie vom Vater oder dessen Verwandten unter Druck gesetzt wird oder ob die Vaterschaftsfeststellung aus anderen Gründen zu einer erheblichen psychischen Belastung für die Mutter führen würde. Ein Jahr später ist der Vater noch immer nicht festgestellt worden. Wie kann in diesem Fall das Recht des Kindes auf Kenntnis der eigenen Abstammung gewahrt werden?

Fall 10: Pflichtwidriges Verhalten des Beistands

Das Jugendamt ist Beistand für das Kind Claudia geworden. Der mit der Ausübung der Aufgaben des Beistands im Jugendamt betraute S unterlässt es, die Vaterschaftsfeststellung mit dem gebotenen Nachdruck zu betreiben. Dadurch kann der Unterhalt für das Kind von dem zahlungskräftigen Vater nicht beigetrieben werden. Wie kann dem Kind geholfen werden?

Lösungshinweise

Fall 1:   Beistandschaft bei gemeinsamer elterlicher Sorge
Gem. § 1713 I 1 kann den Antrag auf Beistandschaft ein Elternteil stellen, dem für den Aufgabenkreis der beantragten Beistandschaft die alleinige elterliche Sorge zusteht. Diese Voraussetzung ist im vorliegenden Fall nicht erfüllt. Die Mutter, in deren Obhut sich das Kind befindet, ist gem. § 1629 II S. 2 berechtigt, Unterhaltsansprüche des Kindes gegen den Vater geltend zu machen. Sie ist dabei gem. § 18 I SGB VIII vom Jugendamt zu beraten und zu unterstützen.

Fall 2:   Ausländisches Kind; Zuständigkeit des deutschen Jugendamts – Aufgaben der Beistandschaft
2.a: *Sachliche Zuständigkeit für Beratung und Unterstützung gem. § 52 a SGB VIII:* Über das Beratungsangebot des § 18 SGB VIII hinaus wird in § 52 a I SGB VIII eine Verpflichtung des Jugendamts normiert, Mütter, die mit dem Vater des Kindes nicht verheiratet sind, über die dort aufgeführten Punkte – Bedeutung der Vaterschaftsfeststellung, Sicherung von Unterhaltsansprüchen, Beurkundung beim Jugendamt und die Möglichkeit, eine Beistandschaft zu beantragen – zu beraten, ggf. in der »persönlichen Umgebung der Mutter«. Gem. § 52 a II SGB VIII liegt es im Ermessen des Jugendamts, bereits bei der werdenden Mutter tätig zu werden (Kann-Bestimmung). Auch der ausländischen werdenden Mutter C in unserem Fall kann Beratung und Unterstützung gewährt werden, da Ausländer grundsätzlich in die Maßnahmen der Jugendhilfe einbezogen sind.
Örtliche Zuständigkeit für die Beratung und Unterstützung gem. § 52 a SGB VIII: Die örtliche Zuständigkeit des Jugendamts für die Aufgaben gem. § 52 a II SGB VIII ergibt sich aus § 87 c V 1 i.V. mit § 87 c I 1 SGB VIII. Danach kommt es auf den gewöhnlichen Aufenthalt der werdenden Mutter an. Dieser ist Hamburg. Somit ist das Jugendamt in Hamburg sachlich und örtlich zuständig für die Beratung der werdenden Mutter C.
2.b: *Sachliche Zuständigkeit des deutschen Jugendamts für die Beistandschaft:* Die sachliche Zuständigkeit folgt aus § 1717 I 1. Danach tritt die Beistandschaft für ein ausländisches Kind nur ein, wenn das Kind seinen gewöhnlichen Aufenthalt in Deutschland hat. Das ist hier der Fall. Das Kind lebt mit seiner Mutter in Braunschweig. Lediglich dann, wenn das Kind seinen gewöhnlichen Aufenthalt von Deutschland nach Frankreich verlegen würde, käme es gem. § 1717 I 1 zur Beendigung der Beistandschaft.
Die *örtliche Zuständigkeit* des Jugendamts richtet sich nach dem gewöhnlichen Aufenthalt der Mutter; vgl. die Definition des gA in § 30 SGB I. Da die Mutter in Braunschweig wohnt und arbeitet, hat sie dort ihren gewöhnlichen Aufenthalt. Somit ist die örtliche Zuständigkeit des Jugendamts Braunschweig für die beantragte Beistandschaft gegeben.
2.c: *Aufgaben der Beistandschaft:* Gem. § 1712 I obliegt dem Beistand die Feststellung der Vaterschaft und die Geltendmachung von Unterhaltsansprüchen.

Fall 3:   Eintritt und Ende der Beistandschaft

3.a: Gem. § 1713 I kann nur ein allein sorgeberechtigter Elternteil eine Beistandschaft beantragen. Die minderjährige, in ihrer Geschäftsfähigkeit beschränkte, Mutter Petra ist jedoch nicht allein sorgeberechtigt. Ihr Kind steht gem. § 1791 c unter der gesetzlichen Amtsvormundschaft des Jugendamts. Der Aufgabenkreis der beantragten Beistandschaft – Vaterschaftsfeststellung und Unterhaltssicherung – gehört zu den Aufgaben des Vormunds. Petra ist somit nicht antragsberechtigt. Der gleichwohl gestellte Antrag bleibt folgenlos, eine Beistandschaft tritt nicht ein.

3.b: Gem. § 1712 I kann lediglich das Jugendamt Beistand eines Kindes werden, nicht eine Einzelperson. Das Jugendamt sollte aber Petras Antrag/Bitte zum Anlass nehmen, gem. § 56 IV SGB VIII zu prüfen, ob im Interesse des Kindes die Entlassung des Jugendamts als Amtsvormund und die Bestellung der S als Einzelvormund angezeigt ist; vgl. auch §§ 1887, 1889 II.

Fall 4:   Minderjährige schwangere Antragstellerin

4.a: Anders als in Fall 3.a tritt hier auf den Antrag der *minderjährigen Schwangeren* gem. § 1713 II 2 i.V.m. § 1714 S. 2 eine Beistandschaft ein. Die werdende Mutter ist zur Antragstellung berechtigt; sie bedarf auch als Minderjährige hierzu nicht der Zustimmung ihres gesetzlichen Vertreters. Auf Franziskas schriftlichen Antrag wird das Jugendamt Beistand des noch ungeborenen Kindes, der Leibesfrucht, sobald der Antrag beim Jugendamt eingeht. Der Beistand kann schon vor der Geburt des Kindes die Feststellung der Vaterschaft sowie die Unterhaltssicherung (vgl. hierzu § 1615 o) betreiben.

4.b: Gem. § 1715 II i.V. § 1713 I endet die Beistandschaft nicht mit Franziskas Volljährigkeit, da auch die volljährige werdende Mutter berechtigt ist, eine Beistandschaft zu beantragen. Auch die Geburt des Kindes ändert nichts an der eingetretenen Beistandschaft, da Franziska nunmehr die alleinige elterliche Sorge für ihr Kind gem. § 1626 a II zusteht; bei der Geburt des Kindes ist sie nämlich volljährig.

Fall 5:   Beschränkung der Beistandschaft auf einzelne Aufgaben

5.a: Gem. § 1712 II konnte Jasmin den Antrag auf Beistandschaft auf die Feststellung der Vaterschaft beschränken. Gem. § 1716 S. 2 gelten die Vorschriften über die Pflegschaft sinngemäß. Somit endete die Beistandschaft gem. § 1918 III entspr. mit der Erledigung der Angelegenheit, der Feststellung der Vaterschaft.

5.b: Um die Geltendmachung von Unterhaltsansprüchen des Kindes hat Jasmin sich selbst zu kümmern. Es bleibt ihr aber unbenommen, einen erneuten Antrag auf Beistandschaft beim Jugendamt zu stellen; diese Beistandschaft wäre nun bei festgestellter Vaterschaft auf die Aufgabe der Unterhaltssicherung beschränkt.

Fall 6:   Übergangsrecht

6.a: Das Übergangsrecht betrifft bei Inkrafttreten des Beistandschaftsrechts am 1.7.98 bestehende gesetzliche Amtspflegschaften, vormals in den §§ 1706 – 1710 BGB geregelt. Gem. Art. 222 EGBGB wandeln sich die bestehenden gesetzlichen

Amtspflegschaften des Jugendamts in Beistandschaften nach neuem Recht. Der bisherige Amtspfleger wird Beistand. Herr P wird Margrit also antworten, dass er seit Inkrafttreten der Reform Beistand geworden ist.

6.b: Margrit kann die Beistandschaft jederzeit gem. § 1715 I durch schriftliches Verlangen beenden. Mit dem Eingang ihres schriftlichen Verlangens beim Jugendamt wird dieses wirksam.

Fall 7: Ende der Beistandschaft
Eine Pflegschaft mit gleichem Aufgabenkreis schließt eine daneben bestehende Beistandschaft aus. Zur Personensorge gehört hier sowohl die Feststellung der Vaterschaft als auch die Sicherung des Unterhalts. Gem. § 1630 I erstreckt sich die elterliche Sorge nicht auf Angelegenheiten, für die ein Pfleger bestellt ist. Die Beistandschaft endet hier also gem. § 1715 II, da die Voraussetzungen des § 1713 I (alleinige elterliche Sorge für den Aufgabenkreis der Beistandschaft) nicht mehr gegeben ist. Das Kind Britta wird insoweit vom Jugendamt als Pfleger vertreten.

Fall 8: Ende der Beistandschaft – laufendes Vaterschaftsfeststellungsverfahren
Die Mutter Rita hat das Recht, jederzeit durch schriftliches Verlangen gem. § 1715 I die Beistandschaft zu beenden. Da das Kind im Prozess nunmehr nicht mehr vom Jugendamt vertreten wird und nicht zu erwarten ist, dass die Mutter in Vertretung des Kindes den Prozess weiterführt, ist abzusehen, dass die Feststellung der Vaterschaft und die Sicherung des Kindesunterhalts unterbleiben werden. Das Jugendamt hat nunmehr zu prüfen, ob diese »Beendigung der Beistandschaft zur Unzeit« eine missbräuchliche Ausübung der elterlichen Sorge gem. § 1666 darstellt, das Kindeswohl gefährdet und gem. § 50 III SGB VIII dem Familiengericht angezeigt werden muss. Wird dieser Weg erfolgreich beschritten und erfolgt daraufhin ein Teil-Sorgerechtsentzug gem. § 1666 durch das Familiengericht, so kann anschließend das Vormundschaftsgericht nach Prüfung gem. § 1909 einen Ergänzungspfleger mit dem Aufgabenkreis »Vaterschaftsfeststellung und Unterhaltssicherung« bestellen (siehe auch folgenden Fall 9).

Fall 9: Unterlassene Vaterschaftsfeststellung
Das Unterlassen der Vaterschaftsfeststellung durch die Mutter führt nicht automatisch zu einer Pflegerbestellung gem. §§ 1629 II, 1796. In § 1629 II 3 ist durch das Beistandschaftsgesetz der Halbsatz »dies gilt nicht für die Feststellung der Vaterschaft« eingefügt worden. Damit will der Gesetzgeber zum Ausdruck bringen, dass der lediglich formale Interessengegensatz zwischen Kind und Mutter bei unterbliebener Vaterschaftsfeststellung nicht ausreicht, um der Mutter einen Teil des Sorgerechts mit dem Ziel der Pflegerbestellung zwecks Feststellung der Vaterschaft zu entziehen. Grund: Freiwilligkeitsprinzip. Diese Rechtslage schließt aber nicht aus, dass im Einzelfall überprüft wird, ob das Unterlassen der Vaterschaftsfeststellung die Interessen des Kindes nicht nur formal verletzt, sondern darüber hinaus sein Wohl ganz konkret gefährdet. Im Einzelfall können Gesichtspunkte dafür sprechen,

148

eine Vaterschaftsfeststellung zu unterlassen, z.b. eine schwere psychische Belastung der Mutter mit Auswirkung auf das Mutter-Kind-Verhältnis durch den Prozess (zu weiteren Gründen vgl. Palandt Rn. 28 zu § 1629). Das Jugendamt hat also die Gründe für das Verhalten der Mutter zu erforschen und danach zu entscheiden, ob das Familiengericht gem. 50 III SGB VIII zwecks Sorgerechtsentzug eingeschaltet werden muss (zur Auswahl des Pflegers durch das Familiengericht und dessen Bestellung gem. § 1909 durch das Vormundschaftsgericht vgl. Palandt § 1697 Rn. 1).

Fall 10: Pflichtwidriges Verhalten des Beistands
Da dem Gericht eine Aufsicht über die Tätigkeit des Jugendamts als Beistand gem. § 1716 nicht obliegt, bleibt, sofern Gegenvorstellungen und Gespräche mit der Behörde (Jugendamt) nichts fruchten, dem Kind, vertreten durch seine Mutter, nur der Weg, den entgangenen Unterhalt als Schadensersatz einzuklagen. Die Verweisung in § 1716 auf das Pflegschaftsrecht führt über § 1915 nämlich auch zur Anwendung des § 1833. Nach dieser Vorschrift hat der Beistand dem Kind den aus einer schuldhaften Pflichtverletzung entstandenen Schaden zu ersetzen (Verjährungsfrist gem. § 195 BGB 30 Jahre). Außerdem könnte gegen den Beistand wegen einer schuldhaften Amtspflichtverletzung gem. § 839 vorgegangen werden (Verjährungsfrist gem. § 852 BGB 3 Jahre).

16. Adoption und Adoptionsvermittlung

Einführung

Das folgende Kapitel behandelt die Annahme als Kind (Adoption). Unter anderem wird die seit der Kindschaftsrechtsreform 1998 weiter gestärkte Rechtsposition des Vaters des nichtehelichen Kindes in den Fällen ausführlich behandelt: Anders als vor der Reform hat der Vater ein Einwilligungsrecht bei der Adoption seines Kindes durch den Ehemann der Mutter (dies galt bereits seit dem Beschluss des Bundesverfassungsgerichts vom 7.3.95 – FamRZ 95, S. 789) und durch Dritte. Die Einwilligung des nichtehelichen Vaters ohne Sorgerecht ist ggf. gem. § 1848 IV zu ersetzen; dabei gelten gegenüber der Ersetzung der Einwilligung eines sorgeberechtigten Vaters in die Adoption (Gleichgültigkeit oder Verletzung von »Primärpflichten« gem. § 1848 I) erleichterte Anforderungen. Die Adoption des eigenen nichtehelichen Kindes durch einen Elternteil (Vater oder Mutter) wurde durch die Kindschaftsrechtsreform abgeschafft, da diese nicht mehr erforderlich ist, um die volle elterliche Sorge zu erlangen. Der Vater kann nunmehr gem. § 1762 I einen Antrag auf Übertragung der alleinigen elterlichen Sorge stellen, der nicht der Zustimmung der Mutter bedarf, die in die Annahme eingewilligt hat, § 1751 I S. 6. Der Antrag des Vaters entfaltet eine Sperrwirkung für eine beantragte Adoption, §§ 1747 III Nr. 2. Gem. § 1747 III Nr. 3 kann der Vater darauf verzichten, diesen Antrag auf Übertragung der alleinigen elterlichen Sorge zu stellen.

Die Bearbeitung der Fälle erfordert nicht nur ein Eingehen auf die Regelungen im BGB (§§ 1741 ff: Adoption Minderjähriger; §§ 1767 – 1772: Adoption Volljähriger), sondern auch auf Vorschriften des AdVermiG, des FGG, des SGB VIII sowie – in Fällen mit Auslandsberührung – des EGBGB. Das BGB regelt die »Volladoption« Minderjähriger und die dieser nachgebildete Adoption Volljähriger. Es enthält nicht nur zahlreiche Formvorschriften, sondern auch den wesentlichen Grundsatz des Adoptionsrechts, dass die durch Beschluss des Vormundschaftsgerichts (»Dekretsystem«) herbeigeführte Annahme nur zulässig ist, »wenn sie dem Wohl des Kindes dient und zu erwarten ist, dass zwischen dem Annehmenden und dem Kind ein Eltern-Kind-Verhältnis entsteht«, § 1741 I.

Demgegenüber behandelt das Adoptionsvermittlungsgesetz (AdVermiG; genauer: Gesetz über die Vermittlung der Annahme als Kind und über das Verbot der Vermittlung von Ersatzmüttern) die Tätigkeit der sogenannten Adoptionsvermittlungsstellen, welche unter anderem die Aufgabe haben, Adoptionsbewerber mit zu ihnen passenden minderjährigen Kindern zusammenzuführen (§ 1 AdVermiG) und die Beteiligten (die Annehmenden, das Kind und seine Eltern) zu beraten und zu unterstützen (Adoptionshilfe gem. § 9 AdVermiG).

Das FGG enthält Bestimmungen zum Verfahren vor dem Vormundschaftsgericht (örtliche Zuständigkeit, § 43 b FGG; Einholung von Gutachten der Adoptionsvermittlungsstelle, § 56 d FGG; Anhörung des beteiligten Jugendamts vor Entscheidungen des Vormundschaftsgerichts, § 49 FGG).

Im SGB VIII ist u.a. die Tätigkeit des Jugendamts insbesondere bei der Beratung des Vaters des zur Adoption freigegebenen nichtehelichen Kindes als »andere Aufgabe« aufgeführt und die Mitwirkung im Verfahren bei der Ersetzung der Einwilligung in die Adoption, §§ 2 Nr. 7, 51 SGB VIII. Außerdem behandelt das SGB VIII in § 59 I Nr. 7 SGB VIII die Beurkundung des Verzichts des nichtehelichen Vaters auf Alleinübertragung der elterlichen Sorge durch das Jugendamt, § 1747 III Nr. 3 BGB. Schließlich ist die örtliche Zuständigkeit des Jugendamts für diese Mitwirkung im vormundschaftsgerichtlichen Verfahren und bei seiner Beurkundungstätigkeit im SGB VIII geregelt, vgl. §§ 87b, 87e SGB VIII.

Das EGBGB schließlich bestimmt in Art. 22, ob deutsches oder ausländisches Recht bei Fällen mit Auslandsberührung anzuwenden ist.

Die **Fälle** behandeln folgende **Problemkeise:**

- Grundlagen der Adoption Minderjähriger und der Vermittlung der Annahme als Kind (Fall 1);
- Einwilligung in die Adoption und Sorgerechtsentzug, Adoption eines Heimkinds (Fall 2);
- Zentrale Adoptionsstelle, Amtspflichtverletzung (Fall 3);
- Adoption des nichtehelichen Kindes der Ehefrau durch Stiefvater (Fall 4);
- Adoption des Pflegekindes (Fall 5);
- Rechtsstellung der Mutter des nichtehelichen Kindes vor wirksamer Einwilligung in die Adoption (Fall 6);
- »Kraftloswerden« der Einwilligung nach Zeitablauf (Fall 7);
- Einsicht in Abstammungsurkunde durch 16-jähriges adoptiertes Kind, Anspruch auf Auskunft über biologische Abstammung, Einsicht in Gerichtsakten, Ausforschungsverbot (Fall 9);
- Vermittlung eines Säuglings oder Kleinkinds an ältere Adoptionsbewerber möglich? Erziehungsgeld, Elternzeit, Rechte nach dem Mutterschutzgesetz (Fall 10);
- Ersatzmutterschaft, heterologe Insemination (Fall 11);
- Waisenrente für Adoptivkind (Fall 12);
- Adoption eines volljährigen Ausländers (Fall 13).

Fälle

Adoption Minderjähriger; Adoptionsvermittlung

Fall 1.1: Grundlagen der Adoption und der Adoptionsvermittlung

Das Ehepaar Meier aus Braunschweig wendet sich an die Adoptionsvermittlungsstelle des Jugendamts in Magdeburg, um ein Kind zu adoptieren. Die 1-jährige nichteheliche Sabine wird dem Ehepaar in Adoptionspflege vermittelt und später von ihm adoptiert. Mutter des Kindes ist die 17-jährige Natascha, der leibliche Vater ist der 25-jährige Benno; beide leben in Magdeburg. (Es handelt sich um die übliche Form einer sogenannten Inkognitoadoption, dazu auch unter 2.1.1.)

1.1.a: Adoptionsvermittlungsstelle
Welche Aufgaben obliegen einer Adoptionsvermittlungsstelle? Behandeln Sie auch die örtliche Zuständigkeit der Adoptionsvermittlungsstelle in Magdeburg.

1.1.b: Annehmende; Einwilligung in Adoption
1. Welche Vorschrift regelt die Annahme als Kind durch ein Ehepaar? Wer darf außerdem ein Kind adoptieren?
2. Wer hat in Sabines Annahme als Kind einzuwilligen? In welcher Form sind die Erklärungen abzugeben und wann werden sie wirksam?

1.1.c: Form der Adoption; beteiligte Stellen
In welcher Form (Vertrag zwischen dem Ehepaar Meier und Natascha oder gerichtliche Entscheidung) erfolgte die Adoption? Welche Stellen waren vor der Adoption einzuschalten? Gehen Sie auch auf die örtliche Zuständigkeit des Vormundschaftsgerichts und des Jugendamts ein.

1.1.d: Rechtsstellung des Vaters; Ersetzung der Einwilligung; Minderjährigkeit der Mutter
1. Stellen Sie die Rechtsstellung des leiblichen Vaters Benno dar: Einwilligung in die Adoption, Ersetzung der Einwilligung, Verzichtserklärung, Beratung des Vaters durch das Jugendamt.
2. Wie wäre es, wenn Benno die Vaterschaft mit Zustimmung der Mutter noch nicht anerkannt hat bzw. diese noch nicht festgestellt worden ist?

1.1.e: Inkognitoadoption; Auskunft über Aufenthalt des Kindes
Ist das Jugendamt bei der üblichen Form einer Inkognitoadoption berechtigt, dem leiblichen Vater Benno vor oder nach der Annahme des Kindes gegen den Willen der Eheleute Meier den Aufenthaltsort des Kindes mitzuteilen?

Fall 1.2: »Offene« Adoption eines nichtehelichen Kindes
Alternative Fallgestaltung: Während der Schwangerschaft und kurz nach der Geburt des Kindes hatte Natascha erklärt, ihr Kind zur Adoption freigeben zu wollen. Das Kind wurde daraufhin dem Ehepaar Meier in Adoptionspflege vermittelt. Dann besann sich die Mutter anders und nahm vor Abgabe der förmlichen Einwilligung gem. § 1747 II, III das Kind wieder zu sich (vgl. auch Fall 6). Später ändert Natascha wiederum ihre Meinung. Sie will ihr Kind zur Adoption freigeben, allerdings nur zugunsten des Ehepaares Meier, da dieses ihr auch zusichert, dass sie im Falle einer Adoption nicht den Kontakt zu ihrer Tochter verlieren würde. Schließlich wird eine »offene« Adoption durchgeführt.
1.2.a:
Was ist hierunter zu verstehen?

1.2.b:
Wie unterscheidet sich eine offene Adoption von einer Vollzeitpflege gem. §§ 27, 33 SGB VIII? Benötigt die Adoptivpflegeperson eine Pflegeerlaubnis?

Fall 2.1: Ersetzung der Einwilligung bei Sorgerechtsentzug
Müssen die Eltern Mainz auch dann ihre Einwilligung in die Adoption erteilen, wenn ihnen die elterliche Sorge für ihr abzugebendes Kind Lisa bereits gem. § 1666 entzogen worden ist?
Unter welchen Voraussetzungen könnte die Einwilligung der Eltern ersetzt werden, wenn diese Lisa nun doch nicht mehr zur Adoption freigeben wollen?

Fall 2.2: Adoption eines Heimkinds; zentrale Adoptionsstelle
Lisas 3-jährige Schwester Heidrun lebt seit zwei Jahren im Heim. Der Vater, Herr Mainz, ist inzwischen verschwunden; sein Aufenthalt konnte bisher nicht ermittelt werden. Die Mutter hat das Kind kaum besucht. Nachdem Entwicklungsstörungen aufgetreten sind, vertritt die Heimleitung jetzt die Auffassung, dass Heidrun nicht länger im Heim, sondern möglichst in einer Adoptivfamilie aufwachsen sollte. Welche Vorschriften im SGB VIII und im AdVermiG sollen auch »Spätadoptionen vergessener Heimkinder« wie Heidrun fördern, und welche Aufgaben obliegen in diesem Zusammenhang
2.2.a: dem Heimträger,
2.2.b: dem Jugendamt,
2.2.c: der zentralen Adoptionsstelle?

Fall 3: Zentrale Adoptionsstelle, Amtspflichtverletzung
Die Mitarbeiter der zentralen Adoptionsstelle des Landesjugendamts verschweigen den Adoptionsbewerbern, dem Ehepaar Schulze, dass bei dem 6 Monate alten Kind Enno bereits bei der Aufnahme in die Adoptionspflegestelle der Verdacht auf eine geistige Behinderung vorlag. Erst nach der Adoption stellen die Annehmenden die inzwischen eingetretene Behinderung fest. Sie sind enttäuscht und bestürzt, haben das Kind aber liebgewonnen und wollen es behalten.
3.a:
In welchen Fällen ist die zentrale Adoptionsstelle generell einzuschalten?
3.b:
Hat das Ehepaar Schulze Schadensersatzansprüche gegen das Land als Träger der zentralen Adoptionsstelle?

Fall 4: Adoption des Kindes der Ehefrau durch Stiefvater
Herr Schlüssel hat das nichteheliche, vier Jahre alte Kind Linda seiner Ehefrau Antje adoptiert. Leiblicher Vater ist Jürgen. Welche Folgen hat die Annahme als Kind? Kann die erfolgte Adoption durch den Stiefvater später wieder aufgehoben werden?

Fall 5: Adoption des Pflegekindes

Die Eheleute Krüger überlegen, ob sie ihr fünfjähriges Pflegekind Karin adoptieren sollten. Karin befindet sich bereits seit vier Jahren bei ihnen in Vollzeitpflege (HzE gem. §§ 27, 33 SGB VIII). Obwohl die leiblichen Eltern schon seit zwei Jahren keinen Kontakt mehr zu dem Kind haben, befürchten die Pflegeeltern, dass die Eltern ihnen eines Tages das Kind wegnehmen könnten, falls sie Karin nicht adoptieren.

5.a:
Müssen die Pflegeeltern mit einer Herausnahme des Kindes durch die Eltern rechnen, wenn diesen die Personensorge (noch) zusteht?

5.b:
Wie wäre es, wenn den Eltern die Personensorge gem. §§ 1666, 1666 a bereits entzogen worden ist?

5.c:
Was spricht im Fall für, was spricht gegen eine Adoption durch das Ehepaar Krüger?

5.d:
Könnten die Pflegeeltern das Kind auch dann adoptieren, wenn die leiblichen Eltern ihre Einwilligung verweigern?

Fall 6: »Freigabe« zur Adoption

Die schwangere Petra hat dem Jugendamt gegenüber mit Bestimmtheit erklärt, sie wolle ihr Kind zur Adoption freigeben. Der Vater des Kindes ist unbekannt und kann auch nicht festgestellt werden. Kurz nach seiner Geburt wird das Kind Anna mit Petras Einverständnis in eine Adoptivpflegefamilie vermittelt, ohne dass der Mutter zunächst der Aufenthalt des Kindes bekanntgegeben wird. 4 Wochen später erscheint Petra im Jugendamt. Sie verlangt, ihr den Aufenthaltsort des Kindes zu nennen, da sie ihr Kind aus der Pflegestelle abholen und zu sich nehmen wolle. Mit Recht?

Fall 7: »Kraftloswerden« der Einwilligung nach Zeitablauf

Die nicht mit dem Vater des Kindes verheiratete Alice hat am 7.10.2000 wirksam in die Adoption ihres Kindes eingewilligt. Am 7.10.2003 ist die Adoption noch nicht erfolgt, da der von der Mutter getrennt lebende Vater des Kindes seinerseits noch nicht wirksam in die Adoption eingewilligt hat. Das Kind befindet sich bei Adoptionsbewerbern. 3 Jahre lang hat Alice die elterliche Sorge nicht ausgeübt und ihr Kind nicht besucht. Auch der Vater des Kindes hat dieses nicht besucht.

7.a:
Wie ist die elterliche Sorge während dieses Schwebezustandes geregelt?

7.b:
Wer ist dem Kind gegenüber zum Unterhalt während der Adoptionspflege verpflichtet?

7.c:
Wie ist die elterliche Sorge zu regeln, wenn die Einwilligung bereits mehr als drei Jahre zurückliegt, und wer ist in dem Verfahren anzuhören?

154

Fall 8: *Aufgehoben*

Fall 9.1: Rechte des adoptierten Kindes
Der 16-jährige Gerd ist ein adoptiertes Kind. Er hat erst vor kurzem von der Adoption erfahren und ist seitdem in einer sehr labilen seelischen Verfassung. Er möchte wissen, wer seine biologischen Eltern sind. Sowohl seine Adoptiveltern als auch das Jugendamt klären ihn nicht auf, vertrösten ihn und beantworten nicht seine drängenden Fragen. Sind die Annehmenden berechtigt, Gerds Wünsche auf Aufklärung über seine Herkunft zu ignorieren? Ist die Adoptionsvermittlungsstelle des Jugendamts berechtigt, die Auskunft zu verweigern?

9.2: Einsicht in Abstammungsurkunde
Gerd begibt sich zum Standesamt und erbittet Einsicht in die Abstammungsurkunde, aus der die leibliche Abstammung ersichtlich ist.

9.3: Akteneinsicht; Ausforschungsverbot
Außerdem möchte Gerd, inzwischen 18 Jahre alt, die näheren Umstände seiner Adoption durch Einsichtnahme in die beim Vormundschaftsgericht geführten Akten erlangen.
Ist ihm in beiden Fällen (9.2 und 9.3) die verlangte Einsichtnahme zu gewähren?

Fall 10.1: Ältere Adoptionsbewerber
Die 38-jährige Bibliothekarin Ramona und ihr gleichaltriger Ehemann, der Lehrer Volker, wünschen sich seit 10 Jahren sehnlich ein Kind. Sie haben sich zuletzt mit ihrer »Unfruchtbarkeit« abgefunden und sich beim Jugendamt um die Vermittlung eines Adoptivkindes bemüht. Kann dem Ehepaar (noch) ein Kind im Säuglings- oder Kleinkindalter vermittelt werden, oder ist Ramona bereits zu alt? Müsste Ramona bei einer Vermittlung ihren Beruf aufgeben, um den Bedürfnissen eines kleinen Kindes gerecht zu werden?

10.2: Erziehungsgeld, Elternzeit, Mutterschutz
Gehen Sie davon aus, dass dem Ehepaar ein Kind im Säuglingsalter vermittelt wurde. Hat Ramona bei einer Betreuung des Kindes einen Anspruch auf Erziehungsgeld und Elternzeit? Hat sie Rechte nach dem Mutterschutzgesetz?

Fall 11: Ersatzmutterschaft; heterologe Insemination
Das Ehepaar Kirchner wünscht sich ein Kind, kann aber wegen Frau Kirchners Unfruchtbarkeit keins bekommen. Daraufhin schließen die beiden einen Vertrag mit der 20-jährigen ledigen Monika. Diese erklärt sich mit einer künstlichen Befruchtung einverstanden; Samenspender soll Herr Kirchner sein. Gleichzeitig verpflichtet sich Monika, nach der Geburt des Kindes dieses zur Adoption durch das Ehepaar Kirchner freizugeben.
11.a:
Ist die Vereinbarung der Eheleute Kirchner mit Monika wirksam?

11.b:
Dürfte ein Arzt die künstliche Befruchtung bei Monika vornehmen?
11.c:
Könnte ein von Monika plangemäß aufgrund der künstlichen Befruchtung geborenes Kind von der Adoptionsvermittlungsstelle trotz des Verbots der Ersatzmuttervermittlung in § 13c AdVermiG den Adoptionsbewerbern (Ehepaar Kirchner) vermittelt werden?
11.d:
Ist Adoptionshilfe zu leisten, wenn sich das Kind bereits bei dem Ehepaar Kirchner befindet?

Fall 12: Waisenrente für Adoptivkind
Als Sylvia (eheliches Kind) drei Jahre alt war, verstarb ihr Vater infolge eines Arbeitsunfalls. Da die alkoholkranke Mutter nicht für ihre zahlreichen Kinder sorgen konnte, wurden diese in Heimen und Pflegefamilien untergebracht. Für Sylvia wurde eine Halbwaisenrente von der Berufsgenossenschaft gezahlt. Später als Sylvia 5 Jahre alt war, wurde sie von dem Ehepaar Schreiner nach einjähriger Adoptionspflege adoptiert. Steht Sylvia die Waisenrente nach der Adoption noch zu?

Adoption Volljähriger

Fall 13: Adoption eines volljährigen Ausländers
Der indische Staatsangehörige Prom reist im Alter von 22 Jahren in die Bundesrepublik ein und stellt einen Asylantrag, der abgelehnt wird. Auch seine Klage vor dem Verwaltungsgericht auf Gewährung von Asyl bleibt erfolglos. 1 1/2 Jahre nach seiner Einreise beantragen Prom und der 49-jährige Mechaniker Werner vor dem Amtsgericht (Vormundschaftsgericht) in Celle Proms Annahme als Kind des Werner. Dieser hatte Prom und seine Familie vier Jahre zuvor anläßlich einer Touristenreise nach Indien kennengelernt. Prom hatte Werner nach dessen Rückkehr in Celle brieflich mitgeteilt, »er habe in Indien Probleme und wolle nach Deutschland kommen.« In Celle angekommen, wechselte Prom zunächst mehrfach den Wohnsitz, ohne zunächst in Werners Haushalt Aufnahme zu finden. Einige Monate lang wohnte er bei einem »Onkel« namens Bert, einem Deutschen, nicht einem Verwandten aus Indien, wie Werner fälschlich annahm. Werner kümmerte sich nicht um Prom, als dieser mehrere Monate lang krank war und zeitweilig im Krankenhaus lag. Für Proms Unterhalt ist Werner nur im letzten Vierteljahr aufgekommen, als Prom bei ihm lebte. Nach seinen Angaben hat Prom zu seinen leiblichen Eltern in Indien ein gutes und vertrauensvolles Verhältnis.
13.a:
Ist das deutsche Vormundschaftsgericht trotz Proms indischer Staatsangehörigkeit für das Adoptionsverfahren überhaupt zuständig?
13.b:
Ist dem Antrag der Beteiligten auf Annahme als Kind stattzugeben?

Lösungshinweise

Adoption Minderjähriger

Fall 1.1: Grundlagen der Adoption und der Adoptionsvermittlung

1.1.a: Adoptionsvermittlungsstelle

Das Zusammenführen von »Kindern ohne Eltern« mit zu ihnen passenden »Eltern ohne Kinder« zur Vorbereitung der Adoption ist eine besondere fachliche Leistung der Jugendhilfe und Aufgabe der Adoptionsvermittlungsstellen. Zur Adoptionsvermittlung gehört auch der Nachweis der Gelegenheit, ein Kind anzunehmen oder annehmen zu lassen, und zwar auch dann, wenn das Kind noch nicht geboren oder noch nicht gezeugt ist. »Ersatzmuttervermittlung« (dazu unten Fall 11) gilt nicht mehr als Adoptionsvermittlung, § 1 AdVermiG.

Nach dem »Gesetz über die Vermittlung der Annahme als Kind und über das Verbot der Vermittlung von Ersatzmüttern« (Adoptionsvermittlungsgesetz) dürfen nur solche Jugendämter eine Adoptionsvermittlung betreiben, die eine eigene Adoptionsvermittlungsstelle eingerichtet haben. Außerdem dürfen auch bestimmte anerkannte freie Wohlfahrtsverbände die Adoptionsvermittlung durchführen. Adoptionsvermittlungsstellen müssen mit mindestens einer hauptamtlichen Fachkraft besetzt sein, die aufgrund ihrer Ausbildung und ihrer beruflichen Erfahrung dazu geeignet ist (§§ 2 – 4 AdVermiG).

Neben der Adoptionsvermittlung, dem Zusammenführen von Kindern unter 18 Jahren und Personen, die ein Kind annehmen wollen (Adoptionsbewerber); § 1 AdVermiG, haben Adoptionsvermittlungsstellen die Vermittlung gem. § 7 AdVermiG vorzubereiten und Adoptionshilfe gem. § 9 zu gewähren, d. h. die Annehmenden, das Kind und seine Eltern mit deren Einverständnis eingehend zu beraten und zu unterstützen. Dem Vormundschaftsgericht gegenüber haben die Adoptionsvermittlungsstellen gutachtliche Äußerungen darüber abzugeben, ob das Kind und die Familie des Annehmenden für eine Annahme geeignet sind, § 56 d FGG.

Adoptionswillige können sich mit der Bitte um Vermittlung an jedes Jugendamt wenden, das eine Adoptionsvermittlungsstelle eingerichtet hat. Somit konnten sich die Adoptionsbewerber aus Braunschweig an das Jugendamt in Magdeburg wenden.

1.1.b: Annehmende; Einwilligung in Adoption

1. Gem. § 1741 II 2 darf ein Ehepaar ein Kind nur gemeinschaftlich annehmen. Außerdem regelt das BGB die Annahme eines Stiefkinds durch einen Ehegatten allein, § 1741 II 3. Ferner dürfen nicht verheiratete Einzelpersonen gem. § 1741 II 1 ein Kind adoptieren.

2. Zur Adoption ist die Einwilligung des Kindes Sabine erforderlich; dabei wird die Erklärung des Kindes durch seinen gesetzlichen Vertreter abgegeben § 1746 S. 1, 2. Dieser gesetzliche Vertreter ist wegen der Minderjährigkeit der Mutter Natascha das Jugendamt als gesetzlicher Amtsvormund, § 1791 c. Ferner ist die Einwilligung beider Eltern gem. § 1747 I S. 1 notwendig; diese kann erst erteilt

werden, wenn das Kind (mindestens) acht Wochen alt ist, § 1747 II 1. Hier ist die Mutter Natascha allerdings noch minderjährig. Dennoch darf sie als beschränkt Geschäftsfähige ohne Zustimmung ihrer gesetzlichen Vertreter wirksam die Einwilligung erteilen, § 1750 III S. 2. Grund: Das Gesetz räumt dem Interesse des Kindes, im Schoße der (Adoptiv-)Familie in geordneten Verhältnissen aufzuwachsen, einen höheren Rang ein als dem Gesichtspunkt des »Minderjährigenschutzes« (Schutz Nataschas vor übereilten und »unreifen« Entscheidungen). Sämtliche Einwilligungen sind in der Form des § 1750 I zu erklären. Sie bedürfen der notariellen Beurkundung. Die Einwilligung wird jeweils in dem Zeitpunkt wirksam, in dem sie dem Vormundschaftsgericht zugeht. Da hier bereits eine gesetzliche Amtsvormundschaft seit der Geburt des Kindes gem. § 1791 c bestand, war kein Raum für den späteren Eintritt einer Amtsvormundschaft nach Einwilligung in die Adoption durch die sorgeberechtigte Mutter gem. § 1751 I 2 mehr gegeben.

1.1.c: Form der Adoption; beteiligte Stellen
Die Annahme als Kind wird auf Antrag der Annehmenden, dem Ehepaar Walter, vom *Vormundschaftsgericht* durch Beschluss ausgesprochen (Dekretsystem). Der Antrag bedarf der notariellen Beurkundung, § 1752. Gem. § 43 b II FGG ist das Vormundschaftsgericht am Ort des Wohnsitzes der Adoptionsbewerber örtlich zuständig, hier also das Vormundschaftsgericht in Braunschweig. Bevor das Vormundschaftsgericht die Adoption ausspricht, hat es eine gutachtliche Äußerung der *Adoptionsvermittlungsstelle*, die das Kind vermittelt hat, darüber einzuholen, ob das Kind und die Familie des Annehmenden für die Annahme geeignet sind, § 56 d FGG. Hier war also die Adoptionsvermittlungsstelle des Jugendamts Magdeburg einzuschalten. Außerdem ist gem. § 49 FGG vor einer Adoption das örtlich zuständige *Jugendamt* am Ort des gewöhnlichen Aufenthalts der Eltern anzuhören, bzw. vor Feststellung der Vaterschaft das Jugendamt am Ort des gewöhnlichen Aufenthalts der Mutter Natascha (§§ 87 b I, 86 I SGB VIII). Das wäre allerdings nur notwendig, wenn Sabines Eltern bzw. ihre Mutter Natascha nicht in Magdeburg ansässig sind, da das Jugendamt Magdeburg (Adoptionsvermittlungsstelle) auf jeden Fall eine gutachtliche Stellungnahme abzugeben hat. Für die Vormundschaft nach § 1791 c (gesetzliche Amtsvormundschaft des Jugendamts wegen Minderjährigkeit der ledigen Mutter Natascha) war gem. § 87 c I 1 SGB VIII das Jugendamt örtlich zuständig, in dessen Bereich die Mutter ihren gewöhnlichen Aufenthalt hat, das ist ebenfalls das Jugendamt Magdeburg. Die Vaterschaftsanerkennung sowie eine Verzichtserklärung auf den Antrag auf Übertragung der Alleinsorge gem. § 1672 I (vgl. auch unten Fall 1.1.d) konnte Benno vor jedem Jugendamt wirksam beurkunden lassen, §§ 87 e, 59 SGB VIII.

1.1.d: Rechtsstellung des Vaters; Ersetzung der Einwilligung; Minderjährigkeit der Mutter
Rechtsstellung des leiblichen Vaters Benno
1. Bennos Vaterschaft wurde anerkannt bzw. bereits festgestellt:

158

Zur Annahme eines Kindes ist die *Einwilligung* der Eltern, auch des Vaters, gem. § 1747 I S. 1 erforderlich. Sollte Benno wie Natascha noch minderjährig sein, bedarf er gem. § 1750 III S. 2 ebenfalls nicht der Zustimmung seiner gesetzlichen Vertreter. Sofern bei nichtehelichen Kindern eine gemeinsame elterliche Sorge der Eltern nicht besteht, sondern die Mutter gem. § 1626 a II die alleinige elterliche Sorge innehat – von dieser Fallgestaltung ist auszugehen – hat das Vormundschaftsgericht die Einwilligung des Vaters gem. § 1748 IV zu ersetzen, wenn das Unterbleiben der Annahme dem Kind zu unverhältnismäßigem Nachteil gereichen würde. Damit ist eine *Ersetzung* der vom Vater verweigerten Einwilligung in diesen Fällen leichter möglich als bei Vätern mit Sorgerecht, denen zusätzlich eine »Gleichgültigkeit« oder »anhaltende gröbliche Pflichtverletzung« gegenüber dem Kind nachgewiesen werden muss (§ 1748 I, II) oder eine Erziehungsunfähigkeit infolge schwerer psychischer Krankheit oder schwerer geistiger oder seelischer Behinderung (§ 1748 III), damit eine Ersetzung der Einwilligung erfolgen kann.

Stellt Benno während des von den Adoptivpflegeeltern eingeleiteten Adoptionsverfahrens gem. § 1672 I einen *Antrag auf Alleinübertragung der elterlichen Sorge* beim Familiengericht, so muss zunächst über diesen Antrag entschieden werden, bevor über den Adoptionsantrag des Ehepaars Meier befunden wird (Sperrwirkung gem. § 1747 III Nr. 2). Gem. § 1751 I S. 6 bedarf der Antrag des Vaters gem. § 1672 I in diesem Fall nicht der Zustimmung der leiblichen Mutter Natascha, sofern diese bereits wirksam in die Adoption eingewilligt hat. (Der Anerkennung der Vaterschaft durch Benno musste Natascha als Minderjährige allerdings selbst zustimmen, diese Erklärung wiederum bedurfte der Zustimmung ihrer gesetzlichen Vertreter, §§ 1595 I, 1596 I.)

Benno kann allerdings darauf verzichten, die Übertragung der elterlichen Sorge auf sich gem. § 1672 I zu beantragen, vgl. § 1747 III Nr. 3. Die *Verzichtserklärung* bedarf der öffentlichen Beurkundung; sie ist unwiderruflich, vgl. § 1750 II 2 entspr. Nach § 59 I Nr.7 SGB VIII ist die Urkundsperson beim Jugendamt befugt, die Verzichtserklärung des Vaters des nichtehelichen Kindes zu *beurkunden*. Das kann bei jedem Jugendamt geschehen, § 87 e SGB VIII.

Das Jugendamt hat den nicht mit der Mutter verheirateten Vater ohne Sorgerecht bei der Wahrnehmung seiner Rechte gem. § 1747 I (Einwilligung in Adoption) und § 1747 III (Verzicht auf Antrag gem. § 1672 I) im Adoptionsverfahren zu beraten. Für die *Beratung* ist bei festgestellter Vaterschaft das Jugendamt am Ort des gewöhnlichen Aufenthalts der Eltern des Kindes zuständig, §§ 87 b I, 86 I S. 1 SGB VIII.

2. Bennos Vaterschaft wurde noch nicht anerkannt oder gerichtlich festgestellt:

Bei der Fallösung wurde zunächst unter 1. unterstellt, dass tatsächlich eine Vaterschaftsanerkennung oder eine gerichtliche Feststellung der Vaterschaft vorliegt. Sofern Benno lediglich biologischer »Erzeuger« des Kindes ist und die Voraussetzungen für seine Vaterschaft gem. § 1592 (noch) nicht vorliegen, muss er weder in die Adoption einwilligen noch ist er berechtigt, einen Antrag beim Familiengericht auf

Alleinübertragung der elterlichen Sorge zu stellen. Sofern Benno allerdings im Adoptionsverfahren gem. § 15 II FGG durch eidesstattliche Versicherung gegenüber dem Vormundschaftsgericht glaubhaft macht, während der Empfängniszeit der Mutter Natascha beigewohnt zu haben, hat er als mutmaßlicher Vater des Kindes (»präsumptiver Vater«) das Recht, gem. § 1747 I S. 2 in die Adoption des Kindes einzuwilligen und er kann gem. § 1748 IV auf dieses Recht verzichten. Weitergehende Rechte hat der präsumptive Vater nicht; insbesondere ist er nicht berechtigt, den Antrag auf Alleinsorge gem. § 1672 I mit Sperrwirkung in Bezug auf eine Adoption des Kindes durch das Ehepaar Meier zu stellen (vgl. zum Ganzen auch Rainer Frank in Schwab, Das neue Familienrecht, S. 276). Ein auch nur »potentieller Erzeuger« hat durch die neu eingeführte Regelung in § 1747 I S. 2 somit die Möglichkeit, die Adoption durch Dritte zwar nicht zu verhindern, jedoch zu verzögern. Für die Beratung des potentiellen Vaters ist vor der Anerkennung oder Feststellung der Vaterschaft gem. §§ 87 b I i.V. 86 I S. 2 ebenfalls das Jugendamt Magdeburg örtlich zuständig, da die Mutter hier ihren gewöhnlichen Aufenthalt hat.

1.1.e: Inkognitoadoption; Auskunfterteilung über Aufenthalt des Kindes

Bei der Inkognitoadoption kennt der in die Adoption einwilligende Elternteil die schon fest stehenden Annehmenden nicht, § 1747 II S. 2. Folglich ist ihm, also auch dem Vater Benno, der Aufenthaltsort des Kindes unbekannt. Er darf nach seiner Einwilligung sein Umgangsrecht gem. § 1751 I S. 1 nicht mehr ausüben. Das Jugendamt darf wegen des Ausforschungsverbots in § 1758 II 1 dem Vater keine Auskunft erteilen. (Zur elterlichen Sorge während der Adoptionspflege siehe auch Fall 7.a).

Nach der Adoption entscheiden die Adoptiveltern Walter als Sorgerechtsinhaber darüber, wer das Kind besucht und wer Auskunft über das Kind erhält. Durch die Adoption sind die verwandtschaftlichen Beziehungen zum Vater gem. § 1755 I erloschen, das Kind ist gemeinschaftliches Kind der Annehmenden geworden, § 1754 I. Das Jugendamt ist auch jetzt nicht berechtigt, gegen den Willen der Annehmenden oder des Kindes eine Auskunft zu erteilen, § 1758 I. (Vom Recht auf Auskunft der Eltern bzw. Elternteile zu unterscheiden ist das Recht des Kindes auf Kenntnis der eigenen Abstammung. Das Kind hat das Recht, von seinen Adoptiveltern über seine wahre Herkunft aufgeklärt zu werden).

1.2.a: »Offene« Adoption eines nichtehelichen Kindes

Bei der »offenen« Adoption (Gegensatz: Inkognitoadoption; vgl. hierzu oben 1.1.e) kennen die leiblichen Eltern die Adoptionsbewerber. Die Einwilligung in die Adoption wird zugunsten dieser Bewerber erteilt. Den abgebenden Eltern werden Besuchskontakte mit dem Kind in der Familie der Adoptionsbewerber gestattet. Alle Beteiligten wirken mit dem Ziel zusammen, dem Kind eine Identifikationsbildung zu erleichtern. Das Kind soll seine Abstammung von Anfang an kennen und die Situation seiner abgebenden Eltern oder Elternteile verstehen lernen. Diese Form einer Adoption und Adoptionsvermittlung ist selten, die damit gemachten Erfahrungen sind jedoch positiv. Jugendämter berichten jedoch, dass abgebende Mütter nichtehelicher Kinder häufig eine »offene« Adoption ablehnen, weil sie glauben, eine ständige Konfrontation mit ihrer gesellschaftlich geächteten Situation (»Rabenmutter«) nicht auf Dauer ertragen zu können. Auch die meisten Adoptionsbewerber dürften diese Form der Adoption als zu belastend empfinden und daher davon Abstand nehmen.

1.2.b:
Die offene Adoption unterscheidet sich unter anderem durch folgende Punkte von einer Vollzeitpflege: Abgebende Elternteile haben keine elterliche Sorge und kein Umgangsrecht (Besuchsrecht); im Rahmen der Adoptionshilfe gem. § 9 II AdVermiG leistet das Jugendamt vor- und nachgehende Beratung und Unterstützung, nicht jedoch Hilfe zur Erziehung nach SGB VIII. Während der Dauer der Adoptionspflege benötigt die Pflegeperson keine Pflegeerlaubnis, § 44 I S. 3 Nr. 1 SGB VIII.

Fall 2.1: Ersetzung der Einwilligung bei Sorgerechtsentzug
Auch der vollständige Entzug der elterlichen Sorge führt nicht zu einem Verlust der Elternschaft i.S. Art. 6 GG. Er bewirkt für sich allein noch nicht, dass es gegen den Willen der Eheleute Mainz zu einer Zwangsadoption ihres Kindes Lisa kommen kann. Vielmehr ist in einem gesonderten Verfahren gem. § 1748 zu prüfen, ob auf Antrag des Kindes die notwendige Einwilligung beider Eltern in die Adoption wegen »anhaltender gröblicher« Pflichtverletzung bzw. Gleichgültigkeit durch Beschluss des Vormundschaftsgerichts ersetzt werden kann, § 1748 I, II. Außer wegen Gleichgültigkeit und Pflichtverletzung kommt eine Ersetzung der Einwilligung eines Elternteils gem. § 1748 III wegen einer besonders schweren psychischen Krankheit oder einer besonders schweren geistigen oder seelischen Behinderung in Betracht. Weitere Voraussetzungen für die Ersetzung und das Gerichtsverfahren werden im einzelnen in § 1748 beschrieben (siehe auch unten Fall 5.b).

2.2: Adoption eines Heimkinds; zentrale Adoptionsstelle
Verschiedene Vorschriften im SGB VIII sowie im AdVermiG sollen sicherstellen, dass auch Heimkinder in geeigneten Fällen eine Chance für eine Adoption erhalten.
2.2.a:
Meldepflicht des Trägers der Einrichtung
Gem. § 47 II Nr. 4 SGB VIII hat der Träger einer erlaubnispflichtigen Einrichtung, in der Kinder dauernd ganztägig betreut werden, der zuständigen Behörde jeweils bei Aufnahme eines Kindes in die Einrichtung eine Äußerung zu übermitteln, ob für das Kind die Annahme als Kind in Betracht kommt, und ob Vermittlungsbemühungen bereits unternommen werden. Diese Angaben sind jährlich einmal zu wiederholen. »Zuständige Behörde« i.S. des § 47 SGB VIII ist der überörtliche Träger, das Landesjugendamt, dem die »Heimaufsicht« obliegt.

2.2.b:

Prüfpflicht des Jugendamts

Das Jugendamt, das für die Hilfe zur Erziehung in Form der Heimerziehung zuständig ist, hat gem. § 36 SGB VIII vor und während einer langfristig zu leistenden Hilfe außerhalb der eigenen Familie zu prüfen, ob die Annahme als Kind in Betracht kommt und bei der Aufstellung bzw. Abänderung des Hilfeplans auch Mitarbeiter des Heims zu beteiligen.

2.2.c:

Prüfpflicht der zentralen Adoptionsstelle

Zusammen mit der für die Heimaufsicht zuständigen Stelle hat die zentrale Adoptionsstelle des Landesjugendamts zu prüfen, für welche Kinder in den Heimen ihres Bereiches die Annahme als Kind in Betracht kommt. Zu diesem Zweck kann sie die sachdienlichen Ermittlungen und Untersuchungen bei den Heimkindern veranlassen oder durchführen, § 12 AdVermiG. Heidruns Vermittlung in eine adoptionswillige Familie kann also in die Wege geleitet werden, wobei die beteiligten Stellen, nämlich Heimträger, Heimleitung, Jugendamt und zentrale Adoptionsstelle zusammenarbeiten müssen. Der Umstand, dass Herr Mainz unbekannten Aufenthalts ist, hindert die Adoption nicht; seine Einwilligung ist nicht erforderlich, wenn sein Aufenthalt dauernd unbekannt ist, § 1747 IV.

Fall 3.a: Zentrale Adoptionsstelle

Die zentrale Adoptionsstelle des Landesjugendamts unterstützt gem. § 11 AdVermiG die Adoptionsvermittlungsstelle des Jugendamts oder die anerkannte Adoptionsvermittlungsstelle eines freien Trägers bei ihrer Arbeit insbesondere durch fachliche Beratung in folgenden Fällen:

1.   Wenn ein Kind schwer zu vermitteln ist, was beispielsweise bei älteren Heimkindern der Fall ist,

2.   wenn ein Adoptionsbewerber oder das Kind eine ausländische Staatsangehörigkeit besitzt oder staatenlos ist,

3.   bei gewöhnlichem Aufenthalt oder Wohnsitz eines Adoptionsbewerbers oder des Kindes im Ausland,

4.   in sonstigen schwierigen Einzelfällen, wie sie z.B. bei Behinderung oder psychischer Störung des Adoptivkindes vorliegen können.

3.b: Amtspflichtverletzung

Das Verschweigen des Verdachts der Behinderung des Kindes durch Mitarbeiter der zentralen Adoptionsstelle stellt eine schuldhafte Amtspflichtverletzung dar, welche den Träger der Einrichtung, das Land, zum Schadensersatz verpflichtet, § 839 i. V. Art. 34 GG, §§ 7 I, 9 I AdVermiG. Die Schadensersatzpflicht erstreckt sich auf den gesamten Unterhaltsaufwand der Annehmenden für das behinderte Kind, wenn es bei Aufklärung über den Verdacht nicht zur Adoption gekommen wäre (vgl. auch OLG Hamm FamRZ 93, 704).

Fall 4: Adoption des Kindes der Ehefrau durch Stiefvater

Herr Schlüssel kann als Ehegatte ein Kind seiner Ehefrau Antje adoptieren, § 1741 II 2. Das Kind Linda erlangt die rechtliche Stellung eines gemeinschaftlichen ehelichen Kindes der Eheleute Schlüssel, § 1754 I. Während gewöhnlich die Annahme als Kind dazu führt, dass die verwandtschaftlichen Beziehungen des Kindes zu seinen bisherigen Verwandten erlöschen, § 1755 I, führt die Adoption durch den Stiefvater lediglich das Erlöschen der verwandtschaftlichen Beziehungen des Kindes zum leiblichen Vater Jürgen und zu dessen Verwandten herbei, § 1755 II. Nach der Adoption kann das Annahmeverhältnis nur in bestimmten Fällen aufgehoben werden, vgl. §§ 1759 ff., lediglich schwere Formfehler wie fehlender Antrag des Annehmenden oder fehlende Einwilligungen berechtigen zur Aufhebung einer Adoption. Gleichwohl kann das Kindeswohl auch in solchen Fällen eine Aufrechterhaltung der Adoption gebieten, § 1761 II. Zum Schutze der faktisch entstandenen Eltern-Kind-Beziehung sind auch begründete Aufhebungsanträge nur innerhalb der Fristen des § 1762 zulässig. In unserem Fall gibt es keine Anhaltspunkte für das Vorliegen von Aufhebungsgründen.

Fall 5: Adoption des Pflegekindes
5.a:
Die Frage behandelt allgemein die Stellung der Pflegeeltern im Verhältnis zu den leiblichen Eltern, wenn letztere über Jahre hinweg keinen Kontakt mehr zum Kind haben. Die Pflegeeltern müssen in derartigen Fällen gewöhnlich nicht mehr mit der Möglichkeit einer Herausnahme des Kindes durch die leiblichen Eltern rechnen. Dabei spielt keine wesentliche Rolle, ob die Eltern überhaupt noch die Personensorge innehaben. Hierauf soll genauer eingegangen werden.
Sind die Eltern (noch) personensorgeberechtigt, haben sie zwar grundsätzlich einen Herausgabeanspruch gem. § 1632 I. Bei einer langjährigen Vollzeitpflege ohne Kontakte des Kindes zu den leiblichen Eltern ist eine Herausnahme des Kindes durch die Eltern jedoch wegen § 1632 IV nahezu ausgeschlossen, da das Kind in der Pflegefamilie Wurzeln geschlagen hat und die soziale Elternschaft der Pflegeeltern und das Wohl des Kindes vom BGB und auch vom Grundgesetz (Art. 6 II GG) geschützt werden. Im Streitfall zwischen Pflegeeltern und Eltern könnte das Familiengericht auf Antrag der Pflegeeltern ein Verbleiben des Kindes bei den Pflegeeltern anordnen.
5.b:
Sollten die Eltern nicht mehr die Personensorge ausüben dürfen, weil ihnen diese gem. §§ 1666, 1666 a entzogen wurde, ist die Herausnahme des Kindes aus der Vollzeitpflegestelle erst recht unwahrscheinlich. Denn dann stünde den Eltern der Herausgabeanspruch gem. § 1632 I nicht mehr zu und es käme auch nicht mehr zu einem Verfahren nach § 1632 IV mit ungewissem Ausgang. Somit brauchen die Pflegeeltern in diesem Fall nicht mehr mit einer Herausgabe des Kindes an die leiblichen Eltern zu rechnen.

5.c:

Es geht hier darum, im konkreten Fall das Für und Wider einer Adoption abzuwägen:

Gründe für Karins Adoption durch das Ehepaar Krüger:

Trotz der oben dargestellten ohnehin starken Position der Pflegeeltern sind bei
einem Dauerpflegekindverhältnis Verunsicherungen der Beteiligten auch wegen der
uneinheitlichen Rechtsprechung zu § 1632 IV nicht auszuschließen. Auch ein Sorgerechtsentzug gem. § 1666 könnte vom Gericht gem. § 1696 aus triftigen Gründen,
das Wohl des Kindes nachhaltig berührenden Gründen wieder aufgehoben werden.
Eine Adoption ist grundsätzlich dort vorzuziehen, wo es gilt, Störungen durch die
leiblichen Eltern, z.B. bei der Ausübung des Besuchsrechts, auszuschalten. Solche
Störungen sind hier aber nicht zu erwarten (siehe oben 5.a). Ferner spricht besonders bei jüngeren, aber manchmal auch bei älteren Kindern die Notwendigkeit, sta-
bile Lebensverhältnisse für das Kind zu sichern und seine vorbehaltlose Aufnahme
und möglichst reibungslose Integration in die Familie der Pflegeeltern zu fördern,
eher für eine Adoption. Zum Alter des Kindes ist jedoch im vorliegenden Falle
nichts gesagt. Auch rechtlich ist die Adoption für Karin vorteilhaft (Verwandtschaft
mit den Adoptiveltern und deren Verwandten, Unterhaltsansprüche, Erbrecht).

Gründe für eine Fortführung der Vollzeitpflege durch das Ehepaar Krüger:

Die Eltern, mit denen das Kind in der Vergangenheit möglicherweise traumatische
Erfahrungen gemacht hat, müssen hier nicht um die förmliche Einwilligung in die
Adoption gebeten werden. Das Verfahren gem. § 1748, das die vorgeschriebene
Einwilligung, beispielsweise bei »Gleichgültigkeit« der Eltern, ersetzt und die damit verbundene Belehrung der Eltern durch das Jugendamt nach § 51 I SGB VIII,
entfällt bei einer Fortsetzung der Vollzeitpflege ebenfalls. Bei fehlender Zustimmung der Eltern zur Adoption wird somit ein Verwaltungs- und Gerichtsverfahren
vermieden, das für alle Beteiligten zu einer Zerreißprobe werden und dem Kindeswohl abträglich sein kann. Außerdem kann im Einzelfall bei erziehungsschwierigen
oder behinderten Kindern die bei der HzE gem. § 37 III SGB VIII vorgeschriebene
Aufsichtstätigkeit des Jugendamts weiterhin zweckmäßig sein. Beratung und Unterstützung durch das Jugendamt bzw. der Adoptionsvermittlungsstellen sind dagegen
sowohl bei HzE wie auch bei einer Annahme als Kind zu leisten. Schließlich erhalten die Pflegeeltern bei einer HzE ein Pflegegeld gem. § 39 SGB VIII (vgl. auch
dazu unten 7.b). Nach einer Adoption bzw. bereits bei der Einwilligung der Eltern in
diese (§ 1751 IV 1) müssen sie das Kind selbst unterhalten. Auch dieser Gesichtspunkt könnte wirtschaftlich schlechter gestellte Pflegeeltern veranlassen, die HzE
fortzuführen und von einer Adoption des Kindes abzusehen.

5.d:

In dieser Frage geht es um die Möglichkeit, das Pflegekind auch bei fehlender Einwilligung der Eltern zu adoptieren. Grundsätzlich steht einer Adoption durch die
Pflegeeltern auch bei mangelnder Kooperation der leiblichen Eltern nichts im
Wege: Verweigern die Eltern die notwendige förmliche Einwilligung in die Adoption des Kindes, ist zu prüfen, ob diese wegen »Gleichgültigkeit« oder wegen »anhaltender gröblicher Pflichtverletzung« durch das Vormundschaftsgericht ersetzt

werden kann. Außerdem muss »das Unterbleiben der Annahme dem Kind zu unverhältnismäßigem Nachteil« gereichen, § 1748 I. (Zum Ersetzungsverfahren wegen
Gleichgültigkeit vgl. § 1748 II.) Der Umstand, dass die Eltern ihr Kind jahrelang
nicht in der Pflegefamilie besucht haben, spricht für eine »Gleichgültigkeit«. Kommen weitere Umstände hinzu, kann im Einzelfall auch von einer »anhaltenden gröb-
lichen Pflichtverletzung« ausgegangen werden (Bsp.: Das Kind wurde früher immer
wieder Dritten überlassen, für eine ausreichende Betreuung war jedoch nicht ge-
sorgt; Mutter verzog wiederholt ohne Abmeldung etc; ZfJ 83, 241 f.). Ein Nachteil
i.S. § 1748 I wäre auch dann zu bejahen, wenn die Pflegeeltern bereit wären, das
Kind auch ohne Adoption in Dauerpflege zu behalten (Palandt/Diederichsen Rn. 9
zu § 1748 m.w.N.). In der Realität könnte aber eine Verweigerung der Einwilligung
oder die bloße Möglichkeit einer fehlenden Kooperation der Eltern dazu führen,
dass die Pflegeeltern sich letztlich doch mit einer Fortführung der Vollzeitpflege
(HzE) zufriedengeben und ein Adoptionsverfahren unterbleibt.

Fall 6: »Freigabe« zur Adoption
In unserem Fall konnte die Adoptionsvermittlungsstelle des Jugendamts schon vor
der Geburt des Kindes damit beginnen, Ermittlungen bei den Adoptionsbewerbern
durchzuführen und zu prüfen, ob die Adoptionsbewerber für die Annahme des Kindes geeignet sind, § 7 Abs. 1 AdvermiG. Auch die Abgabe des Kindes zur Adoptionspflege gem. § 1744 war in diesem Fall gleich nach seiner Geburt möglich.
Diese Probezeit vor der Annahme, deren Dauer im Gesetz nicht geregelt ist, soll die
Prognose darüber erleichtern, ob eine wirkliche Eltern-Kind-Beziehung zwischen
den Annehmenden und dem Kind entsteht. Bei Säuglingen beträgt die Probezeit gewöhnlich ein Jahr; im Einzelfall kann sie auch kürzer oder – z.B. bei älteren Kindern
– auch länger sein.
Allerdings ist der Beginn der Adoptionspflege vor einer wirksamen Einwilligung
der Mutter in die Adoption riskant. Gem. § 1747 III kann die Mutter nämlich ihre
Einwilligung erst dann wirksam erteilen, wenn das Kind mindestens 8 Wochen alt
ist. Hier steht aber nach Ablauf von 4 Wochen schon fest, dass eine Adoption nicht
in Betracht kommen wird. Die Mutter zieht ihre schon vor der Geburt des Kindes
formlos erklärte Einwilligung zurück. Da ihr die elterliche Sorge gem. § 1626 a II
zusteht, ist sie berechtigt, Auskunft über den derzeitigen Aufenthaltsort des Kindes
zu erhalten und gem. § 1632 I das Kind von den Adoptivpflegeeltern herauszuver-
langen. Dieses für die Pflegeeltern enttäuschende und aufreibende Verfahren lässt
sich nur dann sicher vermeiden, wenn eine Inpflegegabe des Kindes zu Adoptionsbewerbern erst dann erfolgt, wenn Einwilligungen durch Mutter und ggf. Vater des
Kindes und durch das Kind selbst wirksam erteilt worden sind. Damit verbunden ist
allerdings der Nachteil, dass das Kind nach seiner Geburt nicht sogleich in die Obhut der Adoptionsbewerber kommt, sondern evtl. zunächst in eine »Bereitschafts-
pflegestelle« oder in ein Heim vermittelt wird. Gegen ein solches gelegentlich prak-
tiziertes Verfahren ist allerdings einzuwenden, dass Aspekte des Kindeswohls nicht
gebührend berücksichtigt werden. Es liegt im Interesse des Kindes, das zur Adoption freigegeben werden soll, sogleich nach seiner Geburt zu Adoptionsbewerbern

zu kommen, wie andere Kinder einen »guten Start« und Lebensanfang zu haben ohne wiederholten Wechsel der Bezugspersonen und Lebensverhältnisse. Auch lässt sich zunächst nicht sicher überblicken, wie lange die Bedenkzeit tatsächlich dauern wird, d.h. ob die »Freigabe« voraussichtlich wirklich bereits acht Wochen nach der Geburt erfolgt oder erst später. Demgegenüber hat das Interesse der Adoptionsbewerber, »ihr Kind« mit Sicherheit zu behalten, zurückzutreten.

Fall 7: »Kraftloswerden« der Einwilligung nach Zeitablauf
7.a:
Mit Alices Einwilligung in die Adoption ihres Kindes ruhte ihre elterliche Sorge; die Befugnis zum persönlichen Umgang mit dem Kind durfte nicht ausgeübt werden, § 1751 I 1. Das Jugendamt wurde zum gleichen Zeitpunkt, am 7.10.2000 gesetzlicher Amtsvormund des Kindes, § 1751 I 2, da eine elterliche Sorge des Vaters nicht besteht, sondern die Mutter bis zur Einwilligung gem. § 1626 a II allein sorgeberechtigt war.

7.b:
Da die erforderlichen Einwilligungen beider Eltern noch nicht vorliegen, ist die vorrangige Unterhaltspflicht der Adoptivpflegeeltern gem. § 1751 IV ist noch nicht eingetreten, obwohl sich das Kind in ihrer Obhut mit dem Ziel der Annahme befindet. Beide Eltern sind weiterhin barunterhaltspflichtig, sofern sie überhaupt zur Leistung des Unterhalts fähig sind. Da die Adoptionspflege keine Sozialleistung (Hilfe zur Erziehung im Sinne des SGB VIII) darstellt, haben die Adoptivpflegeeltern keinen Anspruch auf die Zahlung von Pflegegeld durch das Jugendamt gem. § 39 SGB VIII.

7.c:
Drei Jahre nach der wirksamen Einwilligung hat diese ihre Kraft verloren, § 1750 IV 2. Das bedeutet, dass aufgrund der »alten« Einwilligung vom 7.10.2000 die Adoption jetzt nicht mehr erfolgen kann; ggf. müsste die Mutter Alice erneut förmlich in die Adoption ihres Kindes einwilligen. Auch die Einwilligung des Vaters ist nach wie vor erforderlich, sofern er nicht zur Abgabe der Erklärung dauernd außerstande oder sein Aufenthalt dauernd unbekannt ist. Gem. § 1751 III hat das Vormundschaftsgericht die elterliche Sorge auf die Mutter zurückzuübertragen, »wenn und soweit dieses dem Wohl des Kindes nicht widerspricht«. Da die Mutter aber 3 Jahre lang ihre elterliche Sorge nicht ausgeübt hat, wäre eine Übertragung des Sorgerechts auf sie dem Kindeswohl abträglich. Das Gericht trifft seine Entscheidung nach Anhörung des Jugendamts, § 49 FGG; außerdem sind das Kind, seine Eltern und die Pflegeperson anzuhören.

Fall 8: *Aufgehoben*

Fall 9.1:   Rechte des adoptierten Kindes
Die Frage, wann und in welcher Form das Kind selbst über seine Herkunft unterrichtet werden soll, stellt ein Erziehungsproblem dar, in das nicht von Staats wegen oder von Seiten Dritter eingegriffen werden soll. Daher enthält § 1758 ein sog.

»Ausforschungsverbot«, um sicherzustellen, dass die Annahme und ihre Umstände ohne Zustimmung des Annehmenden und des Kindes nicht aufgedeckt werden. Dennoch kann das Kind seine wahre Abstammung erfahren (vgl. auch unten 9.2). Der Schutz des § 1758 betrifft nur die »Außenwelt« (Schleicher, Familie und Recht, Köln, 1999, S. 211); gilt jedoch nicht zwischen Adoptivkind und Adoptiveltern. Das Kind hat den Adoptiveltern gegenüber einen Anspruch auf Klärung seiner genetischen Herkunft. Dagegen hat das Jugendamt das Offenbarungs- und Ausforschungsverbot des § 1758 zu achten und darf gegen den Willen der Annehmenden keine Auskunft erteilen. Die Adoptionsvermittlungsstelle wird hier aber intensiv auf die Adoptiveltern einzuwirken haben, damit diese endlich das Kind aufklären und ggf. ihre Zustimmung zur weiteren Information des Kindes durch das Jugendamt erteilen. Die Adoptionsvermittlungsstelle und Mitarbeiter des Jugendamts haben in diesem Zusammenhang eine wichtige Vermittlungsfunktion zwischen dem Kind, das um Aufklärung bittet, und den Adoptiveltern wahrzunehmen. Dabei muss Gerds instabile seelische Verfassung berücksichtigt werden. Eine umgehende umfassende Information dürfte hier allerdings unumgänglich sein, um Gerds Verunsicherung abzubauen, welche gerade durch das Verschweigen der wahren Abstammung entstanden ist.

9.2: Einsicht in Abstammungsurkunde
Damit die Tatsache der Adoption nicht unbefugt aufgedeckt wird, unterscheidet das Personenstandsgesetz (PStG) zwischen der Geburtsurkunde, die nur die Adoptiveltern ausweist (§ 62 II PStG), und der Abstammungsurkunde, aus der die leibliche Abstammung ersichtlich ist (§ 62 I PStG), und die bei der Eheschließung vorgelegt werden muss (§ 5 I PStG). Gem. § 61 II PStG darf das Adoptivkind ab Vollendung des 16. Lebensjahres selbst Einsicht in den die Abstammung ausweisenden Geburtseintrag nehmen. Gerd darf also Einsicht in die Abstammungsurkunde nehmen, aus der sich seine wahre genetische Herkunft ergibt.

9.3: Akteneinsicht; Ausforschungsverbot
Ein Recht auf Akteneinsicht in die beim Vormundschaftsgericht geführten Akten könnte sich aus § 34 I FGG ergeben. Danach ist die Einsicht der Gerichtsakten jedem insoweit gestattet, als er ein berechtigtes Interesse glaubhaft macht. Jedoch ist die Einsicht der Akten insoweit zu versagen, als § 1758 BGB entgegensteht, vgl. § 34 II FGG. § 1758 enthält ein »Ausforschungsverbot«, um die Wahrung des Adoptionsgeheimnisses zu gewährleisten (vgl. auch oben 9.1). Nur mit Zustimmung der Annehmenden könnte das volljährige Kind Einsicht in die Gerichtsakten nehmen.

Fall 10.1.: Ältere Adoptionsbewerber
Ist Ramona bereits zu alt für die Vermittlung eines Adoptivkindes in ihre Familie? § 1743 I stellt Alterserfordernisse für die Annahme durch ein Ehepaar auf, danach muss ein Ehegatte das 25. Lebensjahr, der andere Ehegatte das 21. Lebensjahr vollendet haben. Eine obere Altersgrenze ist hier nicht festgesetzt. Allerdings muss

§ 1741 I beachtet werden. Bereits bei der Adoptionsvermittlung muss zu erwarten sein, dass zwischen dem Annehmenden und dem Kind ein Eltern-Kind-Verhältnis entsteht. Das bedeutet, dass das Alter der Adoptionsbewerber dem Alter biologischer Eltern entsprechen sollte; sie dürfen also nicht »zu alt« sein. In der Praxis hat sich für die Annahme eines Säuglings oder Kleinkinds eine obere Altersgrenze der annehmenden Frau (Adoptivmutter) von etwa 35 Jahren herausgebildet. Diese obere Altersgrenze ist aber im Gesetz nicht genannt und kann nur eine grobe Richtschnur sein, zumal heute mehr Frauen als früher auch noch im Alter von 40 Jahren und darüber ein Kind bekommen. Es ist im Einzelfall also nicht nur das Lebensalter, sondern auch das »biologische Alter« der Bewerber und ihre physische und psychische Gesundheit zu betrachten. Allein aufgrund ihres Lebensalters dürfte Ramona somit nicht von der Vermittlung ausgeschlossen werden. (Übrigens wird älteren Bewerberpaaren auch wegen der Konkurrenz jüngerer Adoptionswilliger häufig nahegelegt, ein älteres Kind zu adoptieren. Mit dem Entschluß, nicht ausschließlich auf der Adoption eines Säuglings oder Kleinkinds zu bestehen, verbessern sie ihre Chancen auf die Vermittlung eines Kindes.)

Müsste Ramona ihren Beruf aufgeben? Mit der Aufnahme eines Kindes im Säuglingsalter oder eines Kleinkindes in die Familie der Adoptionsbewerber verträgt sich sicherlich nicht eine volle Erwerbstätigkeit beider Partner außer Haus. Es müssen Wege gefunden werden, die einerseits dem Kindeswohl dienen und andererseits nicht unverhältnismäßig das Recht auf freie Entfaltung der Persönlichkeit der Bewerber beschränken. Daher erscheint es übertrieben zu sein, einen Ehegatten auf Dauer von der weiteren Ausübung seiner Berufstätigkeit abzuhalten. Außerdem ist auf die Leistungen nach dem Bundeserziehungsgeldgesetz (Gesetz zum Erziehungsgeld und zur Elternzeit – BErzGG in der Fassung vom 1.12.2000 – BGBl.I S. 1645, dazu Fall 10.2) hinzuweisen, die Ramona zustehen, sobald sie ein Kind in Adoptionspflege aufgenommen hat und nicht oder nicht voll – d.h. nicht mehr als 30 Stunden wöchentlich – erwerbstätig ist. Dadurch kann sie sich wenigstens eine Zeitlang um das Kind kümmern, um dessen Trennungsängste abzubauen, mögliche Entwicklungsstörungen aufzufangen und ungestört ein Mutter-Kind-Verhältnis aufzubauen. Ob dies gelingt, hängt allerdings nicht allein von Ramonas Bemühungen ab, sondern auch von anderen Faktoren wie z.B. Rolle und Verhalten des Ehepartners, Alter und Bindungsfähigkeit des Kindes.

10.2: Erziehungsgeld, Elternzeit, Mutterschutz

Ramona (oder ihrem Ehemann) steht gem. § 1 III Nr. 1 Bundeserziehungsgeldgesetz (BErzGG) *Erziehungsgeld* für die Dauer von längstens 2 Jahren bis zur Vollendung des 8. Lebensjahres des Kindes zu, sobald sie ein Kind mit dem Ziel der Adoption in Obhut genommen haben, § 4 I BerzGG. Sie kann gemeinsam mit ihrem Ehemann oder auch alleine für eine Zeit von bis zu 3 Jahren ab Inobhutnahme des Kindes wiederum bis maximal zur Vollendung des 8. Lebensjahres des Kindes gem. § 15 II BerzGG *Elternzeit* (ehemals Erziehungsurlaub) nehmen, sofern eine wöchentliche Arbeitszeit von je 30 Stunden nicht überschritten wird. Da das Ehepaar ein Kind im Säuglingsalter angenommen hat, kann die Elternzeit mit Zustimmung des Arbeitgebers nur mit einem Anteil von bis zu 12 Monaten nach dem dritten Lebensjahr des Kindes genommen werden. Laufende Leistungen nach dem Mutterschutzgesetz werden gem. § 7 BErzGG zum Teil angerechnet; allerdings besteht nach einer Entscheidung des Bundesarbeitsgerichts kein Anspruch auf Mutterschutzgeld (BAG NJW 84, 830). Endet die Adoptionspflege aus welchem Grund auch immer, erlischt der Anspruch auf Erziehungsgeld. Wenn das Kind in diesem Fall bei den Adoptionsbewerbern verbleibt, kann die Unterbringung beim Vorliegen der gesetzlichen Voraussetzungen als »Vollzeitpflege« gem. §§ 27, 33 SGB VIII weitergeführt werden.

Fall 11: Ersatzmutterschaft; heterologe Insemination
Der Fall behandelt eine in Deutschland nach dem Embryonenschutzgesetz in diesem Fall nicht erlaubte Fortpflanzungstechnik und das Verbot der Ersatzmuttervermittlung im AdVermiG.
11. a:
Die Gültigkeit des »Ersatzmuttervertrages« sowie die Zulässigkeit einer künstlichen Befruchtung sind nach dem Gesetz zum Schutz von Embryonen (Embryonenschutzgesetz) vom 13.12.90, BGBl I, S. 2746, zu beurteilen. § 1 I EschG regelt die strafbare »missbräuchliche Anwendung von Fortpflanzungstechniken«, darunter in Nr. 7 das Verbot, eine künstliche Befruchtung bei einer »Ersatzmutter« durchzuführen, die bereit ist, ihr Kind nach der Geburt auf Dauer Dritten zu überlassen. Ein hierauf gerichteter »Ersatzmuttervertrag« mit der Verpflichtung zur Abgabe des Kindes zur Adoption verfolgt ein vom deutschen Recht missbilligtes Ziel und ist daher verboten. Ein gleichwohl abgeschlossener Vertrag ist nichtig (§ 138), obwohl sich weder Monika noch die »Bestelleltern« strafbar gemacht haben (§ 1 III Nr. 2 EschG). Monika und das Ehepaar Kirchner sind nicht an diesen Vertrag gebunden.
11. b:
Die künstliche Befruchtung steht unter »Arztvorbehalt« (§ 9 EschG); nur ein Arzt darf diese vornehmen. Ihm ist aber nur eine sogenannte »homologe Insemination«, bei der der Samen vom Ehemann stammt, uneingeschränkt erlaubt. Bei einer »heterologen Insemination« wie in unserem Fall, bei der eine »Ersatzmutter« entgegen dem Verbot des § 1 I Nr. 7 EschG benutzt wird, macht sich der Arzt strafbar.
11.c:
Die Vermittlung des Kindes zur Adoption ist von der Vermittlung einer Ersatzmutter zu unterscheiden. In der Fragestellung geht es um die Vermittlung des Kindes. Da dieses Kind aber von einer »Bestellmutter« geboren wurde, soll die im AdVermiG verbotene Vermittlung einer solchen »Ersatzmutter« zunächst behandelt werden.
Gemäß § 13 c AdVermiG ist die Vermittlung einer Ersatzmutter durch eine Adoptionsvermittlungsstelle nicht statthaft. Die Ersatzmuttervermittlung gilt nicht als Adoptionsvermittlung, § 1 AdVermiG. Unter Ersatzmuttervermittlung versteht das Gesetz das Zusammenführen von »Bestelleltern« mit einer Frau, die zur Übernahme einer Ersatzmutterschaft bereit ist. Nach der Definition des § 13 a AdvermiG wäre Monika eine solche Ersatzmutter. Allerdings hat sie sich nicht nur bereit erklärt,

sich einer künstlichen Befruchtung zu unterziehen und nach der Geburt den Kirchners das Kind zur Adoption zu überlassen, sondern das Kind ist bereits geboren worden und damit ein Teil dieser Vereinbarung erfüllt. Außerdem entfiele hier auch deshalb eine Ersatzmuttervermittlung durch die Adoptionsvermittlungsstelle, da das Ehepaar Kirchner selbst den Kontakt mit Monika hergestellt hat. Die Beteiligten (Ehepaar Kirchner, Monika und der die künstliche Befruchtung vornehmende Arzt) haben also die Regelungen sowohl im AdVermiG als auch im ESchG unterlaufen. Welchen Einfluß hat dies auf die Tätigkeit der Adoptionsvermittlungsstelle?

Die Adoptionsvermittlungsstelle sollte grundsätzlich den bisherigen illegalen Zustand möglichst nicht noch dadurch verfestigen, dass Schritte zur Adoptionsvermittlung gem. § 7 eingeleitet werden und Adoptionshilfe gem. § 9 AdVermiG geleistet wird. Monika kann aber insofern das weitere Geschehen steuern, indem sie in die Adoption des Kindes nur mit der Maßgabe einwilligt, dass lediglich die feststehenden Adoptionsbewerber, nämlich das Ehepaar Kirchner, das Kind adoptieren können (»offene« Adoption, vgl. oben Fall 1.2).

11.d:
Sofern sich das Kind bereits in der Obhut des Ehepaars Kirchner befindet, sind Aspekte des Kindeswohls besonders sorgfältig zu prüfen. Das Wohl des Kindes kann in diesem Fall gebieten, dass die Eignung der Adoptionsbewerber gem. § 7 AdVermiG im nachhinein geprüft und ggf. festgestellt wird. Trotz § 8 AdVermiG wäre dann Adoptionshilfe gem. § 9 AdVermi G zu leisten, damit der illegale Zustand letztlich legalisiert und eine Adoption durch das Ehepaar Kirchner doch noch möglich wird.

Fall 12:   Waisenrente für Adoptivkind
§ 1755 regelt die Folgen der Adoption. Während Sylvias Verwandtschaftsverhältnis zu ihren Eltern und ihren anderen bisherigen Verwandten mit der Annahme gem. § 1755 I 1 erloschen ist, wurde ihr Anspruch auf Waisengeld gegen die Berufsgenossenschaft durch die Annahme nicht berührt, § 1755 I 2. Ihr steht die Waisenrente somit weiterhin zu.

Adoption Volljähriger

Fall 13.a:
Gemäß Art. 22 II EGBGB richtet sich die Anahme als Kind im vorliegenden Fall nach deutschem Recht, da der Annehmende die deutsche Staatsangehörigkeit besitzt. Die internationale Zuständigkeit des deutschen Gerichts wird in Angelegenheiten, die die Annahme als Kind betreffen, aus § 43 b FGG hergeleitet. Sie besteht nach § 43 b I, II FGG dann, wenn – wie hier – der Annehmende bei Einreichung seines Antrags den Wohnsitz im Inland hat und Deutscher ist. Die örtliche Zuständigkeit des Amtsgerichts Celle ergibt sich ebenfalls gem. § 43 b I 1 FGG, da der Annehmende seinen Wohnsitz im Gerichtsbezirk des Amtsgerichts Celle hat.

13.b:
Gemäß § 1767 ist zu prüfen, ob der Antrag auf Annahme, den Werner und Prom gem. § 1768 I gestellt haben, begründet ist. Auch die Annahme Erwachsener ist auf die Begründung eines Eltern-Kind-Verhältnisses zwischen den Antragstellern gerichtet und geht von den gleichen Grundvoraussetzungen aus, wie die Annahme eines Minderjährigen (§§ 1767 II, 1741 I). Die Annahme muss sittlich gerechtfertigt sein (§ 1767 I). Ein Annahmeverhältnis ist dann sittlich nicht gerechtfertigt, wenn die Absichten der Beteiligten von nicht familienbezogenen Motiven, wie z.B. allein von wirtschaftlichen Interessen oder von der Verhinderung der drohenden Ausweisung eines Ausländers getragen sind.

Hier bestehen erhebliche Zweifel daran, ob die Beteiligten wirklich die Absicht hatten und haben, zwischen sich eine Beziehung herzustellen, die der Beziehung zwischen Eltern und Kindern gleicht. Eine intensivere Beziehung zwischen Werner und Prom liegt erst seit dessen Aufenthalt in der Bundesrepublik vor. Zwischen dem Urteil des Verwaltungsgerichts, durch das der Asylantrag abgelehnt wurde, und dem Antrag auf Adoption besteht ein enger zeitlicher Zusammenhang. Der Anzunehmende (Prom) hat nicht ständig bei dem Annehmenden (Werner) gewohnt, er ist von ihm nicht in vollem Umfang unterhalten worden. Werner war über die persönlichen Verhältnisse des Anzunehmenden nicht vollständig und zutreffend unterrichtet und hat sich auch bei dessen mehrmonatiger Krankheit nicht um ihn gekümmert. Prom hat offenbar noch starke Bindungen zu seinen leiblichen Eltern. Nach alledem ist der Antrag zurückzuweisen.

17.   Rechtliche Betreuung

Einführung

Das neu eingeführte Rechtsinstitut der Betreuung ersetzt die frühere Vormund-
schafts- und Gebrechlichkeitspflegschaft für Erwachsene. Das Entmündigungsver-
fahren, vormals geregelt in der Zivilprozeßordnung (ZPO), wurde abgeschafft.
Die Voraussetzungen für die Bestellung eines Betreuers sind in den §§ 1896 – 1908
i, das Verfahren der Betreuerbestellung durch das Vormundschaftsgericht ist in den
§§ 65-70 n FGG geregelt. Für Personen, die aufgrund einer psychischen Krankheit
oder körperlichen, geistigen oder seelischen Behinderung ihre Angelegenheiten
ganz oder teilweise nicht besorgen können, bestellt das Vormundschaftsgericht einen Betreuer. Die Bestellung unterbleibt, wenn sie nicht erforderlich ist, z.B. weil
ein Bevollmächtigter ebenso gut wie ein Betreuer die Angelegenheiten des Betroffenen zu regeln vermag. Auch andere Hilfen, private und öffentliche, sind vorrangig
zu prüfen (Subsidiaritätsprinzip). Ist die Betreuung angeordnet und der Betreuer
bestellt (einheitliches Verfahren), so besorgt der Betreuer die Angelegenheiten des
Betroffenen. Der Umfang der zu besorgenden Angelegenheiten bemisst sich nach
Aufgabenkreisen (z.B. Heilbehandlung, § 1904, Sterilisation, § 1905, Unterbringung, § 1906 oder Wohnungsauflösung, § 1907 etc.). In diesen Aufgabenkreisen
vertritt der Betreuer den Betreuten gerichtlich und außergerichtlich (§ 1902) und
wird durch das Vormundschaftsgericht in seiner Arbeit kontrolliert (z.B. in Form
von Genehmigungsvorbehalten). Der Betreuer ist dem Betroffenen gegenüber in bestimmter Weise verpflichtet: So hat er sich z.B. am Wohl und an den Wünschen des
Betroffenen zu orientieren (§ 1900 I 1,), wichtige Angelegenheiten mit dem Betroffenen zu besprechen (§ 1901 II) und evtl. Rehabilitationsmöglichkeiten zu nutzen
(§ 1901 III).
Die Entscheidung des Vormundschaftsgerichts über eine Betreuerbestellung ist spätestens nach 5 Jahren zu überprüfen, § 69 I Nr. 5 FGG; eine Betreuerbestellung erfolgt also nicht unbefristet.
Vorrangig ist eine natürliche Person zum Betreuer zu bestellen. Erst wenn dies nicht
möglich ist, sollen Vereine oder Behörden Betreuungen übernehmen.
Die Geschäftsfähigkeit des Betroffenen bleibt durch die Anordnung einer Betreuung unberührt (Ausnahme: natürliche Geschäftsunfähigkeit gem. § 104 Nr. 2 oder
Anordnung eines Einwilligungsvorbehalts gem. § 1903). Des weiteren gilt der Betroffene als voll verfahrensfähig. Vor der Anordnung einer Betreuung ist er persönlich, möglichst in seiner üblichen Umgebung, anzuhören.
Zur Beratung und Unterstützung der Betreuer sowie zur Unterstützung des Vormundschaftsgerichts wurden auf örtlicher Ebene neue Behörden geschaffen, deren
Aufgaben im Betreuungsbehördengesetz (BtBG) geregelt sind.

Durch das am 1.1.1999 in Kraft getretene Gesetz zur Änderung des Betreuungs-rechts sowie weiterer Vorschriften (Betreuungsrechtsänderungsgesetz – BtÄndG v. 25.6.98 – BGBl. I S. 1580) wurde das Ziel verfolgt, die Justiz zu entlasten und wei-teren Kostensteigerungen entgegenzuwirken. Unter anderem wurde die Vergütung der Vormünder und Betreuer, die nunmehr auch für berufsmäßig tätige Verfahrens-pfleger gilt, geändert. Das gerichtliche Verfahren wurde erleichtert und der Begriff »rechtliche Betreuung« (statt schlicht und missverständlich »Betreuung« für die Wahrnehmung rechtlicher Angelegenheiten) im Titel eingeführt. An verschiedenen Stellen wurde verdeutlicht, dass ein Bevollmächtigter Vorrang vor einem gericht-lich bestellten Betreuer haben soll. Ein entgeltlich tätiger Berufsbetreuer soll nur dann eingesetzt werden, sofern kein ehrenamtlicher Betreuer zur Verfügung steht.

Zur weiteren praxisnahen Information wird auf das Buch von Karl-Dieter Pardey: Betreuungs- und Unterbringungsrcht in der Praxis – Ein Studienbuch – Baden-Baden 2000 hingewiesen.

Folgende **Problemkreise** werden in den **Fällen** behandelt:
• Voraussetzungen für die Betreuerbestellung (Fälle 1.1 bis 1.6);
• Betreuer, Betreuerbestellung für 17-jährigen Jugendlichen (Fall 2);
• Einwilligungsvorbehalt (Fall 3);
• Betreuung mit Aufgabenkreis Vaterschaftsfeststellung; Einwilligungsvorbehalt (Fall 4);
• Heilbehandlung, Zwangsbehandlung (Fälle 5 und 8);
• Sterilisation (Fall 6);
• geschlossene Unterbringung, unterbringungsähnliche Maßnahme (Fälle 7.1 bis 7.3);
• Unterbringung zwecks medizinischer Behandlung, Genehmigung der längerfri-stigen Gabe gefährlicher Neuroleptika mit Spätfolgen (Fall 8);
• Wohnungsauflösung (Fall 9);
• Operationsgenehmigung durch das Vormundschaftsgericht (Fall 10);
• Vorsorgevollmacht, Patientenverfügung, Betreuungsverfügung (Fall 11);
• einstweilige Betreuerbestellung, einstweilige Unterbringung bei Alkoholsucht (Fall 12);
• Abgrenzung zwischen bürgerlichrechtlicher Unterbringung durch den Betreuer und Unterbringung nach den Unterbringungsgesetzen der Länder (PsychKG) (Fall 15);
• Bevollmächtigung, Vertreter von Amts wegen gem. SGB X (Fall 16);
• Vergütung, Ersatz von Aufwendungen, pauschale Aufwandsentschädigung, Haftung, Versicherung (Fälle 17.1 bis 17.3).

Fälle

Fall 1: Voraussetzungen für Betreuerbestellung
Ist im Folgenden ein Betreuer vom Vormundschaftsgericht zu bestellen?
Fall 1.1:
Die an Verfolgungswahn und an »Altersabbau« leidende 82jährige Rentnerin Rita ist nicht in der Lage, sich zu waschen und zu pflegen und ihren Haushalt instand zu halten. Ihr Bruder hat einen privaten Pflegedienst und eine Reinigungsfirma eingeschaltet.
Fall 1.2:
Die hüftabwärts gelähmte Katharina lebt in einem Altenheim und hat ihr Zimmer seit einem halben Jahr nicht mehr verlassen. Ohne fremde Hilfe kann sie ihren Rollstuhl nicht bewegen und nicht – ihrem Wunsche entsprechend – im Garten herumfahren. Ihre Bitten um Hilfe wurden bisher vom Heimpersonal ignoriert.
Fall 1.3:
Der 80jährige Klaus ist nicht mehr in der Lage, sich voll zu orientieren. Sein Kurzzeitgedächtnis funktioniert nicht mehr. Er findet sich in seiner Wohnung zurecht, die er seit 40 Jahren bewohnt, er erkennt aber seine Ehefrau nicht mehr. Die Ehefrau will ihn im Altenheim unterbringen lassen. Klaus sträubt sich dagegen.

Fall 1.4:
Seit 20 Jahren ist der 90jährige Gerd Kunde bei der B-Bank. Dort holt er stets seine Rente ab. Seine Nachbarin Nora, die immer bei ihm saubermacht, hat bei Gericht die Anordnung einer Betreuung mit der Wirkungskreis Vermögenssorge angeregt, weil Gerd sich zuletzt aus Geiz geweigert habe, ihre wöchentlichen Dienste zu bezahlen. Gerd ist dagegen. Er befürchtet, dass die Bank ihn in Zukunft abweisen würde, wenn ein Betreuer vorhanden sei.
Fall 1.5:
Klara ist nach einem Unfall ein Pflegefall geworden. Sie ist seitdem geistig verwirrt sowie räumlich und zeitlich vollständig orientierungslos. Die Angehörigen haben ein Heim für sie ausfindig gemacht, das Klara nicht zusagt; sie möchte in ein bestimmtes anderes Heim gehen. – Ein Heimvertrag soll abgeschlossen werden.
Fall 1.6:
Der Alkoholiker Ferdinand erhält monatlich seine Sozialhilfe (Hilfe zum Lebensunterhalt) ausbezahlt. Nach spätestens 3 Tagen ist das Geld verbraucht. Sein Bruder Peter wünscht die Bestellung eines Betreuers mit dem Wirkungskreis Vermögenssorge.

Fall 2: Betreuer, Betreuerbestellung für 17-jährigen Jugendlichen
Frau Meisel erscheint beim Rechtspfleger des Vormundschaftsgerichts, um sich beraten zu lassen. Sie macht sich Sorgen um ihren 17 1/2-jährigen schwer geistig behinderten Sohn, der in einer Behinderteneinrichtung lebt. Im Verlaufe des Gesprächs möchte Frau Meisel wissen, wer Betreuer für ihren Sohn werden kann. Könnte auch sie selbst oder der Heimleiter der Einrichtung Betreuer werden?

Fall 3:   Einwilligungsvorbehalt
Fred lebt in einem Männerheim für Alkoholiker. Er steht unter Betreuung; Betreuer ist B mit dem Wirkungskreis Vermögenssorge. B hat Fred verboten, Alkohol zu kaufen. Fred ist therapiewillig und einsichtig. Dennoch kommt es vor, dass er bei seinem regelmäßigen Rundgang durch verschiedene Geschäfte nicht nur Gegenstände seines Alltagsbedarfs, sondern auch Alkohol bei X kauft. B erklärt dem Ladeninhaber X, sein Schützling Fred sei nicht berechtigt, entgegen seinem Verbot Alkohol zu kaufen. X behauptet, das stimme nicht, Fred sei in der Lage, dies selbst zu entscheiden und im übrigen habe er, B, bezüglich des F nur dafür zu sorgen, dass dessen Rente zur Finanzierung des Heimaufenthalts herangezogen werden könne. B erwägt nun, für Fred einen Einwilligungsvorbehalt des Vormundschaftsgerichts anordnen zu lassen. Welche Erfolgsaussicht hat er?

Fall 4: Betreuung mit Aufgabenkreis Vaterschaftsfeststellung; Einwilligungsvorbehalt
Der drogensüchtige Joachim, 19 Jahre alt, sucht die ihm bekannte Sozialarbeiterin Frau Schmidt im Jugendamt auf, um sich von ihr beraten zu lassen. Er behauptet ihr gegenüber, nichtehelicher Vater der 1-jährigen Angelika zu sein. Die Vaterschaft sei bis jetzt nicht geklärt; die Mutter des Kindes Heike habe keinen Mann als Vater benannt. Nun habe er eine richtige Familie und wohne mit Heike und dem Kind zusammen, nachdem ein früherer Mitbewohner aus der Wohngemeinschaft ausgezogen sei. Er glaube inzwischen fest daran, Vater des Kindes zu sein und sei entschlossen, so schnell wie möglich seine Vaterschaft anzuerkennen, damit diese Frage ein für alle Mal geklärt sei. Außerdem vertraut Joachim der Sozialarbeiterin in dem Gespräch seine Drogenproblematik an und bittet um Hilfe. – Frau Schmidt fällt die Unreife und krankheitsbedingte Fahrigkeit des jungen Mannes auf. Sie bezweifelt, dass Joachim wirklich Angelika gezeugt hat. Vielleicht ist der frühere Mitbewohner oder ein anderer Mann in Wahrheit der Vater des Kindes. Möglicherweise hat die ihr ebenfalls bekannte Heike auf Joachim eingewirkt, die Vaterschaft anzuerkennen.
4.a:
Sind die Voraussetzungen für eine Betreuerbestellung für Joachim gegeben?
4.b:
Ist die Anordnung eines Einwilligungsvorbehalts geboten?

Fall 5:   Heilbehandlung
Seit 1994 steht Arnold wegen einer Psychose aus dem schizophrenen Formenkreis unter Betreuung (Aufgabenkreis Heilbehandlung). Arnolds Angelegenheiten werden insoweit von einem Vereinsbetreuer wahrgenommen.
Seit 1995 lebt Arnold in psychiatrischen Kliniken, da ihn ein Wahnsystem beherrscht, das ihm für alltägliche Dinge keinen Raum mehr läßt. 2000 wurde er an einem bösartigen, schnell wachsenden Weichteil-Tumor an der linken Gesichtshälfte operiert. Ohne diese Operation hätte Arnolds Lebenserwartung nur noch ca. 2 Jahre betragen. 2001 stand die zweite Operation an. Arnold machte jedoch deutlich,

dass er sich nicht operieren lassen wolle. Nach seiner Überzeugung wachse der Tumor nicht mehr, wenn der »Hellsche Komet« komme. Arnold konnte die Risiken der Operation sowie die Begründungen der Ärzte für ihre Notwendigkeit sinnvoll wiedergeben. Er erklärte, er wolle auf jeden Fall weiterleben und keinen vorzeitigen Tod in Kauf nehmen. Er sei aber gewiss, dass dies auch ohne die Operation möglich wäre, eben wegen des bald zu erwartenden Kometen. Arnold ist zu einem Kompromiss bereit: Wenn der Komet nicht innerhalb der nächsten 4 Wochen komme, sei er bereit, sich operieren zu lassen. Laut Aussagen der Ärzte bedeutet der 4-wöchige Aufschub der Operation für den 36-jährigen Patienten ein erhebliches Risiko.

Wer entscheidet über die Operation? Hat der Betreuer, der in die Operation einwilligen will, vor derselben eine Genehmigung des Vormundschaftsgerichts einzuholen?

(Leicht veränderte Fallgestaltung in Anlehnung an BtPrax 3/93, S. 89f.)

Fall 6: Sterilisation

Die 30jährige Gerlinde ist geistig behindert. Sie lebt im Wohnheim für geistig behinderte Erwachsene und geht einer Arbeit in der Werkstatt für Behinderte nach. Ihr ganzes Verhalten ist als antriebsarm zu charakterisieren. Sie kümmert sich nicht um ihr Zimmer und um ihre Kleidung. Das Heim ermöglicht Außenkontakte der Behinderten und duldet auch Übernachtungsgäste am Wochenende. Gerlinde hat bereits ein Kind geboren, das bei Pflegeeltern aufwächst und von diesen adoptiert wurde. Nach diesem inzwischen 4 Jahre alten Kind hat Gerlinde nicht einmal gefragt oder irgendwelche Gefühle zu ihm geäußert. Zur Entbindung musste sie zwangsuntergebracht werden. Seitdem hasst sie Arztbesuche und wehrt sich auch jedesmal gegen die 3-Monats-Spritze, die ihr zur Empfängnisverhütung regelmäßig verabreicht wird. Gerlinde steht unter Betreuung mit dem Wirkungskreis Personensorge. Die Betreuungsbehörde führt die Betreuung durch. Sie hält eine Sterilisation für notwendig, obwohl Gerlinde eine solche dem behandelnden Arzt gegenüber trotz ihrer anfänglichen Zustimmung später strikt abgelehnt hat. Der Arzt hält Gerlinde für einwilligungsfähig, die Betreuungsbehörde bezweifelt dies.

6.a.

Inwieweit kommt es bei einer Sterilisation der Betreuten auf deren Einwilligungsfähigkeit an?

6.b:

Gehen Sie von Gerlindes Einwilligungsunfähigkeit aus. Kann mit Einwilligung eines Betreuers eine Sterilisation erfolgen?

Fall 7: Geschlossene Unterbringung, unterbringungsähnliche Maßnahme
Fall 7.1:

Jonas ist geistig behindert, sehr passiv und lebt in der Wohngruppe einer Einrichtung für geistig Behinderte. Sozialarbeiter Paul ist sein zuständiger Betreuer mit dem Wirkungskreis Aufenthaltsbestimmung. Aufgrund seiner Behinderung ist Jonas nur in begrenztem Maße zu verbaler Kommunikation fähig, so dass er in der

Regel nur in 1- bis 2-Wort-Sätzen antwortet. In bezug auf seine Person und die Zeit ist er voll orientierungsfähig, zumindest solange, wie er sich auf dem Gelände der Einrichtung befindet. Außerhalb derselben verliert Jonas jegliche Orientierung, allerdings bestehen keinerlei Entweichungstendenzen. Betreuer Paul beantragt beim Vormundschaftsgericht eine geschlossene Unterbringung des Jonas, die so aussehen soll, dass die Tür der Wohngruppe, in der Jonas lebt, nach außen abgeschlossen werden soll, damit er sich nur innerhalb des Gebäude und hinter dem Gebäude in einem eingezäunten Garten frei bewegen kann. Zur Begründung trägt Paul vor, dass aufgrund der geistigen Behinderung und der mangelnden Verständigungsfähigkeit des Jonas es in unbekannten Situationen, z.b., wenn Jonas sich zufällig verlaufen sollte, leicht zu einer Überforderung des Betreuten kommen könne. Es bestünde ein erhöhtes Selbstgefährdungsmoment. Weiterhin sei in solchen Situationen mit vermehrter Autoaggression des Jonas zu rechnen.

Wird das Vormundschaftsgericht die geschlossene Unterbringung des Jonas genehmigen? (Fall entnommen BtPrax 6/93, S. 212)

Fall 7.2:
Familie Schröder hat die 86-jährige Angehörige Maria bei sich aufgenommen. Maria leidet unter Altersverwirrtheit, nächtlicher Unruhe und bedarf ständiger Beaufsichtigung. Die Pflege hat Frau Schröder weitgehend übernommen. Sie beklagt sich darüber, dass sie ständig nachts ihren Schlaf unterbrechen müsse, um Maria zur Toilette zu führen, dass eine Pflege rund um die Uhr ihre Kräfte überfordere und dass die Familie deshalb seit Jahren keinen Urlaub gemacht habe. Kann Maria auf Veranlassung der Angehörigen gegen ihren Willen in einem Altenpflegeheim geschlossen untergebracht werden?

Fall 7.3:
Die altersverwirrte Maria (Zustand beschrieben in Fall 7.2) befindet sich jetzt auf Veranlassung eines für den Wirkungskreis Aufenthaltsbestimmung bestellten Betreuers in einem Altenheim. Maria kann sich tagsüber frei bewegen und auch das Heimgelände verlassen. Nachts allerdings soll sie mittels eines Bettgitters im Bett festgehalten werden, um ihr Entweichen zu verhindern. Ist eine solche Freiheitsbeschränkung durch das Heimpersonal zulässig oder müsste zuvor eine vormundschaftsgerichtliche Genehmigung eingeholt werden?

Fall 8: Unterbringung zwecks medizinischer Behandlung
Im Jahre 1996 scheiterte Herberts Beziehung zu Stefanie. Herbert konnte sich hiermit nicht abfinden. Er sieht Stefanie nach wie vor als seine Verlobte an, obwohl sie inzwischen mit einem anderen Mann verheiratet ist. Seit 1998 entwickelte er eine Psychose (Liebeswahn). Er erhielt einen Betreuer mit den Wirkungskreisen Heilbehandlung und Aufenthaltsbestimmung, da Stefanie und ihr Ehemann sich ständig mit unerwünschten Briefen, Telefonanrufen, Bedrohungen und tätlichen Angriffen auseinandersetzen mussten. Durch Gutachten wurde bestätigt, dass Herbert, bezo-

gen auf die Wirkungskreise der Betreuung, geschäftsunfähig ist. Wiederholt wurde Herbert geschlossen untergebracht, zuletzt im Jahre 2000 für vier Monate. Ziel der Unterbringungen war u. a., ihm Medikamente zu verabreichen, damit er Gesprächsbereitschaft entwickele und zur Krankheitseinsicht bewegt werden könne. Trotz der Behandlung mit starken Neuroleptika lautete zuletzt die Prognose, dass eine vollständige Rückbildung der Psychose nicht wahrscheinlich sei. Seit 2001 werden Dritte in den Wahn des Betroffenen einbezogen, seitdem richten sich Herberts Aggressionen auch gegen seine Mutter.

Im Jahre 2001 beantragt der Betreuer die vierte Unterbringung des Betroffenen für die Dauer von drei Monaten. In Verbindung mit dem Antrag auf freiheitsentziehende Unterbringung in der geschlossenen Abteilung eines psychiatrischen Krankenhauses wird erstmalig gem. § 1904 S. 1 der Antrag gestellt, Herbert zwangsweise mit hochpotenten Neuroleptika (Glianimon, Atosil und Neurocil) über mehrere Wochen behandeln zu lassen, um seine aggressive Grundstimmung zu verändern, fremd- und selbstgefährdende Handlungen zu hemmen und eine therapeutische Annäherung an Herbert, inzwischen 49 Jahre alt, zu erreichen. (Fall in Anlehnung an den in BtPrax 2/93, S. 66 ff. geschilderten Sachverhalt; derselbe Fall ausführlicher – auch zur Medikation –: LG Berlin, FamRZ 93, S. 478 f.)

8.a:
Ist diese Behandlung mit Neuroleptika vom Vormundschaftsgericht gem. § 1904 zu genehmigen?

8.b:
Ist die Unterbringung des Betroffenen zwecks Heilbehandlung zu genehmigen?

Fall 9: Wohnungsauflösung

Frau Schmidt, Tochter der Frau Meyer, beantragt wiederholt eine Betreuung für ihre Mutter mit dem Aufgabenkreis Aufenthaltsbestimmung, da ihre Mutter völlig verwirrt sei und in ein Heim umziehen solle. Ein ärztliches Attest bescheinigt Frau Meyers Geschäftsunfähigkeit. Das Vormundschaftsgericht hört Frau Meyer in ihrer Wohnung an. Eine ernstliche Verwirrung der Betroffenen ist nicht festzustellen. Frau Meyer wirkt gepflegt, die Wohnung ist in Ordnung. Die Tochter, welche den Haushalt der Mutter führt, erklärt, sie sei wegen eigener familiärer Belastungen inzwischen hiermit überfordert, dennoch lehnt das Vormundschaftsgericht die Betreuerbestellung ab. Auch weitere Anregungen der Frau Schmidt führen nicht zur Betreuerbestellung. Nachforschungen des Vormundschaftsgerichts im Oktober 1992 hinsichtlich des Verbleibens der Frau Meyer ergeben, dass diese zwischenzeitlich (August 1992) in einem Heim untergebracht wurde, womit sie überhaupt nicht einverstanden war. Sie will in ihre alte Wohnung zurückkehren. Diese Wünsche werden ignoriert, Frau Meyer mit Psychopharmaka ruhiggestellt. Zum 30.09.92 kündigt die Tochter Frau Meyers Wohnung gegenüber der Wohnungsgenossenschaft, indem sie die Unterschrift ihrer Mutter fälscht. Nachfolgemieter sind bereits eingezogen. (Fallbeispiel nach Coeppicus, in: FamRZ 1993, S. 1017 ff.).

9.a:
War die Wohnungsauflösung durch Frau Schmidt rechtens?

9.b:
Wie ist die Wohnungsauflösung zu beurteilen, wenn Frau Schmidt doch als Betreuerin für ihre Mutter bestellt worden ist?
9.c:
Was ist zu tun, um Frau Meyer zu helfen?

Fall 10: Einstweilige Maßregeln des Vormundschaftsgerichts; Operationsgenehmigung
Der 76jährige rüstige, jedoch wegen seelischer Behinderung (Altersverwirrtheit) einwilligungsunfähige Rudolf hat einen Oberschenkelhalsbruch erlitten. Der Arzt befürwortet eine Operation, ebenso der Sohn Fritz als einziger Angehöriger. Rudolf hat Angst, er will sich nicht operieren lassen. Kann die Operation durchgeführt werden?

Fall 11: Vorsorgevollmacht, Patientenverfügung, Betreuungsverfügung
Die Rentnerin Peggy hat ihrer Nichte Nina eine Altersvorsorgevollmacht in die Hand gedrückt. Hier heißt es u. a.: »Für den Fall, dass ich später einmal geschäftsunfähig werde oder wegen Krankheit oder Behinderung meine Angelegenheiten nicht mehr selbst regeln kann, bevollmächtige ich meine Nichte Nina, alle notwendigen Maßnahmen zu treffen und Erklärungen abzugeben; insbesondere wünsche ich nicht, dass im Krankenhaus unnötige lebensverlängernde Maßnahmen an mir ausprobiert werden. Ich lehne eine Apparatemedizin strikt ab. Unterschrift.« Später im Alter von 85 Jahren erkrankt die Betroffene tatsächlich schwer und kann wegen Altersdemenz ihre Angelegenheiten nicht mehr überblicken und regeln. Ein Krankenhausaufenthalt wird unumgänglich. Die Betroffene soll lebensverlängernden Maßnahmen nach dem Willen der Ärzte ausgesetzt werden, andernfalls sei ihr Tod in kurzer Zeit zu erwarten. Aber auch beim Einsatz intensiv-medizinischer Technologie würde der Tod auf der Intensivstation wahrscheinlich nur um wenige Tage oder Wochen hinausgeschoben werden. Nina kann diesen Gewissenskonflikt nicht lösen. Sie möchte sich den Forderungen der Ärzte beugen, würde dann aber gegen den in der Vollmacht erklärten Willen der Betroffenen verstoßen.
11.a:
Was ist Nina zu raten? Gibt es eine Möglichkeit, den zuvor erklärten Willen der Betroffenen zu achten?
11.b:
Wie sind Vorsorgevollmacht und Betreuungsverfügung voneinander zu unterscheiden?

Fall 12: Einstweilige Betreuerbestellung, einstweilige Unterbringung bei Alkoholsucht
Der alleinstehende arbeitslose 55jährige Schiffssteward Bruno ist Alkoholiker. Er lebt in einer 2-Zimmer-Wohnung in O. in einem Mietshaus mit 8 Parteien. Die Betreuungsbehörde hat beim Vormundschaftsgericht die Einrichtung einer Betreuung mit den Wirkungskreisen Aufenthaltsbestimmung (um Bruno in einer Entziehungs-

anstalt unter Umständen geschlossen behandeln zu lassen bzw. einem »betreuten Wohnen« zuzuführen) sowie Heilbehandlung angeregt. Das Vormundschaftsgericht fordert die Betreuungsbehörde auf, den Sachverhalt weiter aufzuklären. U. a. wird zum Trinkverhalten des Betroffenen folgendes ermittelt: Bruno trinkt mehrmals in der Woche erhebliche Mengen Alkohol. Er ist seit vielen Jahren hochgradig alkoholabhängig. Der langjährige Alkoholmissbrauch hat bereits zu einem Hirnabbau, zu einem organischen Psychosyndrom mit deutlich reduzierter Kritikfähigkeit geführt. Es ist wiederholt vorgekommen, dass er volltrunken im Winter im Vorgarten vor dem Haus lag. Bisher konnte die von Hausbewohnern alarmierte Polizei eine kurzfristige Ausnüchterung veranlassen und damit Schlimmeres verhüten. – Bruno lehnt es nach wie vor entschieden ab, sich in einer Entziehungsanstalt behandeln zu lassen.

12 a:
Welches sind die Aufgaben der Betreuungsbehörde nach dem Betreuungsbehördengesetz in diesem Fall?

12 b:
Ist für Bruno eine Betreuung mit den vorgeschlagenen Wirkungskreisen (Aufenthaltsbestimmung einschließlich geschlossener Unterbringung, Heilbehandlung) anzuordnen?

12 c:
Kann ein Betreuer im Wege einer einstweiligen Anordnung gem. § 69 f FGG bestellt werden? Ist eine einstweilige Unterbringung des Betroffenen gem. § 70 h FGG durchzuführen? Für welche Dauer dürfen die einstweiligen Anordnungen maximal angeordnet werden?

Fall 13: *Aufgehoben*

Fall 14: *Aufgehoben*

Fall 15: Abgrenzung zur landesrechtlichen Unterbringung nach dem PsychKG
Die 20jährige Beate aus Emden legt in der Praxis des Facharztes für Psychiatrie, Dr. Freud, weinend ein Messer auf den Tisch und erklärt dem Arzt, sie höre Stimmen, die sie dazu drängten, jemanden zu töten, um endlich wieder Ruhe zu finden. Sie sei so verzweifelt, dass sie schon daran gedacht habe, aus dem Leben zu scheiden. Beate steht unter Betreuung mit den Wirkungskreisen Aufenthaltsbestimmung und Heilbehandlung. Dr. Freud hält Beates geschlossene Unterbringung in einem psychiatrischen Krankenhaus für erforderlich. Was ist zu veranlassen?

Fall 16: Bevollmächtigung, Vertreter von Amts wegen gem. SGB X
Lene, Leiterin einer Werkstatt für Behinderte, stellt im Namen ihrer körperbehinderten Schützlinge Anträge nach dem SGB III beim Arbeitsamt. Die Behinderten haben ihr durch Gesten zu verstehen gegeben, dass sie mit den Anträgen einverstanden sind. Lene unterschreibt die Anträge nicht, sondern teilt dem Arbeitsamt mit, dass

die Behinderten einverstanden seien, jedoch nicht imstande, eigenhändig zu unterschreiben. Das Arbeitsamt besteht auf einer eigenhändigen Unterschrift der Behinderten bzw. der Vorlage schriftlicher Vollmachten. Lene erwägt, beim Vormundschaftsgericht Betreuungen für ihre Schützlinge zu beantragen. Mit Recht?

**Fall 17: Vergütung, Ersatz von Aufwendungen, pauschale Aufwandsentschä-
digung, Haftung, Versicherung**
Fall 17.1:
Frau Meisel (vgl. Fall 2) ist zur Betreuerin für ihren mittellosen Sohn bestellt wor-
den.
17.1.a:
Erhält sie eine Vergütung oder einen Aufwendungsersatz für ihre Tätigkeit?
17.1.b:
Wie ist die Haftung der Betreuerin Frau Meisel für Pflichtverletzungen geregelt?
Hat sie einen Anspruch auf Ersatz der Kosten für eine Haftpflichtversicherung?

Fall 17.2:
Gehen Sie davon aus, dass der Sozialarbeiter Paul als Betreuer in Fall 7.1 als selb-
ständiger Berufsbetreuer mehrere Betreuungen führt.
Hat Paul einen Vergütungsanspruch gegen die Staatskasse?

Lösungshinweise

**Fall 1.1: Voraussetzungen der Betreuerbestellung; seelische Behinderung,
Erforderlichkeitsgrundsatz**
Die Voraussetzungen für die Bestellung eines Betreuers ergeben sich aus § 1896.
Sofern danach ein Volljähriger aufgrund einer psychischen Krankheit oder einer
körperlichen, geistigen oder seelischen Behinderung seine Angelegenheiten ganz
oder teilweise nicht besorgen kann, bestellt das Vormundschaftsgericht auf seinen
Antrag oder von Amts wegen einen Betreuer (§ 1896 I 1). Der Betreuer darf allerdings nur für Aufgabenkreise bestellt werden, in denen die Betreuung erforderlich
ist (Erforderlichkeitsgrundsatz; § 1896 II 1). Bevor der Aufgabenkreis bestimmt
werden kann, ist ein Gutachten zur Notwendigkeit der Betreuung einzuholen, § 68 b
I 1 FGG. Eine Betreuung ist nur insoweit erforderlich, als die Angelegenheiten des
Volljährigen nicht durch einen Bevollmächtigten oder durch andere Hilfen ebenso
gut wie durch einen Betreuer besorgt werden können (Grundsatz der Subsidiarität;
§ 1896 II 2).
In unserem Fall leidet Rita an einer körperlich nicht begründbaren (endogenen)
Psychose, dem »Verfolgungswahn«. Dieser stellt eine psychische Krankheit dar,
die im Beispielsfall jedoch keine Auswirkungen auf Ritas soziale Kompetenz hat:
Die Wahnvorstellungen beeinträchtigen nicht Ritas Alltagsleben. Anders sieht es
mit den auf alterstypischen Veränderungen des Gehirns beruhenden Defiziten wie
Vergesslichkeit, Zerstreutheit, Verwahrlosungstendenzen aus, die zu den im Fall

beschriebenen Beeinträchtigungen führen. Dieser »Altersabbau« des Gehirns wird als »seelische Behinderung« eingestuft, das heißt als bleibende psychische Beeinträchtigung als Folge psychischer Krankheiten. (Für eine senile Demenz als Folge einer körperlichen Erkrankung, welche als psychische Krankheit einzustufen wäre, ergeben sich keine Anhaltspunkte (vgl. hierzu ausführlicher unten 1. c)).

Auf Grund dieser seelischen Behinderung ist Rita nicht in der Lage, bestimmte Verrichtungen des Alltags, wie die körperliche Pflege ihrer Person und die Führung ihres Haushalts selbst zu erledigen. Möglicherweise hat die seelische Behinderung noch weitere, hier nicht aufgeführte Beeinträchtigungen zur Folge wie die Unfähigkeit, postalische Befugnisse selbst wahrzunehmen, so dass auch an eine Betreuung mit dem Wirkungskreis »Entgegennahme, Öffnen und Anhalten der Post« zu denken ist (muss vom Gericht ausdrücklich angeordnet werden, § 1896 IV). Die Voraussetzungen für eine Betreuerbestellung mit den aufgeführten Wirkungskreisen aus dem Bereich der Personensorge wären damit gem. § 1896 I gegeben.

Hier führt aber der Grundsatz der Subsidiarität in § 1896 II 2 dazu, von einer Betreuerbestellung abzusehen: Die vom Bruder der Betroffenen organisierten privaten Hilfen reichen aus, die Angelegenheiten, die von Rita selbst nicht mehr geregelt werden können, ihren Bedürfnissen entsprechend durch andere wahrnehmen zu lassen, ohne dass eine Betreuung erforderlich wäre. Eine Betreuerbestellung scheidet damit aus.

Fall 1.2: Körperliche Behinderung

Der mit Katharina geschlossene Heimvertrag hat immer auch den Inhalt, einem an der Fortbewegung gehinderten Heimbewohner die notwendigen Fürsorgeleistungen in angemessenem Umfang zukommen zu lassen, z.B. durch regelmäßiges Ausfahren im Rollstuhl. Diese Fürsorgeleistung, auf die Katharina einen Rechtsanspruch hat, wird vom Heim nicht erbracht. Zu prüfen ist auch, inwieweit Einkommen oder Vermögen der Betroffenen zur Verfügung steht, um ggf. zusätzliche Pflegeleistungen zu vergüten. Erhält die Betroffene das ihr zustehende Taschengeld ausgezahlt? Sollte sich die körperbehinderte Heimbewohnerin Katharina außerstande sehen, diese Angelegenheiten selbst – evtl. durch Schreiben an die Heimleitung bzw. Einschalten des Heimbeirats – wahrzunehmen oder jemanden zu bevollmächtigen, kann sie auch den Antrag auf Einrichtung einer Betreuung gem. § 1896 I 1 stellen. Eine Betreuerbestellung von Amts wegen gibt es bei lediglich Körperbehinderten nicht, § 1896 I 3.

Fall 1.3: Zwangsweise Verbringung ins Altenheim bei Altersverwirrtheit

Bei Klaus ist von einer Altersverwirrtheit auszugehen. Die rechtliche Einordnung der Störungen kann Schwierigkeiten bereiten. Die Frage, ob die Auffälligkeiten gem. § 1896 I eine psychische Krankheit in Form einer körperlich begründbaren Psychose darstellen, die auf eine Verletzung oder Erkrankung des Gehirns zurückzuführen ist, kann anhand des Sachverhalts nicht eindeutig beantwortet werden. Sollte der Gedächtnisverlust bereits Symptom einer Alzheimer Krankheit sein, läge eine solche psychische Krankheit vor. Bei »normalem Altersabbau« ist dagegen eine seelische Behinderung i.S. § 1896 I anzunehmen. Hierunter fallen bleibende psychische Beeinträchtigungen, die Folge von psychischen Krankheiten sind (siehe oben 1.1). Dies wäre gegebenenfalls durch Sachverständigengutachten zu klären. Trotz der Krankheit oder Behinderung kann Klaus jedoch zur Zeit seine Angelegenheiten regeln. Er findet sich in seiner Wohnung zurecht; für Außenkontakte steht seine Ehefrau (noch) zur Verfügung. Wenn die Ehefrau die notwendige Betreuung nicht mehr leisten kann oder will, müssen ihr Hilfen angeboten werden, die ein Verbleiben des Ehepartners Klaus in der Wohnung ermöglichen. Ob dies machbar und der Ehefrau zumutbar ist, kann dem Fall nicht entnommen werden. Die Situation der Ehefrau ist nicht deutlich beschrieben.

Eine zwangsweise Verbringung des 80jährigen Klaus ins Altenheim würde aller Voraussicht nach nicht zu einer Verbesserung, sondern zu einer Verschlechterung seines Gesundheitszustands führen, evtl. sogar zu seinem Tod. Im Heim würde er sich schlechter zurechtfinden als zuhause. Das gesamte Betreuungsrecht muss sich am Wohl des Betroffenen orientieren, das Selbstbestimmungsrecht des Kranken ist zu achten, vgl. auch § 1901 I. Auch das Wohl eines verwirrten alten Menschen gebietet nicht stets die Heimverschaffung gegen seinen Willen (Coeppicus FamRZ 93, S. 1021). Es fehlt also sowohl an der Begründung für eine Betreuung mit dem Wirkungskreis Aufenthaltsbestimmung (§ 1896 I) als auch an Darlegungen zur Erforderlichkeit einer Betreuung und zur Möglichkeit anderer Hilfen, § 1896 II. Die Voraussetzungen für eine Betreuerbestellung sind somit zur Zeit nach der Fallgestaltung nicht gegeben; der Sachverhalt müsste noch weiter aufgeklärt werden.

Fall 1.4: Wirkungskreis Vermögenssorge, Bankgeschäfte, Geschäftsunfähigkeit

Im Fall ist nicht dargelegt, dass Gerds Verhalten auf krankhaftem Geiz beruht (psychische Krankheit). Das hohe Alter des Betroffenen läßt nicht automatisch auf einen Verwirrtheitszustand schließen. Damit fehlt es an den Voraussetzungen für eine Betreuerbestellung »von Amts wegen« auf Anregung der Nachbarin gem. § 1896 I.

Aber auch dann, wenn Gerd krankhaft geizig wäre, müsste zunächst nach dem Grundsatz der Subsidiarität (vgl. oben 1.1) gem. § 1896 II 1 die Erforderlichkeit einer Betreuerbestellung geprüft werden. Sollten die Ermittlungen ergeben, dass die Differenz mit Nora über die Bezahlung ihrer Dienste nicht gütlich beigelegt werden kann und auch die Bevollmächtigung einer anderen Person oder die Inanspruchnahme eines Reinigungsdienstes nicht möglich ist, kommt allenfalls eine Betreuerbestellung mit dem Wirkungskreis »periodische Wohnungsreinigung« in Betracht. Für diesen Aufgabenkreis wäre ein Betreuer gesetzlicher Vertreter und könnte Verträge abschließen, für die der Betreute einstehen muss. Wenn der Betreuer Aufwendungen macht, indem er zum Beispiel selbst Dienste bezahlt, kann er sich die Beträge, auf die er Anspruch hat, selbst nehmen (Palandt/Diederichsen Rn. 18 zu § 1835). Ggf. wäre der Aufgabenkreis des Betreuers in der Weise zu bestimmen, dass er auch einen (beschränkten) unmittelbaren Zugriff zum Konto des Betreuten erhält, um Rechnungen zu begleichen. Der Aufgabenkreis »Vermögenssorge« wäre aber in jedem Falle zu weit und daher abzulehnen. Eine derartige Fassung des Aufgabenkreises würde dem Grundsatz der Verhältnismäßigkeit nicht entsprechen, zumal Gerds Befürchtung, er werde dann von der Bank als geschäftsunfähig eingestuft und könne nicht mehr selbst Abhebungen vornehmen, nicht von der Hand zu weisen ist. Zwar wird durch eine Betreuerbestellung die Geschäftsfähigkeit des Betroffenen nicht berührt. Dennoch könnte die Bank sich auf den Standpunkt stellen, dass der Bankkunde Gerd gem. § 104 Nr. 2 geschäftsunfähig ist (»natürliche Geschäftsunfähigkeit«; siehe auch unten 1.5) und deshalb einen Betreuer als gesetzlichen Vertreter erhalten hat, mit dem allein die Bankgeschäfte wirksam abzuschließen sind (so Jürgens u.a.: Das neue Betreuungsrecht, 3. Aufl. 1994, Rn. 96).

Fall 1.5: Geschäftsunfähigkeit, Wünsche der Betreuten
Klara ist infolge des Unfalls psychisch krank und kann nicht mehr für sich sorgen. Nach der Fallgestaltung ist die Heimaufnahme der Betroffenen vertraglich zu regeln. Klara ist gem. § 104 Nr. 2 geschäftsunfähig, da sie sich in einem »die freie Willensbestimmung ausschließenden Zustande krankhafter Störung der Geistestätigkeit« befindet, der nicht vorübergehender Natur ist. Somit kann sie selbst den Heimvertrag nicht abschließen; ihre Willenserklärungen wären gem. § 105 I nichtig, d. h. sie entfalteten keinerlei Rechtswirkung. (Hinweis: Es handelt sich um eine sogenannte »natürliche« Geschäftsunfähigkeit der Betroffenen, die von keiner Instanz »festgestellt« werden muss. Lediglich im Rechtsstreit vor Gericht müsste derjenige, der sich auf Geschäftsunfähigkeit einer Partei beruft, diese beweisen.)
Somit braucht Klara einen Vertreter, der in ihrem Namen einen Heimvertrag abschließt. Ein staatlich bestellter Betreuer müsste dies tun, da Klara selbst außerstande ist, durch Erklärung gem. § 167 eine andere Person zu bevollmächtigen und eine von ihr früher noch im Zustand der Geschäftsfähigkeit »vorausschauend« erteilte »Altersvorsorgevollmacht« (dazu unten Fall 11) nicht vorliegt. Der Betreuer vertritt die Betroffene gerichtlich und außergerichtlich, § 1902. Auf Anregung der Angehörigen ist von Amts wegen gem. § 1896 I ein Betreuer vom Vormundschaftsgericht mit dem Wirkungskreis »Aufenthaltsbestimmung einschließlich Heimaufnahme« zu bestellen. Im Rahmen des festgelegten Aufgabenkreises des Betreuers wirken rechtsgeschäftliche Erklärungen unmittelbar für und gegen die Betreute, in deren Namen sie abgegeben wurden, § 164. Gem. § 1901 III hat der Betreuer auch Wünschen einer geschäftsunfähigen Betreuten zu entsprechen, soweit dies deren Wohl nicht zuwiderläuft und dem Betreuer zuzumuten ist. So wäre Klaras Wunsch auf Unterkunft in einem bestimmten Heim durchaus beachtlich. – (Beachte: Das Vormundschaftsgericht darf keine bestimmte Einrichtung vorgeben, die Auswahl erfolgt allein durch den Betreuer, BayObLG FamRZ 94, S. 320, ebenso OLG Düsseldorf FamRZ 95, S. 118).

Fall 1.6: Betreuerbestellung bei Alkoholsucht
Trunksucht (Alkoholismus) ist für sich allein betrachtet keine psychische Krankheit oder geistige oder seelische Behinderung i.S. von § 1906, so dass allein darauf in der Regel die Bestellung eines Betreuers nicht gestützt werden kann. Etwas anderes gilt nur, wenn der Alkoholismus entweder im ursächlichen Zusammenhang mit einem

geistigen Gebrechen steht oder ein darauf zurückzuführender Zustand eingetreten ist, der dann – besonders bei hochgradigem Alkoholismus – die Annahme eines geistigen Gebrechens rechtfertigt (so mit Recht BayObLG FamRZ 94, S. 1618 m.w.N.).
Der Fall läßt offen, ob bei Ferdinand wirklich ein »hochgradiger« Alkoholismus wie oben beschrieben vorliegt. Darauf kommt es aber nicht entscheidend an, denn es fehlt jedenfalls an der Erforderlichkeit einer Betreuerbestellung gem. § 1896 II, da bei der Unfähigkeit des Betroffenen zur Geldeinteilung die Sozialhilfe nicht, wie üblich, monatlich, sondern in kürzeren Abständen gewährt werden könnte. Art, Form und Maß der Sozialhilfe haben sich gem. § 3 I BSHG nach der Besonderheit des Einzelfalls zu richten; gem. § 4 II BSHG entscheidet die Behörde über Form und Maß der Sozialhilfe nach pflichtgemäßem Ermessen (vgl. auch Jürgens u.a. Rn. 41-79). Die Voraussetzungen für eine Betreuerbestellung liegen somit nicht vor.

Fall 2: Betreuer, Betreuerbestellung für 17-jährigen
Gemäß § 1908 a kommt die Maßnahme der Betreuerbestellung bereits für einen 17-jährigen in Betracht, sofern anzunehmen ist, dass sie bei Eintritt der Volljährigkeit erforderlich wird. Die Betreuerbestellung wird erst mit Eintritt der Volljährigkeit wirksam. Ein Verfahren der Betreuerbestellung für den psychisch kranken Sohn könnte somit bereits eingeleitet werden.
§ 1897 regelt, wer Betreuer werden kann. Gem. Abs. 1 der Vorschrift bestellt das Vormundschaftsgericht eine natürliche Person, die geeignet ist, in dem gerichtlich bestimmten Aufgabenkreis die Angelegenheiten des Betreuten rechtlich zu besorgen und ihn hierbei im erforderlichen Umfang persönlich zu betreuen. Eine natürliche Person hat stets Vorrang vor einem Verein oder einer Behörde als Betreuer (Vereinsbetreuung durch anerkannten Betreuungsverein, Behördenbetreuung, § 1900). Nach dem Betreuungsänderungsgesetz ist dabei nicht mehr gleichgültig, ob eine natürliche Person als ehrenamtlicher Betreuer oder mit entsprechender beruflicher Qualifikation als Berufsbetreuer (z.B. Sozialarbeiter oder Rechtsanwalt) eingesetzt wird; die ehrenamtlich tätige Person ist gem. § 1897 VI vorrangig zu bestellen. Bei erstmaliger Bestellung eines Berufsbetreuers soll das Gericht zuvor die zuständige Behörde zur Eignung und zum erwarteten Umfang seiner Tätigkeit anhören, § 1897 VII.
Schlägt der inzwischen volljährig gewordene Sohn eine Person vor, die zum Betreuer bestellt werden kann, so ist diesem Vorschlag zu entsprechen, wenn es dem Wohl des Volljährigen nicht zuwider läuft (§ 1897 IV S. 1). Schlägt er niemanden vor, so ist bei der Auswahl des Betreuers auf die verwandtschaftlichen und sonstigen persönlichen Bindungen des Volljährigen, insbesondere auf die Bindungen zu Eltern Rücksicht zu nehmen, § 1897 V; demnach wäre die Mutter Frau Meisel vorrangig zu berücksichtigen. Die Bestellung des Heimleiters ist ausgeschlossen, § 1897 III, da der Heimleiter als Angestellter aber auch als Inhaber in einem Abhängigkeitsverhältnis zu dem Heim steht, in dem der Sohn lebt (Einzelheiten bei Palandt/Diederichsen § 1897 Rn. 12 – 15). Nur dann, wenn der Sohn nicht durch eine natürliche Person betreut werden kann, z.B. weil keine geeignete Person gefun-

den werden konnte, und auch die Betreuung durch einen Vereins- oder Behördenbetreuer unmöglich ist, kommt die Bestellung eines Betreuungsvereins oder der
Betreuungsbehörde (Vereinsbetreuung, Behördenbetreuung) in Betracht, § 1900.

Bei einer Vereins- oder Behördenbetreuung ist folgendes zu bedenken: Fallen die
Gründe weg, die zur Vereins- oder Behördenbetreuung geführt haben, hat das
Gericht den Verein oder die Behörde als Betreuer zu entlassen und eine natürliche
Person als Betreuer zu bestellen, § 1900 III, IV. Bei der Bestellung des Mitarbeiters
eines anerkannten Betreuungsvereins als Betreuer (Vereinsbetreuer) und bei der
Bestellung eines Mitarbeiters der Betreuungsbehörde (Behördenbetreuer) gem.
§ 1897 II handelt es sich auch um die Bestellung natürlicher Personen als Betreuer,
zur Vertretung vgl. § 1899 IV.
Eine natürliche Person darf nur mit ihrer Einwilligung zum Betreuer bestellt werden, § 1898 II; für den Vereinsbetreuer oder Behördenbetreuer willigt der Verein
oder die Behörde ein, § 1897 II. Eine Behörde darf erst zum Betreuer bestellt werden, wenn eine Betreuung durch eine natürliche Person oder einen Verein nicht
möglich ist, § 1900 IV. Einer Einwilligung der Behörde bedarf es nicht.
Es ergibt sich also folgende Reihenfolge bei der Betreuerbestellung: 1. Ehrenamtlich tätige natürliche Person, 2. Berufsmäßig tätige natürliche Person oder Vereinsbetreuer, 3. Behördenbetreuer, 4. Verein als Betreuer, 5. Betreuungsstelle (Betreuungsbehörde).

Fall 3:   Einwilligungsvorbehalt
Die Betreuung wirkt sich nicht auf die Geschäftsfähigkeit des Betroffenen aus. Von
einer Geschäftsfähigkeit des Fred ist auszugehen, da es keine Anhaltspunkte für eine
»natürliche« Geschäftsunfähigkeit gem. § 104 Nr. 2 gibt. Fred kann also neben dem
Betreuer wirksam Rechtsgeschäfte abschließen, die den infrage stehenden Wirkungskreis berühren. Die Betreuung mit dem Wirkungskreis Vermögenssorge umfasst auch den Kauf von Alkohol. Es geht darum, zur Abwendung einer erheblichen
Gefahr für die Person des Betreuten die Geschäftsfähigkeit des Betroffenen einzu-
schränken, um ihn daran zu hindern, wirksam Alkohol zu kaufen. Dies könnte durch
die Einrichtung eines Einwilligungsvorbehalts durch das Vormundschaftsgericht
gem. § 1903 I geschehen. Bei bestimmten Willenserklärungen (Kauf von Alkohol)
bedürfte Fred dann der Zustimmung seines Betreuers.
Bei Willenserklärungen, die geringfügige Angelegenheiten des täglichen Lebens
betreffen, gilt dieser Einwilligungsvorbehalt aber gem. § 1903 III 2 nicht, mit der
Folge, dass der Betroffene insoweit trotz des angeordneten Einwilligungsvorbehalts
voll geschäftsfähig bleibt. Bei dem Kauf kleinerer Mengen Alkohols könnte es sich
um solche geringfügigen Angelegenheiten handeln. Der Betreuer B sieht dies offenbar anders: Vermutlich geht er davon aus, dass auch der Erwerb und Konsum solcher kleiner Mengen geeignet ist, einen Rückfall zu begünstigen. Was müsste B unternehmen? Es würde genügen, das Vormundschaftsgericht auch gem. § 1903 IV
i.V. § 1901 IV einzuschalten, um durch Gerichtsbeschluss den Einwilligungsvorbehalt auf solche Willenserklärungen erweitern zu lassen, die zwar »geringfügige

Angelegenheiten des täglichen Lebens« betreffen, jedoch wie der Kauf geringer Mengen Alkohols einen Rückfall des Alkoholikers begünstigen und damit seinem Wohl widersprechen (BT-Drucks. 11/4528 S. 139).

Fall 4.: Betreuer mit Aufgabenkreis Vaterschaftsfeststellung; Einwilligungs-vorbehalt

4.a:

Im Fall geht es um die Anordnung einer Betreuung mit Einwilligungsvorbehalt (Aufgabenkreis Angelegenheiten der Vaterschaftsfeststellung). Nur durch diese wäre sichergestellt, dass Joachim nicht übereilt eine möglicherweise falsche Vaterschaftsanerkennung abgibt, wozu er auch als geschäftsfähiger Betreuter in der Lage wäre, §§ 1596 III, 1903.

Zu den Voraussetzungen einer Betreuerbestellung gem. § 1896 I mit dem Aufgabenkreis »Angelegenheiten der Vaterschaftsfeststellung« gehört zunächst einmal das Vorliegen einer psychischen Krankheit; diese könnte aufgrund der Drogensucht des Betroffenen gegeben sein. Joachim könnte somit krankheitsbedingt außerstande sein, seinen Willen frei zu bestimmen und die Bedeutung einer Vaterschaftsanerkennung einzuschätzen. Nur unter diesen engen Voraussetzungen kann der Staat eingreifen, um einen erwachsenen Bürger daran zu hindern, sich selbst aufgrund einer unvernünftigen Willenserklärung zu schädigen (vgl. Dodegge NJW 93, S. 2353 ff.).

Die bestehenden erheblichen Zweifel an seiner Vaterschaft gebieten es, Joachim von einer übereilten Vaterschaftsanerkennung abzuhalten und eine genaue Überprüfung abzuwarten. Nur durch die Bestellung eines Betreuers für Joachim wäre sicherzustellen, dass bereits im Vorfeld einer Vaterschaftsfeststellung Joachims Interessen gewahrt würden. Die Anordnung eine Betreuung ist auch deshalb erforderlich, weil eine mildere Maßnahme, die eine Betreuung überflüssig macht, nicht ersichtlich ist, § 1896 II. Eine Bevollmächtigung reicht schon deshalb nicht aus, weil die Anerkennung nur höchstpersönlich erklärt werden kann, vgl. § 1596 III.

4.b:

Auch bei einer angeordneten Betreuung kann der geschäftsfähige Betreute nur selbst die Vaterschaft anerkennen. Daher besteht die Gefahr, dass Joachim, von dessen Geschäftsfähigkeit auszugehen ist, eine Vaterschaftsankennung erklärt, die auch dann gelten würde, wenn er in Wahrheit nicht der Vater des Kindes sein sollte. Erst wenn eine Betreuung mit Einwilligungsvorbehalt gem. §§ 1896, 1596 III, 1903 für den Wirkungskreis Vaterschaftsanerkennung angeordnet ist, kann Joachim nicht mehr ohne vorherige Zustimmung des Betreuers wirksam die Vaterschaft anerkennen.

Somit ist weiterhin zu prüfen, ob die Voraussetzungen für die Anordnung eines Einwilligungsvorbehalts gem. § 1903 gegeben sind, d.h. ob dieser zur Abwendung einer erheblichen Gefahr für die Person des Betreuten erforderlich ist. Es muss sich um eine konkrete Gefahr handeln, eine bloß hypothetische Gefahr reicht nicht aus.

Von einer erheblichen Gefahr für Joachim im Falle einer wirksamen Vaterschaftsanerkennung ist auszugehen, da dieser dann »für und gegen alle« als Vater gelten würde (§ 1592 Nr. 2) und ihn außerdem alle Folgen der Vaterschaft treffen würden (z.B. Unterhaltspflichten dem Kind gegenüber).

Fall 5: Heilbehandlung

Bei der geplanten operativen Tumorentfernung handelt es sich um einen riskanten Eingriff im Sinne des § 1904, d.h., es besteht die begründete Gefahr, dass der Betreute aufgrund der Maßnahme stirbt oder einen schweren und länger dauernden gesundheitlichen Schaden erleidet. Bevor es zu der Zwangsbehandlung kommt, muss folgendes überprüft werden:

Der Betroffene muss einwilligungsunfähig sein. Ist er nämlich in der Lage, die Risiken des Eingriffs zu überblicken, bleibt ihm auch bei gefährlichen Maßnahmen die Entscheidung vorbehalten, ob er sie durchführen lassen will oder nicht. Auch wenn ihm im Falle des Unterlassens der Maßnahme der Tod droht, kann er frei entscheiden. »Ein Nichtbehinderter darf sein Leben beenden, indem er die allein lebenserhaltende Operation ablehnt« (BGH NJW 58, 267; Coeppicus FamRZ 92, 746). Ein solcher Fall liegt hier aber gerade nicht vor. Krankheitsbedingt ist der Betroffene nicht in der Lage, vernünftig abzuwägen. Seine Erklärungen sind widersprüchlich; einerseits möchte er weiterleben, andererseits lehnt er die Krebsoperation ab. Ein Aufschub der Operation erhöht aber nach ärztlicher Meinung das Risiko für den Patienten.

Somit ist die Einwilligung des Betreuers erforderlich, da der mit der Heilbehandlung nicht einverstandene Betroffene aufgrund einer psychischen Krankheit oder einer geistigen oder seelischen Behinderung seinen Willen nicht frei bestimmen kann. Nach Inkrafttreten des Betreuungsänderungsgesetzes gilt dies auch für die Einwilligung eines schriftlich Bevollmächtigten, sofern sich die Vollmacht ausdrücklich auf Untersuchungen, Heilbehandlungen oder ärztliche Eingriffe bezieht.

Vor der Maßnahme muss noch eine vormundschaftsgerichtliche Genehmigung eingeholt werden, da es sich wie dargelegt um eine Risikooperation handelt, § 1904 S 1. Ohne diese Genehmigung darf die Maßnahme nur durchgeführt werden, wenn mit dem Aufschub Gefahr verbunden ist, § 1904 S. 2. Vor der Genehmigung hat das Vormundschaftsgericht ein Sachverständigengutachten einzuholen, vgl. § 69 d II FGG (siehe auch Fall 8.a)).

Fall 6: Sterilisation

6.a: Einwilligung der Betreuten in Sterilisation

Ebenso wie bei einer Heilbehandlung kann eine einwilligungsfähige Betreute nur selbst in den Eingriff, die Sterilisation, einwilligen; ohne ihre Einwilligung darf der Eingriff nicht vorgenommen werden. Bei auf Dauer einwilligungsunfähigen Betreuten muss der Betreuer einwilligen, § 1905 I Nr. 2. Betreuer ist hier nicht die Betreuungsbehörde, sondern ein für die Einwilligung in die Sterilisation gesondert zu bestellender Betreuer, § 1899 II. Behörden oder Vereinen darf die Entscheidung über die Einwilligung in eine Sterilisation der Betreuten nicht übertragen werden, § 1900 V, weil die Gesichtspunkte, die zur Bestellung eines Vereins oder einer Behörde führen, nicht vorliegen und sich außerdem der vom Gesetz erleichterte spätere Wechsel der Betreuungsperson nachteilig auswirken könnte (dazu oben Fall 2). Vermutlich ist Gerlinde geschäftsunfähig gem. § 104 Nr. 2. Letztlich kann diese Frage offenbleiben, da die Einwilligungsfähigkeit nicht an die Geschäftsfähigkeit geknüpft ist und unabhängig von dieser geprüft werden muss.

6.b: Einwilligung eines Betreuers

Anders als bei der Heilbehandlung ist aber auch bei auf Dauer einwilligungsunfähigen Betreuten eine Sterilisation dann verboten, wenn der Betreute der Sterilisation widerspricht, § 1905 I Nr. 1. Eine Zwangssterilisation ist damit nicht erlaubt. Ein solcher Widerspruch liegt vor; Gerlinde hat sich zuletzt deutlich gegen den Eingriff ausgesprochen. Sollte sie ihre Meinung ändern und der Sterilisation doch noch zustimmen, wäre eine Sterilisation mit Einwilligung eines – gesondert bestellten (vgl. 6.a) – Betreuers zur Abwendung einer Schwangerschaft gem. § 1905 I Nr. 3 dennoch unzulässig, da eine Gefahr einer schwerwiegenden Beeinträchtigung des körperlichen oder seelischen Gesundheitszustandes der Schwangeren nach der Fallgestaltung nicht zu erwarten ist, § 1905 I Nr. 4. Der Umstand, dass die Verhinderung der Schwangerschaft durch empfängnisverhütende Mittel (3-Monats-Spritze) in Gerlindes Fall schwierig ist (zu den zumutbaren Mitteln der Schwangerschaftsverhütung vgl. § 1905 I Nr. 5), reicht für sich allein nicht aus. Die Voraussetzungen für eine Sterilisation mit Einwilligung eines Betreuers und Genehmigung des Vormundschaftsgerichts gem. § 1905 liegen somit nicht vor.

Fall 7.1: Geschlossene Unterbringung

Der Antrag des Betreuers auf Genehmigung der geschlossenen Unterbringung des Betroffenen ist abzulehnen, da die Voraussetzungen des § 1906 nicht vorliegen. Nach dieser Bestimmung ist die mit Freiheitsentziehung verbundene Unterbringung eines Betreuten nur zulässig, solange sie zum Wohle des Betreuten erforderlich ist, weil aufgrund einer psychischen Krankheit oder geistigen oder seelischen Behinderung des Betreuten die Gefahr besteht, dass er sich selbst tötet oder erheblichen gesundheitlichen Schaden zufügt. Die geplante Unterbringung des Betroffenen stellt eine freiheitsentziehende Maßnahme dar. Er ist nämlich gehindert, die Wohngruppe durch die Eingangstür nach vorne zu verlassen, wann immer er das will. Es liegt aber keine ernstliche und konkrete Gefahr eines gesundheitlichen Schadens vor. Gefahren, die sich nur möglicherweise ergeben könnten oder Umstände, die lediglich dem Pflegepersonal die Beaufsichtigung des Betroffenen erleichtern sollen, reichen angesichts des grundgesetzlich geschützten Freiheitsrechtes nicht aus. Hier haben sich bislang keine Entweichungstendenzen bei dem Betroffenen gezeigt. Die bloß denkbare oder mögliche Gefahr, dass der Betroffene sich verirren könnte, wenn ihm die Möglichkeit offensteht, das Haus auch nach vorne zu verlassen, ist keine konkrete und ernstlich akute Gefahr, wie sie hier gefordert wird. In der Behindertenarbeit ist es nicht angebracht, aus »Überfürsorge« die Betroffenen in relativ abgeschlossenen Räumen zu halten, sondern im Gegenteil ist ihre Selbständigkeit dadurch zu fördern, dass ihnen die Möglichkeit zu einer örtlich freieren Entfaltung gegeben wird.

Beachte: Nach der Änderung des Betreuungsgesetzes zum 1.1.99 ist die Unterbringung durch einen Bevollmächtigten (schriftliche Vollmacht, welche die Unterbringungsmaßnahmen ausdrücklich umfasst, muss vorliegen) unter gleichen Voraussetzungen möglich, d.h. bei Freiheitsentziehung nur mit vormundschaftsgerichtlicher Genehmigung, § 1906 V.

Fall 7.2:   Freiheitsentziehende Unterbringung durch Angehörige
Die Angehörigen haben nicht das Recht, über eine freiheitsentziehende Unterbringung der Betroffenen zu entscheiden, vielmehr hat diese selbst über ihren Aufenthalt zu bestimmen.
§ 1906 I und IV (Anrufung des Vormundschaftsgerichts zwecks Genehmigung einer Unterbringung oder unterbringungsähnlichen Maßnahme) gilt nicht, da die Betroffene in einer Familie lebt und nicht in einer Anstalt. (Vgl. aber LG Hamburg FamRZ 94, S. 1619, wonach das zeitweilige Einschließen des Betreuten durch den Betreuer in der eigenen Wohnung als unterbringungsähnliche Maßnahme gem. § 1906 IV zu genehmigen ist).

Lediglich dann, wenn die Voraussetzungen für eine Betreuerbestellung gem. § 1896 vorliegen, kann ein Betreuer mit dem Wirkungskreis Aufenthaltsbestimmung oder Unterbringung im Altenpflegeheim bestellt werden. Zu beachten ist, dass die staatlich angeordnete Betreuung nachrangig ist gegenüber anderen Hilfen, § 1896 II. Dabei ist die Frage: »Wie schwer ist die Krankheit der Betroffenen, was hat sie?« weniger relevant, sondern Angehörige, Ärzte, Betreuungsbehörde und Gericht haben sich mit dem Problem auseinanderzusetzen, wie die Defizite der Betroffenen aufgefangen werden können (Coeppicus, FamRZ 92, S. 744). So ist bei einer überfordernden Familienpflege zu prüfen, ob eine stundenweise Entlastung in Betracht kommt. Die Möglichkeit einer »Urlaubspflege« im Heim kommt in Betracht, damit Familie Schröder während dieser Zeit in Urlaub fahren kann. Bei Verwirrtheitszuständen gibt es technische Hilfsmittel, die eine Orientierungshilfe bieten. So hat im vorstehend behandelten Fall 7.1) das Gericht darauf hingewiesen, dass es möglich ist, »Behinderte mit einem kleinen Sender zu versehen, der den Pflegekräften ein optisches oder akustisches Signal gibt, wenn der Betroffene den Bereich des Anstaltsgeländes verläßt.« Vielleicht kann ein solcher Sender auch im häuslichen Bereich die Pflege erleichtern. Dabei ist allerdings zu beachten, dass der Einsatz von »Sendeanlagen« (sog. »Personenortungsanlagen«) einen Verstoß gegen das Grundrecht der Menschenwürde darstellt und daher auch nicht zu den genehmigungsfähigen Maßnahmen des § 1906 IV gezählt werden kann (so jedenfalls Dodegge NJW 93, 2353 ff., AG Hann BtPrax 92, S. 113).

Eine Betreuung lediglich im Interesse der Angehörigen ist unlässig (vgl. auch oben Fall 1.3). Diese haben auch kein Antragsrecht, sondern können die Bestellung eines Betreuers beim Vormundschaftsgericht lediglich anregen. Bei der Prüfung der Erforderlichkeit einer Betreuung ist das Gericht jedoch nicht befugt, Pflichten der Angehörigen der Betroffenen gegenüber ohne Rechtsgrundlage verbindlich festzulegen und die Angehörigen damit zu überfordern. Dann besteht nämlich die Gefahr, dass die Angehörigen »alles hinwerfen« und niemand mehr zur Verfügung steht. Das kann weder rechtlich noch aus der Sicht sozialer Arbeit sinnvoll sein. (Mit dieser Auffassung steht Pardey der in Bezug auf Angehörige recht »strengen« Meinung von Coeoppicus kritisch gegenüber. Damit wird deutlich, dass die Problemlage ein sehr sensibles Eingehen auf den Einzelfall erfordert; s.a. K.-D. Pardey: Zur Zulässigkeit drittschützender freiheitsentziehender Maßnahmen nach § 1906 BGB, Fam RZ 95, S. 713 ff.)

Sofern hier nach genauer Prüfung des Einzelfalls ein Betreuer zum Wohl der Betroffenen bestellt wird, könnte dieser die geschlossene Unterbringung veranlassen. Sie müsste allerdings vom Vormundschaftsgericht genehmigt werden. Die Rechtsgrundlage ist § 1906 I. In diesem Fall ist die Frage der Erforderlichkeit auch hinsichtlich der geschlossenen Unterbringung besonders zu prüfen. Die Maßnahme ist nicht erforderlich, wenn sie außer Verhältnis zu den ohne Unterbringung drohenden Nachteilen steht (Verhältnismäßigkeitsgrundsatz). Erst nach Abwägung aller Umstände kann die Frage beantwortet werden, ob die psychische Krankheit oder seelische Behinderung der Betroffenen die zwangsweise, mit Freiheitsentziehung verbundene Unterbringung im Altenpflegeheim erforderlich macht. Eine Freiheitsentziehung kann begrifflich nur gegen oder ohne den Willen der Betroffenen erfolgen (LG Frankfurt FamRZ 93, S. 601). Auch die Dauer einer Unterbringung ist zu prüfen, z.B. die Möglichkeit einer Unterbringung für kurze Zeit, in der die pflegenden Familienangehörigen Urlaub machen können. Rechtlich unerheblich ist, ob die Betroffene in einem geschlossenen Heim oder einer Anstalt untergebracht wird, wo die Bewegungsfreiheit durch Einschließen oder Einsperren beeinträchtigt wird, oder in einer Einrichtung, wo z.B. durch einen Pförtner die Betreute am Verlassen des Gebäudes gehindert wird (Damrau/Zimmermann, Rn. 1 zu § 1906; siehe auch vorhergehenden Fall).

Gem. § 1846 i.V. § 1906 ist eine Unterbringung in Eilfällen durch Anordnung des Vormundschaftsgerichts ohne vorherige Betreuerbestellung möglich (Dodegge NJW 93, S. 2358 m.w.N.)

Fall 7.3: Unterbringungsähnliche Maßnahme
Außer durch Unterbringung (§ 1906 I) kann auch durch mechanische Vorrichtungen, Medikamente oder in sonstiger Weise einem Betreuten die Freiheit entzogen werden (»unterbringungsähnliche Maßnahmen«). Hierher gehören zum Beispiel: Bettgitter, Fixierstuhl, vom Betroffenen nicht zu öffnende Schließmechanismen (str.). Diese Maßnahmen, die den Betroffenen in seiner Bewegungsfreiheit ebenfalls erheblich einschränken (vgl. Wortlaut der Vorschrift: Freiheitsentziehung über einen »längeren Zeitraum oder regelmäßig«) werden auch von einem Betreuer angeordnet bzw. gebilligt und sind vom Vormundschaftsgericht zu genehmigen, § 1906 IV. Dies gilt nach dem Wortlaut der Bestimmung zwar nur, wenn die Betroffene wie in unserem Fall Maria nicht bereits mit richterlicher Genehmigung unter-

gebracht ist. Nach überwiegender Rechtsmeinung bedürfen freiheitsentziehende Maßnahmen zur Vermeidung einer Selbstschädigung aber auch bei bereits Untergebrachten gem. § 1906 IV einer zusätzlichen Genehmigung (vgl. in Bezug auf Fixierung BayObLG FamRZ 94, S. 721; Medikation: OLG Düsseldorf FamRZ 95, S. 118, s.a. Palandt § 1906 Rn. 23).

Bei mit oder ohne richterliche Genehmigung untergebrachten bzw. sonstigen Heimbewohnern hat der Betreuer selbst oder die Einrichtung, in der die Betroffene lebt, das Gericht einzuschalten, um die Genehmigung für freiheitsbeschränkende »unterbringungsähnliche« Maßnahmen einzuholen. Ohne das Einverständnis des Betreuers und die Genehmigung des Vormundschaftsgerichts ist die freiheitsbeschränkende Maßnahme nicht zulässig, § 1906 IV i.V. II.

Eine unterbringungsähnliche Maßnahme liegt hier vor, da die Betroffene ständig nachts mittels eines Bettgitters gehindert werden soll, ihr Bett zu verlassen, um beispielsweise die Toilette aufzusuchen. Ein Betreuer ist bereits vom Vormundschaftsgericht bestellt worden. Er muss in die Maßnahme einwilligen, und außerdem hat das Vormundschaftsgericht eine Genehmigung zu erteilen. Es ist darauf zu achten, dass der Betreuer auch den entsprechenden Aufgabenkreis innehat, nämlich die Personensorge oder die Aufenthaltsbestimmung oder auch die Unterbringung. Das ist hier gegeben (Aufgabenkreis Aufenthaltsbestimmung). Bei Gefahr im Verzuge können die erforderlichen Maßnahmen gem. § 1906 IV ohne vorherige Genehmigung des Gerichts getroffen werden, § 1908 i I i.V. § 1846 I. Die Genehmigung ist in diesen Fällen unverzüglich nachzuholen. Das Pflegepersonal sollte in jedem Fall eine freiheitsentziehende Maßnahme dokumentieren, (vgl. hierzu: Das Betreuungsgesetz in der Praxis, ein Leitfaden, Bundesanzeiger, S. 73). Wie bei der Freiheitsentziehung im eigentlichen Sinne ist auch bei unterbringungsähnlichen Maßnahmen sorgfältig die Erforderlichkeit zu prüfen. Entspricht die Fixierung an Stuhl oder Bett, die Ruhigstellung durch Medikamente oder die Einschränkung der Bewegungsfreiheit durch sog. Bettgitter wirklich dem Wohl des Betroffenen oder ist sein Selbstbestimmungsrecht auch dann zu achten, wenn ein gewisses Risiko besteht (Weglauftendenzen, Gefahr von Stürzen)? Eine eindeutige, für alle Fälle verbindliche Antwort gibt es nicht. Allerdings wird in einzelnen Einrichtungen auch altersverwirrten Menschen ein größeres Maß von Freiheit eingeräumt. Sie werden nicht eingeschlossen oder fixiert. Ein Entweichen wird in Kauf genommen, ggf. wird die Polizei eingeschaltet, um die Betroffenen aufzugreifen und in das Heim zurückzubringen. Es versteht sich jedoch von selbst, dass ein solcher Umgang mit altersverwirrten Menschen noch nicht die Regel ist, er setzt unter anderem besonders geschultes Personal voraus. Das Abschließen des Heimgeländes während der Nacht wird nur in Bezug auf solche Heimbewohner als unterbringungsähnliche Maßnahme zu werten sein, die überhaupt versuchen wollen, während dieser Zeit das Heim zu verlassen.

Fall 8: Unterbringung zwecks medizinischer Behandlung
8.a: Genehmigungsbedürftigkeit der Vergabe bestimmter Neuroleptika
Die ärztliche Behandlung des 49jährigen psychotischen Patienten, der unter Betreuung steht, mit für ihn gefährlichen, teilweise hochpotenten Neuroleptika über meh-

rere Wochen bedarf der vormundschaftsgerichtlichen Genehmigung nach § 1904 S. 1, da die Gefahr besteht, dass der Betreute aufgrund der Maßnahme einen »schweren und länger dauernden gesundheitlichen Schaden erleidet«, § 1904. Zu den zu erwartenden Spätfolgen bei bestimmten Personenkreisen bei der längerfristigen ärztlichen Behandlung mit Neuroleptika wie Glianimon, Atosil und Neurocil gehören Parkinsonoid und Spätdyskinesien.

Voraussetzung für die Notwendigkeit einer genehmigungsbedürftigen Einwilligung des Betreuers (anstelle des Betreuten selbst) in die Heilbehandlung ist zunächst, dass der Betreute einwilligungsunfähig ist (vgl. auch oben Fall 5). Nur dann ist eine eigene Entscheidung des Betreuers über eine konkrete Einzelmaßnahme im Rahmen der Gesundheitsfürsorge überhaupt erforderlich, auch wenn die Wahrnehmung der Heilbehandlungsangelegenheiten zu seinem Aufgabenkreis gehört. Der Betroffene muss also außerstande sein, im Hinblick auf die konkret geplante Maßnahme nach seiner natürlichen Einsichts- und Steuerungsfähigkeit die Bedeutung, Tragweite, Vorteile und Risiken der Heilbehandlung zu erfassen. Die mangelnde Einwilligungsfähigkeit des Betroffenen steht im Hinblick auf die Behandlung seiner Grunderkrankung ebenso fest wie in Bezug auf die Behandlung mit Neuroleptika. Herbert leidet an einem paranoiden Wahn nach Art eines Liebeswahns und ist völlig krankheitsuneinsichtig. An diesem Zustand hat sich auch nach mehreren Unterbringungen nichts geändert. Somit war der Betreuer mit dem Wirkungskreis Heilbehandlung berechtigt, über Herberts ärztliche Behandlung einschließlich der Vergabe von Neuroleptika Entscheidungen zu treffen.

Bei der geplanten gefährlichen Heilbehandlung mit den genannten Neuroleptika muss aber außerdem wegen der zu erwartenden Spätfolgen die gerichtliche Genehmigung eingeholt werden. Einen entsprechenden Antrag hat der Betreuer gestellt. Eine vormundschaftsgerichtliche Genehmigung kann allerdings nur dann erteilt werden, wenn sie dem Wohle des Betroffenen entspricht, d.h. die geplante Heilbehandlung eine Heilung oder zumindest eine durchgreifende Verbesserung des Gesundheitszustandes erwarten läßt. Die Behandlung verspricht jedoch keine ernsthaften Besserungschancen und ist damit nicht erforderlich. Die Nebenwirkungen sind außerdem so schwerwiegend, dass sie auch durch einen möglichen Behandlungserfolg nicht mehr aufgewogen werden können (BT-Drucksache 11/4528, S. 142). Die Genehmigung des Gerichts ist daher zu versagen.

(Bei dieser Problematik wird oft von Betreuern und Ärzten eine sogenannte »Listenlösung« verlangt, z.B »Schreiber-Liste«, FamRZ 1991, 1014 ff. Ein solches Vorgehen wird kritisch gesehen – so mit Recht von Pardey, K.-D.: Alltagsprobleme im Betreuungsrecht, insbes. zu §§ 1904 und 1906 IV BGB, BtPrax 3/95 S. 81 ff – und stattdessen eine – wenn auch schwer quantifizierbare – konkrete Risikobestimmung gefordert. Es müsse »offener über eine Quantifizierung der immer hingenommenen Risiken und die konkreten Risiken« geredet werden, Pardey a.a.O; ebenfalls kritisch zur sog. »Schreiber-Liste« Nedopil, N.: Die medikamentöse Versorgung als Heilbehandlung gem. § 1904, FamRZ 93, S. 24 – 27.)

8.b: Geschlossene Unterbringung zwecks Heilbehandlung mit Neuroleptika
Eine zivilrechtliche geschlossene Unterbringung durch den Betreuer ist ebenfalls
nicht zu genehmigen. Da keine Anhaltspunkte dafür vorhanden sind, dass sich der
Betroffene selbst erheblichen gesundheitlichen Schaden zufügen würde (§ 1906 I
Nr. 1), käme nur eine Unterbringung zur Heilbehandlung gem. § 1906 I Nr. 2 in Betracht. Eine Unterbringung nach dieser Norm setzt jedoch voraus, dass die Möglichkeit eines Erfolgs der Heilbehandlung besteht. Steht fest, dass ein Erfolg nicht zu
erzielen ist, darf der Betroffene nicht freiheitsentziehend untergebracht werden.
Hier muss aus der Vorgeschichte geschlossen werden, dass die Behandlung weder
eine Heilung noch eine nachhaltige Besserung des Gesundheitszustandes verspricht.
Die erreichbare Sedierung und Dämpfung fremdaggressiver Tendenzen für die Zeit
der geschlossenen Unterbringung steht in diesem Fall in keinem angemessenen
Verhältnis zur potentiellen Gefährlichkeit der Medikation.

Fall 9: Wohnungsauflösung
9.a: Wohnungsauflösung durch Tochter
War die Wohnungsauflösung durch Frau Schmidt rechtens? (Fallbeispiel und Problemdarstellung in Anlehnung an Coeppicus in FamRZ 1993, S. 1017 ff.) Selbstverständlich war Frau Schmidt nicht berechtigt, die Unterschrift ihrer Mutter zu fäl-
schen und die Wohnung zu kündigen. Sie hat sich (möglicherweise auch wegen
Freiheitsberaubung) strafbar gemacht und ist zivilrechtlich zum Schadensersatz verpflichtet. Gleichwohl hat die Betroffene, Frau Meyer, ihre Wohnung erst einmal
verloren.

9.b: Wohnungsauflösung durch Betreuerin
§ 1907 schützt die Wohnung des Betreuten als räumlichen Mittelpunkt seiner Lebensverhältnisse. Gem. Abs. 1 der Vorschrift bedarf der Betreuer der Genehmigung
des Vormundschaftsgerichts, wenn er ein Mietverhältnis über Wohnraum kündigen
will, den der Betreute gemietet hat. Mangels einer solchen Genehmigung war die
Kündigungserklärung der Betreuerin hier jedoch nichtig, §§ 1908 i, 1831. Auch
nach ihrer Heimverschaffung wäre Frau Meyer somit Mieterin geblieben. Dennoch
ist die Wohnung von der Wohnungsgenossenschaft weitervermietet worden. Der
Mietvertrag war wirksam (Doppelvermietung! Coeppicus a.a.O.); Frau Meyer hat
somit zunächst einmal ihre Wohnung verloren und kann von den Nachmietern als
rechtmäßigen Besitzern auch nicht die Einräumung des Besitzes an der Wohnung
verlangen. Ihr stehen allenfalls Schadensersatzansprüche gem. § 541 zu.
Auch § 1907 III bietet keine Handhabe, Frau Meyer die Wohnung zu erhalten oder
wieder zu verschaffen. Nach dieser Vorschrift bedarf der Betreuer einer Genehmigung des Vormundschaftsgerichts, wenn er den Wohnraum des Betreuten vermieten
will, sowie zu Verträgen, durch die die Betreute zu wiederkehrenden Leistungen
verpflichtet wird, wenn das Vertragsverhältnis länger als vier Jahre dauern soll. Die
Wohnung wurde aber nicht von einer Betreuerin, sondern von der Wohnungsgenossenschaft an Nachfolgemieter vermietet. Der Heimvertrag ist nicht auf eine bestimmte Frist, sondern, wie üblich, auf unbestimmte Zeit geschlossen worden.

194

Ein Betreuer, dessen Aufgabenkreis das Mietverhältnis oder die Aufenthaltsbestimmung umfaßt, hat schließlich auch die faktische Wohnungsaufgabe des Betroffenen dem Vormundschaftsgericht unverzüglich mitzuteilen, § 1907 II 2. Unterläßt er dies jedoch, sind keine Sanktionen gegen ihn vorgesehen.

Das Beispiel zeigt, dass § 1907 in der Realität in vielen Fällen nicht vor einer Heimverschaffung gegen den Willen einer Betroffenen schützt. Die Einengung der Vorschrift auf bestehende Betreuungsverhältnisse ist problematisch.

9.c: Hilfen für Betroffene bei unberechtigter Wohnungsauflösung

Es geht darum, die Heimverschaffung der Frau Meyer rückgängig zu machen und ihr wieder zu ihrer Wohnung zu verhelfen. Dabei ist zu berücksichtigen, dass eine Entlassung aus dem Heim nur sinnvoll ist, wenn Frau Meyer tatsächlich Wohnraum, möglichst ihre bisherige Wohnung, zur Verfügung gestellt werden kann. Beides ist im nachhinein schwierig zu bewerkstelligen. Der oben unter a) 1. Alternative aufgeführte Anspruch auf Schadensersatz betrifft in der Regel gem. § 249 eine Entschädigung in Geld, mit der der Frau Meyer nicht gedient ist. Es bleibt nur übrig, auch in diesem Zusammenhang die Frage einer Betreuung gem. § 1896 zu prüfen und ggf. einen Betreuer zu bestellen. Der Aufgabenkreis könnte lauten:»Herausnahme des Betreuten aus dem Heim« oder bloß »Aufenthaltsbestimmung«. Außerdem könnte der Wirkungskreis Vermögenssorge betroffen sein (speziell die Geltendmachung von Schadensersatzansprüchen, sofern dies aussichtsreich ist), sowie der Bereich Wohnungsangelegenheiten.

Bei der späteren Erweiterung eines Aufgabenkreises wäre § 1908 d III zu beachten; d.h. die Vorschriften über die Bestellung eines Betreuers gelten sinngemäß. Somit ist eine erneute persönliche Anhörung des Betroffenen, die nochmalige Einholung von Sachverständigengutachten etc. regelmäßig vorgeschrieben, vgl. auch § 69 i FGG. Da dieses Verfahren umständlich ist, sollten die Aufgabenkreise im Einzelfall von vornherein sorgfältig ermittelt werden. Sie dürfen weder zu eng, noch unnötig weit gefaßt sein.

Fall 10: Einstweilige Maßregeln des Vormundschaftsgerichts; Operationsgenehmigung

Gem. § 1908 i I ist auf die Betreuung u.a. § 1846 sinngemäß anzuwenden. Das Vormundschaftsgericht hat also vor der Bestellung eines Betreuers solche einstweiligen Maßregeln zu treffen, die im Interesse des Betroffenen erforderlich sind. Hierher gehört auch die Einwilligung des Vormundschaftsgerichts in eine dringliche Operation (nicht Notoperation, diese bedarf überhaupt keiner Zustimmung). Die Operation bei dem Oberschenkelhalsbruch eines im übrigen rüstigen 76jährigen ist nach der Schulmedizin erforderlich und trotz des Narkoserisikos einer konservativen Behandlungsmethode ohne Operation vorzuziehen. Die Einwilligung des Vormundschaftsgerichts anstelle des einwilligungsunfähigen Rudolf ist auch deshalb erforderlich, da die Zustimmung des Sohnes Fritz nicht ausreicht; Fritz hat kein Recht, seinen Vater bei der Abgabe der Erklärung zu vertreten.

Fall 11:   Vorsorgevollmacht, Betreuungsverfügung, Patientenverfügung
11.a: Vorsorgevollmacht

Die Vorsorgevollmacht ist in § 1896 II geregelt. Die Bevollmächtigung für den Fall einer späteren Geschäfts- oder Einwilligungsunfähigkeit macht eine Betreuung überflüssig. Schwierigkeiten ergeben sich daraus, dass bei der Erteilung der Vollmacht noch unbestimmt ist, wann sie wirksam wird, d.h., wann der Zustand der Einwilligungsunfähigkeit in ärztliche Maßnahmen eintritt. Bei Peggys Einweisung in das Krankenhaus steht jedoch fest, dass sie selbst krankheitsbedingt keine wirksamen Erklärungen mehr abgeben kann und auch solche lebenserhaltenden Maßnahmen nicht mehr ablehnen kann, die dem früher erklärten Willen widersprechen, d.h. Lebensverlängerung für kurze Zeit mittels »Ausschöpfung intensiv-medizinischer Technologie« (dazu BGH St 37, S. 376, 378; vgl. auch oben Fall 5.a)). Aufgrund der Vollmacht, die zugleich eine Patientenverfügung enthält (dazu Palandt Einf. Vor § 1896 Rn. 9) ist Nina berechtigt, über die Weiterführung medizinischer Maßnahmen zu entscheiden. Wenn sie sich scheut, gem. dem zuvor erklärten Willen der Tante zu handeln und einer Einstellung medizinischer Bemühungen zuzustimmen, sollte sie sich an das Vormundschaftsgericht wenden; der Richter kann dann selbst gem. § 1908 i i. V. mit § 1846 eine einstweilige Maßregel treffen (vgl. Fall 10) und ggf. einer Einstellung lebensverlängernder Maßnahmen zustimmen.

11.b: Abgrenzung Vorsorgevollmacht – Betreuungsverfügung

Die Vorsorgevollmacht gem. § 1896 II gehört zu den Maßnahmen, die eine Betreuung nicht erforderlich erscheinen lassen. Sie wird gewöhnlich für den Fall einer späteren Geschäftsunfähigkeit des Vollmachtgebers erteilt. Die Vorsorgevollmacht und auch deren Widerruf können formlos erfolgen, die Beglaubigung oder Beurkundung der Vollmacht vor einem Notar ist gem. § 11 Beurkundungsgesetz zu empfehlen. Der dem Bevollmächtigten erteilte Auftrag erlischt nicht mit dem Eintritt der Geschäftsunfähigkeit des Auftraggebers, § 672 Satz 1.

Im Gegensatz zur Altersvorsorgevollmacht für den Fall der Geschäfts- oder Einwilligungsunfähigkeit handelt es sich bei der Betreuungsverfügung, geregelt in § 1901 a, nicht um eine betreuungsersetzende Ermächtigung, sondern hier können Regelungen für den Fall der Anordnung einer Betreuung getroffen werden hinsichtlich der Person des Betreuers, der Übertragung bestimmter Aufgabenkreise, der Lebensgestaltung während der Betreuungsbedürftigkeit usw. Im Gegensatz zur bloßen Vollmacht besteht eine Ablieferungspflicht bei der Betreuungsverfügung, d.h., dieses Schriftstück ist von jedem, der es besitzt, unverzüglich an das Vormundschaftsgericht abzuliefern, nachdem der Betreffende von der Einleitung eines Verfahrens über die Bestellung eines Betreuers Kenntnis erlangt hat. Auf die Geschäftsfähigkeit des Verfügenden kommt es im Gegensatz zur Bevollmächtigung nicht an; das Gericht ist nicht unbedingt an die Betreuungsverfügung gebunden, sondern hat sich am Wohl des Betroffenen zu orientieren (§ 1901 I 1).

Fall 12: **Einstweilige Betreuerbestellung und Unterbringung bei Alkoholsucht**

12.a: **Aufgaben der Betreuungsbehörde**

Die Aufgaben der Betreuungsbehörde sind im Betreuungsbehördengesetz (BtBG) geregelt. Welche Behörde auf örtlicher Ebene in Betreuungsangelegenheiten zuständig ist, bestimmt sich nach Landesrecht nach den jeweiligen Ausführungsgesetzen zum Betreuungsgesetz, § 1 BtBG. In Niedersachsen sind beispielsweise nach § 1 Nds. AGBtG vom 17.12.1991 (Nieders. GVBl S. 366) die Landkreise und kreisfreien Städte zuständig und führen bei der Wahrnehmung ihrer Aufgaben die Bezeichnung »Betreuungsstelle«. Solche Betreuungsstellen können u.a. beim Sozialamt, Gesundheitsamt oder Jugendamt eingerichtet sein.

Gem. § 7 I BtBG kann die Betreuungsbehörde (Betreuungsstelle) dem Vormundschaftsgericht Umstände mitteilen, die ihrer Meinung nach die Bestellung eines Betreuers erforderlich machen, soweit dies unter Beachtung berechtigter Interessen des Betroffenen nach den Erkenntnissen der Behörde erforderlich ist, um eine erhebliche Gefahr für das Wohl des Betroffenen abzuwenden. Das hat die Betreuungsbehörde hier getan, indem sie die Bestellung eines Betreuers für den alkoholkranken und zeitweise akut gefährdeten Bruno anregte. Ferner unterstützt die Betreuungsbehörde das Gericht gem. § 8 BtBG bei der Feststellung des Sachverhalts. Hier waren auf Ersuchen des Vormundschaftsgerichts noch bestimmte Umstände des Sachverhalts aufzuklären, nämlich das Ausmaß der Krankheit des Betroffen und die Gefährdungssituation.

12.b: **Aufenthaltsbestimmung, Unterbringung, Heilbehandlung**

1. Aufenthaltsbestimmung, Unterbringung

Ist eine Betreuung des Betroffenen mit dem Wirkungskreis Aufenthaltsbestimmung/Unterbringung gem. §§ 1896, 1906 erforderlich? Brunos Alkoholsucht hat ein Ausmaß erreicht, das die Feststellung einer psychischen Krankheit oder einer geistigen Behinderung i.S. § 1906 zuläßt. Der hochgradige, langjährige Alkoholmißbrauch hat bei ihm zu einem Hirnabbau geführt hat (vgl. auch oben Fall 1.6 und BayObLG in FamRZ 94, S. 1618). Bruno kann krankheitsbedingt seine Angelegenheiten im Bereich der Gesundheitsfürsorge nicht mehr ohne fremde Hilfe regeln. Er will sich auch nicht freiwillig der notwendigen Behandlung in einer Therapieeinrichtung für Suchtkranke unterziehen. Aber ist deshalb der Wirkungskreis Aufenthaltsbestimmung, der die Möglichkeit einer zwangsweisen Unterbringung in einer geschlossenen Einrichtung mit umfaßt, einem Betreuer zu übertragen?

Gemäß § 1906 I Nr.1 ist eine Unterbringung des Betreuten durch den Betreuer, die mit Freiheitsentziehung verbunden ist, mit Genehmigung des Vormundschaftsgerichts nur zulässig, solange sie zum Wohl des Betreuten erforderlich ist, weil aufgrund einer psychischen Krankheit oder geistigen oder seelischen Behinderung des Betreuten die Gefahr besteht, dass er sich selbst tötet oder erheblichen gesundheitlichen Schaden zufügt. Von einer psychischen Krankheit oder geistigen oder seelischen Behinderung ist hier auszugehen. Die Ermittlungen haben überdies ergeben, dass für Bruno die konkrete Gefahr eines erheblichen gesundheitlichen Schadens oder des Todes durch nächtliches Erfrieren gegeben ist, wenn Bruno weiterhin in seiner Wohnung verbleibt. Es gibt zwar Nachbarn, die sich um ihn kümmern könnten, durch deren Eingreifen ist aber die Gefahr eines Gesundheitsschadens oder sogar des Todes des Kranken nicht gebannt. Eine Betreuung mit dem Wirkungskreis Aufenthaltsbestimmung, welche die Unterbringung in einer geeigneten Therapieeinrichtung für Suchtkranke umfasst, ist damit erforderlich. Eine geschlossene Unterbringung ist vom Betreuer zu beantragen und vom Vormundschaftsgericht zu genehmigen, da nicht anzunehmen ist, dass Bruno freiwillig eine entsprechende Einrichtung aufsuchen und auch dort verbleiben würde, solange die Gefahr andauert.

2. Unterbringung zwecks Heilbehandlung

Dagegen ist eine Unterbringung gem. § 1906 I Nr. 2 zur zwangsweisen Durchführung einer Heilbehandlung (Entziehungskur) nicht notwendig und nicht sinnvoll. Steht fest, dass kein Erfolg zu erzielen ist, muss die freiheitsentziehende Unterbringung zwecks Heilbehandlung unterbleiben. Eine Entziehungskur gegen den Willen des Betroffenen wird kaum nachhaltigen Erfolg haben (Damrau/Zimmermann, Rn. 10 zu § 1906). Fehlt wie hier eine Krankheits- und Behandlungseinsicht, so kann die Erzwingung dieser Einsicht auch nicht durch eine zwangsweise Unterbringung erfolgen (LG Frankfurt FamRZ 93, S. 478 f.).

3. Heilbehandlung

Unabhängig von einer Unterbringung ist der Wirkungskreis »Heilbehandlung« hier unsinnig. Auch wenn Bruno keine Krankheitseinsicht zeigt und einwilligungsunfähig ist, hätte ein Betreuer mit dem Aufgabenkreis Heilbehandlung keine Möglichkeit, auf den Alkoholkonsum des Betroffenen einzuwirken.

12.c: Einstweilige Betreuerbestellung, einstweilige Unterbringung

Gem. § 69 f FGG kann das Gericht durch einstweilige Anordnung einen vorläufigen Betreuer bestellen, wenn mit dem Aufschub Gefahr verbunden wäre und die sonstigen Voraussetzungen der Vorschrift erfüllt sind. Die einstweilige Anordnung darf die Dauer von 6 Monaten nicht überschreiten; durch weitere einstweilige Anordnungen kann sie nach Anhörung eines Sachverständigen bis zu einer Gesamtdauer von einem Jahr verlängert werden, § 69 f II FGG. Eine einstweilige geschlossene Unterbringung auf Antrag des Betreuers mit Genehmigung des Vormundschaftsgerichts ist gem. § 70 h FGG bei Gefahr im Verzuge möglich. Diese einstweilige Anordnung darf gem. § 70 h II FGG die Dauer von 6 Wochen nicht überschreiten; durch eine weitere einstweilige Anordnung kann sie bis zu einer Gesamtdauer von 3 Monaten verlängert werden.

Anmerkung: Zur Unterbringung zwecks Heilbehandlung siehe auch Fall 8, zum Vorrang der bürgerlich-rechtlichen Unterbringung gem. § 1906 vor einer landesrechtlichen Unterbringung nach dem PsychKG Fall 15.

Fall 13: *Aufgehoben*

Fall 14:   *Aufgehoben*

Fall 15:   Bürgerlich-rechtliche und öffentlich-rechtliche Unterbringung
Bei suizidgefährdeten psychisch kranken Menschen wie Beate ist gem. § 1906 I
Nr. 1, II die bürgerlich-rechtliche Unterbringung durch den Betreuer mit Genehmigung des Vormundschaftsgerichts zum Wohle des Betroffenen möglich (vgl. dazu
Fälle 8, 12). Diese Art der Unterbringung hat Vorrang gegenüber der öffentlich-
rechtlichen Unterbringung nach den Landesunterbringungsgesetzen, z.B. dem Nds.
Gesetz über Hilfen für psychische Kranke und Schutzmaßnahmen (Nds. PsychKG
v. 16.6.97 Nds. GVBl. S. 272). Die Unterbringungsgesetze ermöglichen die geschlossene Unterbringung von psychisch Kranken, bei denen auf Grund ihrer Erkrankung eine gegenwärtige erhebliche Gefahr für sich oder andere vorliegt und
diese Gefahr auch auf andere Weise nicht abgewendet werden kann (Fremdgefahr
z.B. bei unkontrollierter Aggressivität eines psychotischen Patienten; Eigengefahr
z.B. infolge von Suizidalität wie bei Beate); vgl. §§ 14, 16 Nds. PsychKG. Sofern
allerdings der Betreuer bei einer Selbstgefährdung nicht unterbringen will, bleibt
lediglich die Möglichkeit einer Unterbringung nach dem jeweiligen Landesunter-
bringungsgesetz bestehen.
Wenn in unserem Fall der Arzt eine solche gegenwärtige erhebliche Gefahr, welche
eine Unterbringung erforderlich macht, bejaht und den Betreuer und ggf. auch die
Betreuungsbehörde bzw. den Sozialpsychiatrischen Dienst des Gesundheitsamtes
über Beates Zustand informiert, ist die darin liegende Verletzung seiner Schweige-
pflicht gem. § 203 StGB nach § 34 StGB wegen Notstands gerechtfertigt, sofern
kein milderes Mittel in Betracht kommt. Das Gerichtsverfahren ist bei der bürgerlich-rechtlichen Unterbringung durch den Betreuer ebenso wie bei der öffentlich-
rechtlichen Unterbringung nach dem landesrechtlichen Unterbringungsgesetz in
den §§ 70 ff. FGG geregelt. Durch einstweilige Anordnung kann eine vorläufige
Unterbringungsmaßnahme für die Dauer von höchstens sechs Wochen vom Gericht
angeordnet werden, sofern mit dem Aufschub Gefahr verbunden wäre und ein ärztliches Attest vorliegt, § 70 h FGG.

Fall 16:   Bevollmächtigung, Vertreter von Amts wegen gem. SGB X
Für die körperbehinderten Beschäftigten kann eine Betreuung nur auf ihren Antrag
hin eingerichtet werden, § 1896 I 3. Im übrigen ist eine Betreuung dann nicht erforderlich, wenn die Angelegenheit (Antragstellung beim Arbeitsamt) durch Lene als
Bevollmächtigte besorgt werden kann (§ 1896 II 2). Eine Bevollmächtigung der
Lene durch schlüssiges Verhalten liegt vor, § 167; die Behinderten haben durch Gesten ihr Einverständnis mit der Antragstellung durch Lene erklärt. Lene wäre daher
berechtigt, als Vertreterin zu handeln und entsprechende Anträge zu unterschreiben.
Diese Anträge sind auch ohne Vollmachtsnachweis wirksam gestellt. Das Arbeitsamt ist aber als Sozialleistungsträger berechtigt, nicht verpflichtet, gem. § 13 I 2
SGB X die Vorlage einer schriftlichen Vollmacht zu verlangen. Bei der Ausstellung
einer schriftlichen Vollmacht ist eine »Schreibhilfe« zulässig, da die Erklärung dem
wirklichen Willen der Behinderten entspricht. Sollte eine Unterschrift nur mittels

Handzeichen geleistet werden können, wäre dies durch beglaubigtes Handzeichen gem. § 30 IV SGB X möglich. Die Beglaubigung könne an Ort und Stelle durch einen zuständigen Bediensteten des Arbeitsamts vorgenommen werden.

Sollte hier diese Möglichkeit nicht genutzt werden können, da Lene ihre Vertretungsmacht nicht nachweisen kann und somit eine Vertretung nicht besteht, ist an folgendes zu denken: Auf Ersuchen der Behörde (Arbeitsamt) bestellt das Vormundschaftsgericht von Amts wegen gem. § 15 I Nr. 4 SGB X für Beteiligte, »die infolge einer psychischen Krankheit oder körperlichen, geistigen oder seelischen Behinderung nicht in der Lage sind, in dem Verwaltungsverfahren selbst tätig zu werden«, einen geeigneten Vertreter. Lene könnte also vom Vormundschaftsgericht für das behördliche Verfahren betr. die Gewährung von Sozialleistungen als Vertreterin der Behinderten bestellt werden und als solche die entsprechenden Anträge stellen. Der Vorlage einer schriftlichen Vollmacht der Behinderten zum Nachweis der Vertretungsmacht bedarf es dann nicht mehr. Für die Bestellung und für das Amt des Vertreters gelten die Vorschriften über die Betreuung entsprechend, § 15 IV SGB X. Da diese Möglichkeit der Bestellung eines Vertreters von Amts wegen in dem Verfahren vor dem Sozialleistungsträger besteht und genutzt werden sollte (vgl. auch § 17 I Nr. 1 SGB I), ist eine Betreuung gem. § 1896 II nicht erforderlich.

(Hinweis: Die Vertreterbestellung nach SGB X führt zu demselben Ergebnis wie die Bestellung eines Betreuers; das Verfahren ist in gleicher Weise geregelt, da die Verfahrensvorschriften der §§ 65 ff FGG eingehalten werden müssen. Lediglich die Einleitung des Verfahrens vor dem Vormundschaftsgericht ist unterschiedlich geregelt – »Ersuchen« der Behörde, des Sozialleistungsträgers, einerseits nach SGB X, »Antrag« des Körperbehinderten nach BGB andererseits. Nicht zuletzt wegen der Bezeichnung »Vertreter« statt »Betreuer« ist die Möglichkeit des § 15 I Nr. 4 SGB X grundsätzlich einer Betreuerbestellung vorzuziehen.)

Fall 17.1: Ansprüche und Haftung ehrenamtlicher Betreuer

17.1.a: Vergütung, Aufwendungsersatz

Als ehrenamtliche Betreuerin oder Privatbetreuerin führt Frau Meisel die Betreuung gem. § 1908 i I i.V. mit § 1836 I 1 grundsätzlich unentgeltlich. Sie erhält lediglich eine jährliche Pauschalentschädigung von zur Zeit 600 DM. Aufwendungen sind ihr aus der Staatskasse zu ersetzen, da ihr Sohn mittellos ist (Mittellosigkeit definiert in § 1836 d).

17.1.b: Haftung, Haftpflichtversicherung

Gem. § 1908 i in Verbindung mit § 1833 haftet sie ihrem Sohn gegenüber für eine schuldhafte Pflichtverletzung. Die Kosten für eine Haftpflichtversicherung kann sie als Privatbetreuerin gem. §§ 1908 i, 1835 II ebenfalls als Aufwendung ersetzt verlangen; bei Mittellosigkeit des Betreuten aus der Staatskasse. Dies gilt nicht für die Kosten einer Haftpflichtversicherung des Halters eines Kraftfahrzeugs.

Fall 17.2: Vergütungsanspruch des Berufsbetreuers

Die Vergütung des Berufsbetreuers Paul erfolgt nach dem Gesetz über die Vergütung von Berufsvormündern (BVormVG). Die Höhe bestimmt sich nach dem

Zeitaufwand nach bestimmten Stundensätzen. Diese sind abhängig von der beruflichen Qualifikation (ohne abgeschlossene Ausbildung, Lehre oder vergleichbare Ausbildung, abgeschlossenes Hochschulstudium oder abgeschlossene vergleichbare Ausbildung) und betragen maximal 31 Euro. Sollte also der Sozialarbeiter Paul mehr als 10 Betreuungen führen oder aber nicht weniger als 20 Stunden in der Woche Zeit für die Führung der Betreuungen aufwenden (§ 1836), so steht ihm bei Mittellosigkeit des Betreuten ein Vergütungsanspruch gegen die Staatskasse in der genannten Höhe zu.

Abkürzungsverzeichnis

Abs.	Absatz
AdVermiG	Gesetz über die Vermittlung der Annahme als Kind und über das Verbot der Vermittlung von Ersatzmüttern (Adoptionsvermittlungsgesetz)
AFG	Arbeitsförderungsgesetz
AG	Amtsgericht
Art.	Artikel
Az.	Aktenzeichen
B.	Beschluss
BAföG	Bundesgesetz über individuelle Förderung der Ausbildung (Bundesausbildungsförderungsgesetz)
BErzGG	Bundeserziehungsgeldgesetz
Bd.	Band
BeurkG	Beurkundungsgesetz
BGB	Bürgerliches Gesetzbuch
BGH	Bundesgerichtshof
BGHZ	Entscheidungen des Bundesgerichtshofs in Zivilsachen
BKGG	Bundeskindergeldgesetz
BNotO	Bundesnotarordnung
BMJ	Bundesministerium der Justiz
BMJFG	Bundesministerium für Jugend Familie und Gesundheit
BSHG	Bundessozialhilfegesetz
BtPrax	Zeitschrift »Betreuungsrechtliche Praxis«
BVerfG	Bundesverfassungsgericht
BVerwG	Bundesverwaltungsgericht
BZRG	Bundeszentralregistergesetz
DFGT	Deutscher Familiengerichtstag
DAVorm	Zeitschrift »Der Amtsvormund«
DVO	Durchführungsverordnung
EGBGB	Einführungsgesetz zum Bürgerlichen Gesetzbuch
ESchG	Embryonenschutzgesetz
EheG	Ehegesetz
1. EheRG	Erstes Gesetz zur Reform des Ehe- und Familienrechts
EheSchlRG	Eheschließungsrechtsgesetz
ErbGleichG	Erbrechtsgleichstellungsgesetz
e.V.	eingetragener Verein
FamRZ	Zeitschrift für das gesamte Familienrecht
FGB	Familiengesetzbuch der DDR
ff.	(und die) folgenden (Paragraphen)
FGG	Gesetz über die Angelegenheiten der freiwilligen Gerichtsbarkeit
FuR	Zeitschrift Familie und Recht
GG	Grundgesetz der BRD
GVG	Gerichtsverfassungsgesetz
HausratsVO	Verordnung über die Behandlung der Ehewohnung und des Hausrats nach der Scheidung
h.M.	herrschende Meinung

Hrsg.(Hg.)	Herausgeber
HzE	Hilfe zur Erziehung gemäß SGB VIII
i.S.v.	im Sinne von
i.V.m.	in Verbindung mit
JA	Jugendamt
JGG	Jugendgerichtsgesetz
JWG	Jugendwohlfahrtsgesetz
Kap.	Kapitel
KindRG	Kindschaftsrechtsreformgesetz
KindPrax	Zeitschrift Kindschaftsrechtliche Praxis
KJHG	Kinder- und Jugendhilfegesetz
LG	Landgericht
MSA	Haager Minderjährigenschutzabkommen
MuSchG	Mutterschutzgesetz
m.w.N.	mit weiteren Nachweisen
NÄG	Namensänderungsgesetz
NEhelG	Gesetz über die rechtliche Stellung der nichtehelichen Kinder
NJW	Neue Juristische Wochenschrift
NJW-RR	NJW – Rechtsprechungsreport Zivilrecht
OLG	Oberlandesgericht
PStG	Personenstandsgesetz
Rn.	Randnummer
RegelunterhVO	Verordnung zur Berechnung des Regelunterhalts (Regelunterhalts-Verordnung)
RegE	Regierungsentwurf
RuStAG	Reichs- und Staatsangehörigengesetz
S	Satz
S.	Seite
SA/SP	Sozialarbeit/Sozialpädagogik
	Sozialarbeiter/Sozialpädagogen
SGB I	Sozialgesetzbuch,1. Buch (Allgemeiner Teil)
SGB VIII	Sozialgesetzbuch,8.Buch (KJHG)
SGB X	Sozialgesetzbuch, 10. Buch (Verwaltungsverfahren)
SGG	Sozialgerichtsgesetz
s.o.	siehe oben
StGB	Strafgesetzbuch
StPO	Strafprozessordnung
str.	streitig
STREIT	Zeitschrift »Streit«
UÄndG	Gesetz zur Änderung unterhaltsrechtlicher, verfahrensrechtlicher und anderer Vorschriften
UVG	Unterhaltsvorschussgesetz
VAÜG	Versorgungsausgleichs-Überleitungsgesetz
VAHRG	Gesetz zur Regelung von Härten im Versorgungsausgleich
VG	Verwaltungsgericht
VO	Verordnung
VormG	Vormundschaftsgericht
VwGO	Verwaltungsgerichtsordnung
ZfJ	Zentralblatt für Jugendrecht
ZPO	Zivilprozessordnung
ZSEG	Gesetz über die Entschädigung von Zeugen und Sachverständigen

Literaturverzeichnis

1. Lehrbücher, Kommentare, Monographien

Beitzke, G., Lüderitz,A.: Familienrecht, 27.Auflage, München 1999.

Bergerfurth, B.: Das Eherecht, 10.Auflage, Freiburg 1993.

Bergschneider, L.: Die Ehescheidung und ihre Folgen, 4.Auflage, München 1998.

Bienwald, W.: Betreuungsrecht (Kommentar), 3. Auflage, Bielefeld 1999.

Bundesanzeiger der Justiz: Das Betreuungsgesetz in der Praxis, Ein Leitfaden, 1.Auflage, Bundesanzeigerverlagsgesellschaft mbH, Postfach 1320, 53003 Köln 1992.

Fieseler, G./Herborth, R.: Recht der Familie und Jugendhilfe. Arbeitsplatz Jugendamt/ Sozialer Dienst, 5. neubearbeitete Auflage, Neuwied, 2001.

Ganter, A.: Praktische Einführung in das Familienrecht, 2.Auflage, Stuttgart 1992.

Henrich, D.: Familienrecht, 5.Auflage, New York 1995.

Jürgens, A./Kröger, D. u.a.: Das neue Betreuungsrecht: Eine systematische Gesamtdarstellung, 4.Auflage, München 1999.

Münchener Kommentar zum Bürgerlichen Gesetzbuch, 2. Aufl. 1984/90; 3. Auflage ab 1992, 4. Auflage 2000, München.

Oberloskamp, H.: Kindschaftsrechtliche Fälle für Studium und Praxis, 5.Auflage, Neuwied 1998.

Palandt, O.: Palandt-Diederichsen, Kommentar zum Bürgerlichen Gesetzbuch, 60.Auflage, München 2001(frühere Auflagen sind gesondert angegeben).

Schellhorn, W./Wienand, M.: Kommentar zum Kinder- und Jugendhilfegesetz, 6.Auflage Neuwied, 1999.

Schleicher, H,.: Jugend- und Familienrecht. 10. Auflage, Köln, 1999

Schlüter, W.: BGB-Familienrecht, 8.Auflage, Heidelberg 1998.

Schwab, D.: Familienrecht und deutsche Einigung. Dokumente und Erläuterungen, Gieseking Verlag, Bielefeld 1991

Thalmann, W.: Praktikum des Familienrechts, 4.Auflage, C.F.Müller Verlag, Heidelberg 2000.

2. Zeitschriften

Zeitschrift für das gesamte Familienrecht (FamRZ);

Familie und Recht (FuR);

Zentralblatt für Jugendrecht (ZfJ);

Der Amtsvormund (DAVorm), jetzt: Das Jugendamt

Betreuungsrechtliche Praxis (BtPrax)

Kindschaftsrechtliche Praxis (Kind-Prax).

Manfred Bruns/Rainer Kemper (Hrsg.)

LPartG – Gesetz zur Beendigung der Diskriminierung gleichgeschlechtlicher Gemeinschaften

Handkommentar

Das Bundesverfassungsgericht hat am 18.7.2001 die das Lebenspartnerschaftsgesetz betreffende Einstweilige Anordnung abgelehnt. Damit ist am 1.8. das LPartG in Kraft getreten. Viele gleichgeschlechtliche Paare werden das neue Rechtsinstitut nutzen.

Das neue Gesetz wirft eine Vielzahl von verfassungs- und einfachrechtlichen Fragen auf, die einen hohen Beratungsbedarf zur Folge haben werden. Durch die komplizierte Verweisungstechnik sind die Regelungen für den Laien kaum verständlich. Nahezu alles ist umstritten, aber anzuwenden.

Der Handkommentar Hk-LPartG bietet:
- eine **Gesamtkommentierung** der wichtigsten Teile des unübersichtlichen Artikelgesetzes,
- klare, umfassende und kritische Erläuterungen zu allen Facetten des Rechtsinstituts einschließlich der **Regelungen aus dem Eherecht** und der zivilrechtlichen Folgeregelungen vom **Namens- und Unterhaltsrecht** bis zum **Erbrecht**,
- **ausführliche Darstellungen** zum Verfassungsrecht, Mietrecht, Ausländer- und Staatsangehörigkeitsrecht, Beamtenrecht, Sozialrecht, Steuerrecht, Internationales Privatrecht, Verfahrensrecht, Kosten- und Gebührenrecht sowie zu den Besonderheiten in bezug auf Transsexuelle
- alle **Artikelregelungen**, das **Lebenspartnerschaftsergänzungsgesetz** sowie die **Entscheidung des BVerfG** im Volltext.

Der Hk deckt die Auslegungs- und Abgrenzungsfragen der Praxis nahezu **lückenlos** ab und ist für alle, die sich als **Rechtsanwalt, Notar, Standes- oder Urkundsbeamter, als Richter** oder aus anderen Gründen mit Lebenspartnerschaftsfragen befassen müssen, **unentbehrlich**.

2001, ca. 700 S., geb., Subskriptionspreis bis 31. Oktober 2001 128,– DM, 110,– sFr, (danach 158,– DM, 127,– sFr,) ISBN 3-7890-7533-7

 NOMOS Verlagsgesellschaft
76520 Baden-Baden

Astrid Fricke/Jürgen Söchtig/Peter-Christian Kunkel

Kinder- und Jugendhilferecht

– Fälle und Lösungen –

Viele der durch das Kinder- und Jugendhilfegesetz aufgeworfenen Fragen sind wissenschaftlich noch nicht umfassend erschlossen oder werfen in der Praxis Umsetzungsprobleme auf.

Um so notwendiger ist eine fallorientierte Darstellung, die in der Rechtsanwendung auftretende Schwierigkeiten didaktisch sinnvoll löst und den Lesern den Einstieg in eine vertiefte Auseinandersetzung erleichtert.

Der Band erschließt die Rechtslage in 14 »Übungsblättern«, die – parallel zu den Gesetzesabschnitten – durch Fragen, Aufgaben und Fälle mit Musterlösungen sowie mit jeweils vorangestellten Einführungen den Stoff übersichtlich vermitteln.

In dieser einmaligen Mischung von Problemdarstellung und Fallstruktur ist das Buch die ideale Lern- und Wiederholungsbasis für
– Studierende an Verwaltungs- und Fachhochschulen wie
– Mitarbeiterinnen und Mitarbeiter von Jugend- und Sozialämtern.

Das Buch ist dabei abgestimmt auf den Lehr- und Praxiskommentar zum SGB VIII und die systematische Darstellung von P.-Chr. Kunkel.

Die Autoren: Prof. Astrid Fricke lehrt u.a. Jugendhilferecht an der FH Braunschweig/Wolfenbüttel, FB Sozialwesen, Prof. Peter-Christian Kunkel lehrt an der FH für Öffentliche Verwaltung in Kehl, Jürgen Söchtig ist Mitarbeiter am Jugendamt Braunschweig.

2000, 206 S., brosch., 29,80 DM, 27,50 sFr, ISBN 3-7890-6634-6
(Recht – Fälle und Lösungen)

 NOMOS Verlagsgesellschaft
76520 Baden-Baden